# HÉRODOTE

## HISTOIRES

LIVRE VI

ÉRATO

**COLLECTION DES UNIVERSITÉS DE FRANCE**
*publiée sous le patronage de l'ASSOCIATION GUILLAUME BUDÉ*

# HÉRODOTE

## HISTOIRES

## TOME VI

## LIVRE VI
## ÉRATO

TEXTE ÉTABLI ET TRADUIT
PAR
PH.-E. LEGRAND
*Membre de l'Institut*

Sixième tirage

PARIS
LES BELLES LETTRES
2023

*Conformément aux statuts de l'Association Guillaume Budé, ce volume a été soumis à l'approbation de la commission technique, qui a chargé M. J. Hatzfeld d'en faire la révision et d'en surveiller la correction en collaboration avec M. Ph.-E. Legrand.*


*95 boulevard Raspail, 75006 Paris*
*www.lesbelleslettres.com*

*Premier tirage 1948*

*ISBN : 978-2-251-00146-3*
*ISSN : 0184-7155*

# AVANT-PROPOS

Une fois de plus, M. Dain à Paris, Mgr Devresse à Rome, M. Pieraccioni à Florence m'ont prêté pour l'établissement du texte une aide dont je leur suis très reconnaissant. Une fois de plus, M. Hatzfeld a examiné mon manuscrit en reviseur modèle. Il n'a pu faire davantage ; quelques jours avant sa mort, du lit où le clouait depuis des mois le mal qui allait l'emporter, il m'écrivait qu'il se tenait à ma disposition pour la correction des épreuves ; sa fermeté d'âme était à la hauteur de ses grandes qualités d'esprit ; en même temps qu'à sa compétence, à la scrupuleuse vigilance qui faisaient de lui un collaborateur si précieux, je tiens à rendre ici hommage à son courage. Le P. des Places a bien voulu se substituer à lui dans la tâche ingrate de correcteur ; je l'en remercie vivement.

Avec la seconde — et majeure — partie du livre VI, nous abordons l'histoire d'événements demeurés célèbres entre tous. Marathon, les Thermopyles, Salamine, Platées, il est naturel que l'on désire savoir quelles réalités correspondent à ces noms auréolés de gloire. Beaucoup d'érudits modernes se sont appliqués à le déterminer ; de la confrontation de tous les documents qui concernent les « guerres médiques », de l'examen des sites où s'en déroulèrent les principaux épisodes, sont nées des reconstitutions hypothétiques qui s'éloignent fort, parfois[1], de l'exposé d'Hérodote. On ne trouvera pas dans le présent volume, non plus que dans ceux qui pourront suivre, la discussion de ces hypothèses ni le résumé des controverses auxquelles elles ont donné lieu. Une fois pour toutes, je renvoie qui voudra s'en informer à des ouvrages comme l'ouvrage d'Hauvette (*Hérodote historien des guerres médiques*) ou à des études spéciales comme certains « appendices » de l'édition Macan. Les notices et les notes qui, dans cette édition, accompagnent le texte et la traduction des *Histoires* ont un objet plus restreint : préciser, s'il en est besoin, ce qu'a voulu dire Hérodote, relever des erreurs flagrantes, signaler le caractère tendancieux de telle appréciation, de tel développement, c'est là, en fait de critique historique, tout le programme que je me suis tracé, que j'ai annoncé à la fin de mon *Introduction*, et auquel je me tiens.

1. L'hypothèse, par exemple, présentée par F. Maurice dans le *Journal of Hellenic Studies*, 1932, p. 19-24, à propos de la campagne de Marathon (*The Compaign of Marathon*) : Datis aurait débarqué à Marathon pendant qu'Artaphernès assiégeait Érétrie, pour le couvrir contre une attaque éventuelle des Athéniens; ceux-ci, prêts à aller au secours de la ville assiégée, se seraient alors portés à Marathon pour protéger Athènes en attendant l'arrivée des Spartiates; et Miltiade aurait attaqué lorsque, Érétrie ayant succombé, Artaphernès se trouva libre de rejoindre Datis avec ses troupes. Le texte d'Hérodote ne se prête évidemment pas à être interprété en ce sens.

# SIGLA

(ex editione Hudiana repetita)

---

A = Laurentianus LXX 3, saec. X.
B = Romanus bibliothecae nunc Angelicanae Augustinorum (Graec. fund. ant. 83), olim Passioneus, saec. XI.
C = Laurentianus *Conventi soppressi* 207, saec. XI.
D = Vaticanus 2369, ex bibliotheca Mureti, saec. XI vel XII.
E = Parisinus Supplem. 134, saec. XIII, ex codice saec. X ut videtur descriptus.
P = Parisinus 1633, saec. XIV.
R = Vaticanus 123, saec. XIV.
S = Cantabrigiensis Collegii Emmanuelis 30, ex bibliotheca Sancrofti, saec. XV (cf. Powelli *Classical Review,* 1937, p. 118-119 ; saeculo XIV° vulgo adscribebatur).
V = Vindobonensis LXXXV, saec. XIV.

Codices alios, sicubi in rationem vocantur, nomine integro designavi.

codd. = codices, i. e. codices universi qui in rationem vocantur.

codd. pl. = codices plerique, i. e. codices universi qui in rationem vocantur, illis modo exceptis quorum lectionem diversam rettuli.

cett. = ceteri, i. e. codices ceteri qui in rationem vocantur.

Numéri 1, 2 siglo additi vel scribae priorem et posteriorem scripturam indicant, vel scribae et correctoris.

marg. = in margine.

v. l. = varia lectio.

inc. = incertum.

# *LA RÉVOLTE DE L'IONIE*

(V 28 - VI 42, *fin*)

# ERATO

1 Aristagoras termina donc ses jours de cette manière, après avoir fait révolter l'Ionie ; quant à Histiée, le tyran de Milet [1], congédié par Darius, il se rendit à Sardes. Lorsqu'il y fut arrivé de Suse, le gouverneur de Sardes, Artaphernès, lui demanda pourquoi, à son avis, les Ioniens s'étaient révoltés ; Histiée déclara qu'il ne le savait pas et se montra surpris de ce qui s'était passé, comme s'il eût tout ignoré de la situation actuelle. Mais Artaphernès voyait bien qu'il rusait, et il savait le vrai sur la révolte [2]. « Voici », dit-il, « je te le dis, Histiée, ce qu'il en est de cette affaire : c'est toi qui as cousu
2 la chaussure, et Aristagoras l'a chaussée. » Par ces mots, Artaphernès faisait allusion à la révolte. Histiée, pensant qu'il était au courant, prit peur ; et, à la tombée de la première nuit qui vint, il s'enfuit vers la mer ; il avait dupé le Roi Darius ; lui, qui avait promis de soumettre la Sardaigne, « la plus grande des îles », se préparait à assumer le commandement des Ioniens dans leur guerre contre Darius.

Passé à Chios [3], il fut mis aux fers par les gens du pays, qui le soupçonnaient de vouloir fomenter des troubles contre eux à l'instigation de Darius. Mais, quand ils eurent appris toute l'histoire, et qu'il était hostile au Roi, ils le mirent en

1. Aristagoras n'était que son ἐπίτροπος.

2. Artaphernès voyait les choses de plus près que le Roi ; peut-être avait-il eu vent du message envoyé par Histiée à Aristagoras ; peut-être aussi des intrigues dont la trahison d'Hermippos allait apporter la preuve.

3. Dans une île, où la police du satrape l'appréhenderait moins aisément. Entre Milet et Chios existaient d'antiques relations d'amitié (I 18).

# ΕΡΑΤΩ

---

Ἀρισταγόρης μέν νυν Ἰωνίην ἀποστήσας οὕτω τελευτᾷ. 1
Ἱστιαῖος δὲ ὁ Μιλήτου τύραννος μεμετειμένος ὑπὸ Δαρείου
παρῆν ἐς Σάρδις. Ἀπιγμένον δὲ αὐτὸν ἐκ τῶν Σούσων
εἴρετο Ἀρταφρένης ὁ Σαρδίων ὕπαρχος κατὰ κοῖόν τι
δοκέοι Ἴωνας ἀπεστάναι. Ὁ δὲ οὔτε εἰδέναι ἔφη ἐθώμαζέ
τε τὸ γεγονὸς ὡς οὐδὲν δῆθεν τῶν παρεόντων πρηγμάτων
ἐπιστάμενος. Ὁ δὲ Ἀρταφρένης ὁρέων αὐτὸν τεχνάζοντα
εἶπε, εἰδὼς τὴν ἀτρεκείην τῆς ἀποστάσιος· « Οὕτω τοι,
Ἱστιαῖε, ἔχει κατὰ ταῦτα τὰ πρήγματα· τοῦτο τὸ ὑπόδημα
ἔρραψας μὲν σύ, ὑπεδήσατο δὲ Ἀρισταγόρης. » Ἀρτα- 2
φρένης μὲν ταῦτα ἐς τὴν ἀπόστασιν ἔχοντα εἶπε· Ἱστιαῖος
δὲ δείσας ὡς συνιέντα Ἀρταφρένεα ὑπὸ τὴν πρώτην ἐπελ-
θοῦσαν νύκτα ἀπέδρη ἐπὶ θάλασσαν, βασιλέα Δαρεῖον
ἐξηπατηκώς· ὃς Σαρδὼ « νῆσον τὴν μεγίστην » ὑποδεξά-
μενος κατεργάσεσθαι ὑπέδυνε τῶν Ἰώνων τὴν ἡγεμονίην
τοῦ πρὸς Δαρεῖον πολέμου.

**1** 1 Ἀρισταγόρης incipit E || οὕτω ABECP : -ως DRSV || τελευτᾷ ABCP : ἐτελεύτα $B^2$ marg. DRSV || 2 μεμετειμένος : μεμετι- $ABCP^2D$ μεμετη- $P^1RSV$ μετείμενος E || 3 ἐς codd. pl. : ἐν SV || Σάρδις codd. pl. : -δι S Vinc. || τῶν om. E || 4 εἴρετο PDRSV : ἤρ- ABC || ὕπαρχος codd. pl. : ἵππ- E || κοῖόν τι codd. pl. : κοῖον τί E || 5 δοκέοι codd. pl. : -έει $ED^1$ ut videtur || ἐθώμαζε ABCD : ἐθώυμ- PRSV || 6 οὐδὲν δῆθεν codd. pl. : δῆθ. οὐδ. E || 7 ὁρέων ABECP : ὁρῶν DRSV || 8 ἀτρεκείην codd. pl. : -κίην ED || 9 ὑπόδημα codd. pl. : ὑπόδειγμα R || 10 ὑπεδήσατο codd. pl. : -δύσατο $D^1$ (?) S || Ἀρισταγόρης desinit E.

**2** 5 Σαρδὼ $ABPD^2S$ : -ὼν (vel-ῶν) $CD^1RV$ || νῆσον ABCS : νήσων PDRV || ὑποδεξάμενος codd. plur.: -ξόμενος RV || 6 κατεργάσεσθαι P : -σασθαι cett.

3 liberté. Les Ioniens lui demandèrent alors pourquoi il avait enjoint de façon si pressante à Aristagoras de se révolter contre le Roi et avait causé aux Ioniens tant de maux ; il se garda bien de leur en découvrir la raison véritable[1], mais il leur dit que le Roi Darius avait projeté de transporter hors de chez eux les Phéniciens et de les établir en Ionie et les Ioniens en Phénicie[2], et que c'est pour cela qu'il avait envoyé ses ordres. Le Roi n'avait nullement eu ce dessein ; Histiée voulait effrayer les Ioniens.

4 Ensuite, par l'intermédiaire d'un messager, Hermippos, homme d'Atarnée, il envoya des lettres à ceux des Perses qui se trouvaient à Sardes, comme à des hommes avec qui il avait eu, au sujet de la révolte, des conversations antérieures[3]. Mais Hermippos, au lieu de donner ces lettres aux destinataires, les porta à Artaphernès et les lui remit entre les mains. Instruit de tout ce qui se passait, celui-ci ordonna à Hermippos de donner les messages d'Histiée à ceux à qui il devait les porter, mais de lui donner à lui les réponses que les Perses enverraient en retour à Histiée. Ces intrigues furent donc découvertes, et, à cette occasion, Artaphernès mit à mort un
5 grand nombre de Perses. Tandis que des troubles se pro-

1 A savoir, d'après Hérodote, qu'il avait fomenté la révolte pour avoir l'occasion de s'échapper de Suse.

2. La rivalité, maritime et commerciale, existant entre les deux peuples devait rendre odieuse aux Ioniens la perspective de céder leur pays à des hommes qu'ils n'aimaient pas.

3. Ὡς προλελεσχηνευμένων αὐτῷ ἀποστάσιος πέρι. Le contexte enseigne que ὡς ne signifie pas ici « comme si », mais annonce une réalité ; ce n'était pas par ordre, pour compromettre de grands personnages, inquiéter le satrape et le pousser à d'injustes rigueurs qui susciteraient du désordre, que les messages furent portés à Artaphernès ; Hermippos trahissait bel et bien ; et les destinataires étaient des hommes sur qui Histiée pensait pouvoir compter. Qui étaient-ce ? Peut-être ces prétendus Perses étaient des Lydiens soi-disant ralliés au gouvernement de Darius, mais qui rêvaient d'une restauration du royaume de Crésus. En tout cas, il ressort de ce passage que la révolte ne fut pas, comme pourrait le faire croire le reste du récit d'Hérodote, une improvisation, mais une entreprise préméditée et dûment préparée.

Διαβὰς δὲ ἐς Χίον ἐδέθη ὑπὸ Χίων, καταγνωσθεὶς πρὸς
αὐτῶν νεώτερα πρήσσειν πρήγματα ἐς αὐτοὺς ἐκ Δαρείου.
Μαθόντες μέντοι οἱ Χῖοι τὸν πάντα λόγον, ὡς πολέμιος
εἴη βασιλέϊ, ἔλυσαν αὐτόν. Ἐνθαῦτα δὴ εἰρωτώμενος 3
ὑπὸ τῶν Ἰώνων ὁ Ἱστιαῖος κατ᾽ ὅ τι προθύμως οὕτω ἐπέ-
στειλε τῷ Ἀρισταγόρῃ ἀπίστασθαι ἀπὸ βασιλέος καὶ κακὸν
τοσοῦτο εἴη Ἴωνας ἐξεργασμένος, τὴν μὲν γενομένην
αὐτοῖσι αἰτίην οὐ μάλα ἐξέφαινε, ὁ δὲ ἔλεγέ σφι ὡς βασιλεὺς Δαρεῖος ἐβουλεύσατο Φοίνικας μὲν ἐξαναστήσας ἐν
τῇ Ἰωνίῃ κατοικίσαι, Ἴωνας δὲ ἐν τῇ Φοινίκῃ, καὶ τούτων
εἵνεκα ἐπιστείλειε. Οὐδέν τι πάντως ταῦτα βασιλέος βου-
λευσαμένου ἐδειμάτου τοὺς Ἴωνας.

Μετὰ δὲ ὁ Ἱστιαῖος δι᾽ ἀγγέλου ποιεύμενος Ἑρμίπ- 4
που ἀνδρὸς Ἀταρνείτεω τοῖσι ἐν Σάρδισι ἐοῦσι Περσέων
ἔπεμπε βυβλία ὡς προλελεσχηνευμένων αὐτῷ ἀποστάσιος
πέρι. Ὁ δὲ Ἕρμιππος πρὸς τοὺς μὲν ἀπεπέμφθη οὐ διδοῖ,
φέρων δὲ ἐνεχείρισε τὰ βυβλία τῷ Ἀρταφρένεϊ. Ὁ δὲ
μαθὼν ἅπαν τὸ γινόμενον ἐκέλευε τὸν Ἕρμιππον τὰ μὲν
παρὰ τοῦ Ἱστιαίου δοῦναι φέροντα τοῖσί περ ἔφερε, τὰ δὲ
ἀμοιβαῖα τὰ παρὰ τῶν Περσέων ἀντιπεμπόμενα Ἱστιαίῳ
ἑωυτῷ δοῦναι. Τούτων δὲ γενομένων φανερῶν ἀπέκτεινε
ἐνθαῦτα πολλοὺς Περσέων ὁ Ἀρταφρένης. Περὶ Σάρ-

**2** 8 πρὸς ABC : ὑπ᾽ PDRSV || 9 αὐτοὺς ABCP : ἑωυτοὺς DRSV.

**3** 1 δὴ ABCPmarg. : δὲ PDRSV || εἰρωτώμενος codd. pl. : -τεώμενος C -τεόμενος P || 2 ἐπέστειλε codd. pl. : -έστελε C || 3 βασιλέος codd. pl. : -έως C || 4 τοσοῦτο : -ον codd. || ἐξεργασμένος ABCP : -εργασάμενος DRSV || γενομένην codd. pl. : -νυν SV || 5 αὐτοῖσι ABCP : ἐν αὐτοῖσι(ν) DRSV || 6 ἐβουλεύσατο codd. pl. : βεβουλ- SV || 7 κατοικίσαι codd. pl. : -κῆσαι D[1] || τῇ om. DRSV || 8 εἵνεκα ABCS : ἕν- PDRV || ἐπιστείλειε codd. pl. : -στέλ- λειν V || οὐδέν codd. pl. : οὐδέ CP || 9 ἐδειμάτου ABCPD[2]R : ἐδείματο D[1]SV || Ἴωνας codd. pl. : Ἕλληνας C.

**4** 2 Ἀταρνείτεω PD : -ίτεω ABC Ἀρτανείτεω RSV || 3 βυβλία ABC : βι- cett. || -νευμένων ABCP : -νευμένω DRSV || 4 τοὺ- PDRSV : οὓς ABC || 5 βυβλία ABC : βι- cett. || τῷ om. ABCP || Ἀρταφρένεϊ PDRSV : -νῃ ABC || 6 ἅπαν PDRSV : πᾶν ABC || 9 ἑωυτῷ codd. pl. : αὐτῷ C[1] || δὲ om. D.

duisaient au pays de Sardes, les gens de Chios, sur la demande personnelle d'Histiée déçu de ce côté dans son espérance, se mirent en devoir de le ramener à Milet[1]. Mais les Milésiens, ravis d'être débarrassés aussi d'Aristagoras, ne montrèrent aucune bonne volonté à recevoir chez eux un autre tyran, en hommes qui avaient goûté à la liberté. Et, de fait, comme Histiée tentait nuitamment de rentrer de force à Milet, il fut blessé à la cuisse par un des Milésiens. Repoussé de sa patrie, il retourna à Chios ; de là, ne pouvant persuader aux habitants de lui fournir des vaisseaux[2], il passa à Mytilène, où il décida les Lesbiens à lui en donner[3]. Ils équipèrent huit trières et firent voile avec Histiée pour Byzance ; postés à cet endroit, ils saisissaient les navires venant du Pont, excepté ceux dont les équipages se déclaraient prêts à lui obéir.

6 Dans le temps qu'Histiée et les Mytiléniens s'occupaient de la sorte, on s'attendait à l'attaque de Milet même par de grandes forces de terre et de mer ; car les généraux perses[4], qui s'étaient réunis et avaient formé de leurs troupes une seule armée, marchaient sur Milet, tenant moins de compte des autres villes. Dans l'armée navale, les Phéniciens montraient le plus d'ardeur ; il y avait avec eux des contingents de Cypriotes nouvellement soumis, de Ciliciens, d'Égyptiens.

7 Lorsque les Ioniens apprirent l'avance de ces forces contre Milet et le reste de l'Ionie, ils envoyèrent au Panionion des

1. Ce doit être sans enthousiasme que les gens de Chios se prêtèrent à rétablir un tyran dans une ville amie ; mais ils avaient hâte de se débarrasser d'un hôte compromettant.

2. Qu'en voulait-il faire ? A partir de ce moment, l'existence d'Histiée n'est plus guère que celle d'un pirate ; mais peut-être espérait-il pouvoir un jour grâce à son habileté, — cette habileté dont se défient Artaphernès et Harpage (ch. 30), — jouir d'un retour de fortune.

3. Histiée put profiter d'une animosité entre gens de Chios et de Lesbos, ceux-ci enviant à ceux-là la possession du riche district d'Atarnée, situé en face de leur île.

4. Hérodote ne les nomme pas. Des trois qui sont nommés l. V ch. 116, l'un, Hymaiès, n'était plus de ce monde (V 122) ; Daurisès probablement non plus (V 121 et note).

δις μὲν δὴ ἐγίνετο ταραχή, Ἱστιαῖον δὲ ταύτης ἀποσφαλέντα τῆς ἐλπίδος Χῖοι κατῆγον ἐς Μίλητον, αὐτοῦ Ἱστιαίου δεηθέντος. Οἱ δὲ Μιλήσιοι ἄσμενοι ἀπαλλαχθέντες καὶ Ἀρισταγόρεω οὐδαμῶς πρόθυμοι ἦσαν ἄλλον τύραννον δέκεσθαι ἐς τὴν χώρην, οἷα ἐλευθερίης γευσάμενοι. Καὶ δή, νυκτὸς γὰρ ἐούσης βίῃ ἐπειρᾶτο κατιὼν ὁ Ἱστιαῖος ἐς τὴν Μίλητον, τιτρώσκεται τὸν μηρὸν ὑπό τεο τῶν Μιλησίων. Ὁ μὲν δὴ ὡς ἀπωστὸς τῆς ἑωυτοῦ γίνεται, ἀπικνέεται ὀπίσω ἐς τὴν Χίον· ἐνθεῦτεν δέ, οὐ γὰρ ἔπειθε τοὺς Χίους ὥστε ἑωυτῷ δοῦναι νέας, διέβη ἐς Μυτιλήνην καὶ ἔπεισε Λεσβίους δοῦναί οἱ νέας. Οἱ δὲ πληρώσαντες ὀκτὼ τριήρεας ἔπλεον ἅμα Ἱστιαίῳ ἐς Βυζάντιον, ἐνθαῦτα δὲ ἱζόμενοι τὰς ἐκ τοῦ Πόντου ἐκπλεούσας τῶν νεῶν ἐλάμβανον, πλὴν ἢ ὅσοι αὐτῶν Ἱστιαίῳ ἔφασαν ἕτοιμοι εἶναι πείθεσθαι.

Ἱστιαῖος μέν νυν καὶ Μυτιληναῖοι ἐποίευν ταῦτα. Ἐπὶ 6
δὲ Μίλητον αὐτὴν ναυτικὸς πολλὸς καὶ πεζὸς ἦν στρατὸς
προσδόκιμος· συστραφέντες γὰρ οἱ στρατηγοὶ τῶν Περσέων
καὶ ἓν ποιήσαντες στρατόπεδον ἤλαυνον ἐπὶ τὴν Μίλητον,
τἆλλα πολίσματα περὶ ἐλάσσονος ποιησάμενοι. Τοῦ δὲ
ναυτικοῦ Φοίνικες μὲν ἦσαν προθυμότατοι, συνεστρατεύοντο
δὲ καὶ Κύπριοι νεωστὶ κατεστραμμένοι καὶ Κίλικές
τε καὶ Αἰγύπτιοι. Οἱ μὲν δὴ ἐπὶ τὴν Μίλητον καὶ τὴν 7
ἄλλην Ἰωνίην ἐστρατεύοντο, Ἴωνες δὲ πυνθανόμενοι ταῦτα
ἔπεμπον προβούλους σφέων αὐτῶν ἐς Πανιώνιον. Ἀπικο-

**5** 2 ταύτης ἀποσφαλέντα codd. pl. : ἀποσφ. τ. A || 3 κατῆγον ABCP : -ήγαγον DRSV || 5 Ἀρισταγόρεω codd. pl. : -όρῃ C || 6 οἷα ABCP : οἷά τε DRSV || 8 τεο : τευ codd. || 9 ἀπωστὸς codd. pl. : -ωστὴς SV || τῆς ABC : ἐκ τῆς PDRSV || 11 Μυτιλ- AB : Μιτυλ- cett. || 14 ἐκπλεούσας ABC : -πλωούσας cett. || 15 ὅσοι codd. pl. : ὅσαι S ὅσον V || αὐτῶν CP : -έων DRSV -ῶι AB || ἔφασαν codd. pl. : -ησαν D || πείθεσθαι B²PDRSV : -σεσθαι AB¹C.

**6** 1 Μυτιλ- AB : Μιτυλ- cett. ; -ναῖοι codd. pl. : -νέοι B || ἐποίευν codd. pl. : ἐποίεν R || 4 ἓν ποιήσαντες codd. pl. : ἐμποιήσ- D || 5 τἆλλα codd. pl. : καὶ τὰ ἄλλα D || 8 τε om. ABC.

**7** 2 ἐστρατεύοντο B²PDRSV : -άτευον AB¹C || 3 προβούλους A²BP : -όλους cett. || σφέων codd. pl. : σφων AB || αὐτῶν ABCPS : -έων DRV.

représentants de leurs villes[1]. Arrivés en ce lieu, ceux-ci délibérèrent, et ils décidèrent qu'on ne rassemblerait pas d'armée de terre pour l'opposer aux Perses, mais que les Milésiens à eux seuls défendraient leurs murailles ; qu'on armerait la flotte sans laisser de côté aucun navire, et que, cela fait, on se rassemblerait au plus vite à Ladé, pour combattre sur mer en faveur de Milet ; Ladé est une petite île en face de la ville
8 des Milésiens. A la suite de cette décision, les Ioniens équipèrent leurs vaisseaux, et se présentèrent à Ladé ; et, avec eux, ceux des Éoliens qui habitent Lesbos[2]. Voici dans quel ordre ils se rangèrent[3]. L'aile orientale était tenue par les Milésiens eux-mêmes, qui fournissaient quatre-vingts vaisseaux ; après eux venaient ceux de Priène, avec douze vaisseaux, ceux de Myonte, avec trois ; après ceux de Myonte, les Téiens, avec dix-sept vaisseaux ; après les Téiens, ceux de Chios, avec cent ; auprès de ces derniers étaient placés les Érythréens et les Phocéens, les Érythréens fournissant huit vaisseaux et les Phocéens trois ; après les Phocéens venaient les Lesbiens avec soixante-dix vaisseaux ; enfin, à l'aile de l'Ouest, étaient placés les Samiens, qui avaient soixante vaisseaux. L'ensemble de toutes ces forces formait un total de
9 trois cent cinquante-trois trières. Telle était la flotte des Ioniens[4] ; du côté des Barbares, le nombre des vaisseaux atteignait six cents[5].

1. Προβούλους. Des délégués *ad hoc* qui délibéreraient *pour* leurs villes respectives. Rien de commun avec les πρόβουλοι permanents qui, dans certaines cités, connaissaient des affaires *avant* de les soumettre à l'assemblée.

2. Ceux du continent avaient été remis sous le joug (V 122). Les Lesbiens étaient d'ailleurs des alliés peu sûrs ; ils avaient fourni des vaisseaux à Otanès (V 26) ; ils devaient assister Histiée jusqu'au bout dans ses opérations de brigandage, où les Ioniens n'étaient pas respectés (S. 26) ; ils furent, à Ladé, des premiers à prendre la fuite (14).

3. Au mouillage comme dans le combat (ch. 14 *ad fin.*).

4. Plusieurs villes ioniennes n'envoyèrent pas de vaisseaux, qu'elles n'aient pu le faire (telle Clazomènes, V 123) ou se soient abstenues (telle Éphèse).

5. Chiffre suspect, qui reparaît ailleurs.

μένοισι δὲ τούτοισι ἐς τοῦτον τὸν χῶρον [καὶ] βουλευομένοισι ἔδοξε πεζὸν μὲν στρατὸν μηδένα συλλέγειν ἀντίξοον
Πέρσῃσι, ἀλλὰ τὰ τείχεα ῥύεσθαι αὐτοὺς Μιλησίους, τὸ
δὲ ναυτικὸν πληροῦν ὑπολιπομένους μηδεμίαν τῶν νεῶν,
πληρώσαντας δὲ συλλέγεσθαι τὴν ταχίστην ἐς Λάδην προ-
ναυμαχήσοντας τῆς Μιλήτου· ἡ δὲ Λάδη ἐστὶ νῆσος
μικρὴ ἐπὶ τῇ πόλι τῇ Μιλησίων κειμένη. Μετὰ δὲ ταῦτα 8
πεπληρωμένῃσι τῇσι νηυσὶ παρῆσαν οἱ Ἴωνες, σὺν δέ σφι
καὶ Αἰολέων οἳ Λέσβον νέμονται. Ἐτάσσοντο δὲ ὧδε. Τὸ
μὲν πρὸς τὴν ἠῶ εἶχον κέρας αὐτοὶ Μιλήσιοι, νέας παρεχόμενοι ὀγδώκοντα· εἴχοντο δὲ τούτων Πριηνέες δυώδεκα
νηυσὶ καὶ Μυήσιοι τρισὶ νηυσί, Μυησίων δὲ Τήιοι εἴχοντο
ἑπτακαίδεκα νηυσί, Τηίων δὲ εἴχοντο Χῖοι ἑκατὸν νηυσί,
πρὸς δὲ τούτοισι Ἐρυθραῖοί τε ἐτάσσοντο καὶ Φωκαιέες,
Ἐρυθραῖοι μὲν ὀκτὼ νέας παρεχόμενοι, Φωκαιέες δὲ τρεῖς.
Φωκαιέων δὲ εἴχοντο Λέσβιοι νηυσὶ ἑβδομήκοντα· τελευταῖοι δὲ ἐτάσσοντο ἔχοντες τὸ πρὸς ἑσπέρην κέρας Σάμιοι
ἑξήκοντα νηυσί. Πασέων δὲ τουτέων ὁ σύμπας ἀριθμὸς
ἐγένετο τρεῖς καὶ πεντήκοντα καὶ τριηκόσιαι τριήρεες.
Αὗται μὲν Ἰώνων ἦσαν. τῶν δὲ βαρβάρων τὸ πλῆθος 9
τῶν νεῶν ἦσαν ἑξακόσιαι.

Ὡς δὲ καὶ αὗται ἀπίκατο πρὸς τὴν Μιλησίην καὶ ὁ

**7** 4 [καὶ] del. van Herwerden || 5 μὲν om. R || μηδένα B²PDRSV : μὴ AB¹C || 6 ἀλλὰ codd. pl. : ἀλλ' ἐκ S || τὰ τείχεα ABCPD : τείχεα R τ' εἴα V τείχεος ὡς δυνατὸν S || 7 ὑπολιπομένους ABCP : -λειπ- DRSV || 9 τῆς om. PDRSV || 10 πόλι S : -ει cett.

**8** 3 οἳ Λέσβον B²P marg.DRSV : ὅσοι τὴν Αἰολίδα γῆν AB¹CP || 4 ἠῶ D²RSV : ἑῶ ABCPD¹ || 5 τούτων ABP : -έων cett. || 6 καὶ Μυήσιοι... νηυσί om. RSV || δὲ (ante Τήιοι) om. D || 7 ἑκατὸν codd. pl. : ἑκαυτὸν D || 8 πρὸς δὲ τούτοισι om. A¹ || Φωκαιέες, -καιέων : -κέες, -κέων ABC ; -καέες, -καέων PDRSV || 11 τὸ ABCPR : τὰ SV om. D || ἐτάσσοντο codd., C quoque || κέρας om. S || 12 πασέων δὲ τουτέων B²PDRSV : πάντων δὲ τούτων AB¹C || ὁ om. PDRSV || σύμπας ABCP : συνάπας DRSV || 13 τριήρεες codd. pl. : -ήρες R.

**9** 3 αὗται DRSV : αυταὶ vel αὐταὶ ABCP || ἀπίκατο codd. pl. : -κοντο DP.

Quand la flotte des Barbares fut arrivée elle aussi sur les côtes de Milet et que leurs troupes de terre furent toutes présentes, les généraux perses, informés du grand nombre des vaisseaux ioniens, furent pris de la peur de ne pouvoir les vaincre, et, dans ces conditions, d'être hors d'état de s'emparer de Milet, faute d'avoir la maîtrise de la mer ; ce qui les exposerait, de la part de Darius, à de fâcheuses aventures. Faisant ces réflexions, ils réunirent les tyrans d'Ionie qui, renversés du pouvoir par le Milésien Aristagoras, s'étaient réfugiés chez les Mèdes et se trouvaient alors à l'armée envoyée contre Milet ; ils convoquèrent, dis-je, ceux de ces hommes qui se trouvaient sur les lieux, et leur tinrent ce langage : « Hommes d'Ionie, c'est l'heure de vous montrer bons serviteurs des intérêts du Roi ; que chacun de vous essaie de détacher du reste des alliés ses propres concitoyens. Dans les propositions que vous ferez, promettez-leur que leur révolte n'aura point pour eux de conséquences pénibles ; que ni leurs sanctuaires ni leurs édifices privés ne seront incendiés ; que leur condition ne sera pas plus dure qu'elle n'était avant. Mais, s'ils refusent de faire ce que vous proposez, s'ils veulent absolument en venir à combattre, menacez-les et dites-leur dès maintenant ce qui leur arrivera : vaincus par les armes, ils seront réduits en esclavage ; nous ferons de leurs fils des eunuques, nous déporterons leurs filles en Bactriane [1], et nous
10 donnerons leur territoire à d'autres. » Ils parlèrent ainsi, et les tyrans d'Ionie dépêchèrent de nuit, chacun vers les gens de son pays [2], des émissaires porteurs de la communication. Mais les Ioniens, à qui parvinrent bien ces messages,

1. Autrement dit : « au bout du monde ».

2. Διέπεμπον ἕκαστος ἐς τοὺς ἑωυτοῦ. Considéré à part, ce groupe de mots paraît signifier que les tyrans expédièrent des messagers dans des directions différentes (δια-), chacun dans (ἐς) son pays. Mais il sera dit plus loin (ch. 13) que certains de ces messagers avaient été reçus par les stratèges des Samiens ; et ces stratèges n'étaient pas des magistrats résidant à Samos, mais des chefs militaires ; ce que les généraux perses désiraient provoquer n'était pas un changement d'opinion dans les cités ioniennes, c'étaient d'immédiates défections dans la flotte stationnée à Ladé, qui rendraient possible la prise de

πεζός σφι ἅπας παρῆν, ἐνθαῦτα οἱ Περσέων στρατηγοὶ πυθόμενοι τὸ πλῆθος τῶν Ἰάδων νεῶν καταρρώδησαν μὴ οὐ δυνατοὶ γένωνται ὑπερβαλέσθαι, καὶ οὕτω οὔτε τὴν Μίλητον οἷοί τε ἔωσι ἐξελεῖν μὴ οὐκ ἐόντες ναυκράτορες, πρός τε Δαρείου κινδυνεύσωσι κακόν τι λαβεῖν. Ταῦτα ἐπιλεγόμενοι συλλέξαντες τῶν Ἰώνων τοὺς τυράννους οἳ ὑπ' Ἀρισταγόρεω μὲν τοῦ Μιλησίου καταλυθέντες τῶν ἀρχέων ἔφευγον ἐς Μήδους, ἐτύγχανον δὲ τότε συστρατευόμενοι ἐπὶ τὴν Μίλητον, τούτων τῶν ἀνδρῶν τοὺς παρεόντας συγκαλέσαντες ἔλεγόν σφι τάδε· Ἄνδρες Ἴωνες, νῦν τις ὑμέων εὖ ποιήσας φανήτω τὸν βασιλέος οἶκον· τοὺς γὰρ ἑωυτοῦ ἕκαστος ὑμέων πολιήτας πειράσθω ἀποσχίζων ἀπὸ τοῦ λοιποῦ συμμαχικοῦ. Προϊσχόμενοι δὲ ἐπαγγείλασθε τάδε, ὡς πείσονταί τε ἄχαρι οὐδὲν διὰ τὴν ἀπόστασιν, οὐδέ σφι οὔτε τὰ ἱρὰ οὔτε τὰ ἴδια ἐμπεπρήσεται, οὐδὲ βιαιότερον ἕξουσι οὐδὲν ἢ πρότερον εἶχον. Εἰ δὲ ταῦτα μὲν οὐ ποιήσουσι, οἱ δὲ πάντως διὰ μάχης ἐλεύσονται, τάδε ἤδη σφι λέγετε ἐπηρεάζοντες τά περ σφέας κατέξει, ὡς ἑσσωθέντες τῇ μάχῃ ἐξανδραποδιεῦνται καὶ ὥς σφεων τοὺς παῖδας ἐκτομίας ποιήσομεν, τὰς δὲ παρθένους ἀνασπάστους ἐς Βάκτρα, καὶ ὡς τὴν χώρην ἄλλοισι παραδώσομεν. » Οἱ

10 μὲν δὴ ἔλεγον ταῦτα, τῶν δὲ Ἰώνων οἱ τύραννοι διέπεμπον νυκτὸς ἕκαστος ἐς τοὺς ἑωυτοῦ ἐξαγγελλόμενος. Οἱ δὲ

**9** 5 Ἰάδων codd. pl. : Ἰδιάδων V || 6 οὕτω PDRSV : -ως ABC || 7 ναυκράτορες codd. pl. : -ηρες R || 9 συλλέξαντες PDRSV : ἔλεξαν συλλέξ- ABC || ὑπ' codd. pl. : π' R || 10 τῶν ἀρχέων codd. pl. : τῶν ἀρχαίων C τὸ αρχαῖον D[2] || 12-13 συγκαλέσαντες codd. pl. : ξυγκ- C || 13 σφι (σφιν AB) om. PDRSV || 14 ἑωυτοῦ B[2]PDRSV : αὐτέων AB[1]C || 15 ἀποσχίζων ABCP : -ζειν DRSV || 16 ἐπαγγείλασθε AB[2]CP : -έλεσθε R -αγγέλλεσθε B[1](?)DV ἀπαγγέλλεσθε S || 17 πείσονται codd. pl. : πειρήσονται C || 18 ἐμπεπρήσεται ABP marg. : ἐμπρήσεται PDRSV -πρήσσεται C || 19 οὐ ABC : μὴ PDRSV || 19-20 ποιήσουσι codd. pl. : -σωσι(ν) DR || 20 ἤδη om. PDRSV || 21 ἐπηρεάζοντες BCPD : ἐπιρ- A ἐπερ- SV πηρ- R || κατέξει ABCPD : -άξει RSV || ἑσσωθέντες ABCP : -θέοντες DRSV || 24 παραδώσομεν codd. pl. : -δῶμεν C.

**10** 2 ταῦτα PDRSV : τάδε ABC || 3 ἐξαγγελλόμενος codd. pl. : -ομένους A[1]B[1].

persistèrent dans leur manque de jugement[1] et repoussèrent l'idée de trahison ; car ceux de chaque ville croyaient que les Perses ne faisaient ces ouvertures qu'à eux seuls. Cela se passait aussitôt après l'arrivée des Perses devant Milet.

11 Par la suite, les Ioniens réunis à Ladé tinrent des assemblées ; différents orateurs, je pense, y prirent devant eux la parole[2], en particulier Dionysios, le commandant phocéen, qui s'exprima ainsi : « C'est un fait, Ioniens, que nos affaires sont sur le tranchant du rasoir : il s'agit d'être des hommes libres ou des esclaves, et des esclaves qu'on traite comme des fugitifs. Or donc, si vous consentez à accepter de dures fatigues, vous aurez à souffrir sur le moment, mais vous pourrez vaincre vos ennemis et vivre libres ; si, au contraire, vous vous laissez aller à la mollesse et au désordre, je n'ai aucun espoir que vous évitiez de payer au Grand Roi la peine de votre révolte. Eh bien, écoutez-moi, confiez-vous à moi ; et je vous promets que, si les dieux demeurent impartiaux, les ennemis n'en viendront pas aux mains avec vous, ou que, dans le cas où ils en viendraient aux
12 mains, vous aurez nettement le dessus[3]. » Ayant entendu ces

Milet. Ici, l'addition du préfixe δια- est suffisamment justifiée parce que les destinataires des messages sont divers, et l'emploi de ἐς de préférence à πρός parce que chacun d'eux est entouré d'un groupe de concitoyens. Le fait que, dans un même camp, le destinataire d'un message ait pu ignorer qu'auprès de lui de semblables messages aient été apportés à d'autres se comprend si les porteurs, arrivant isolément, de nuit, tenaient leur mission rigoureusement secrète.

1. Ἀγνωμοσύνη. Ce manque de jugement consistait dans la méconnaissance de la supériorité écrasante des forces du Grand Roi, devant laquelle les Samiens, et les autres à leur suite, devaient un peu plus tard s'incliner.

2. Ἠγορόωντο. Vocable et forme épiques. Dans l'usage qui en est fait ici n'y a-t-il pas une nuance d'ironie à l'adresse des Ioniens beaux parleurs, qu'Hérodote inviterait plaisamment à comparer à des héros d'Homère ?

3. Comme on verra, Dionysios n'avait que trop raison quand il mettait les Ioniens en garde contre la mollesse et l'indiscipline. Le ton de sa harangue prouve d'autre part qu'en le traitant de vantard les Ioniens n'avaient pas tout à fait tort.

Ἴωνες, ἐς τοὺς καὶ ἀπίκοντο αὗται αἱ ἀγγελίαι, ἀγνωμοσύνῃ τε διεχρέωντο καὶ οὐ προσίεντο τὴν προδοσίην, ἑωυτοῖσι δὲ ἕκαστοι ἐδόκεον μούνοισι ταῦτα τοὺς Πέρσας ἐπαγγέλλεσθαι. Ταῦτα μέν νυν ἰθέως ἀπικομένων ἐς τὴν Μίλητον τῶν Περσέων ἐγίνετο.

11 Μετὰ δὲ τῶν Ἰώνων συλλεχθέντων ἐς τὴν Λάδην ἐγίνοντο ἀγοραί, καὶ δή κού σφι καὶ ἄλλοι ἠγορόωντο, ἐν δὲ δὴ καὶ ὁ Φωκαιεὺς στρατηγὸς Διονύσιος, λέγων τάδε· « Ἐπὶ ξυροῦ γὰρ ἀκμῆς ἔχεται ἡμῖν τὰ πρήγματα, ἄνδρες Ἴωνες, ἢ εἶναι ἐλευθέροισι ἢ δούλοισι, καὶ τούτοισι ὡς δρηπέτῃσι. Νῦν ὦν ὑμεῖς ἢν μὲν βούλησθε ταλαιπωρίας ἐνδέκεσθαι, τὸ παραχρῆμα μὲν πόνος ὑμῖν ἔσται, οἷοί τε δὲ ἔσεσθε ὑπερβαλόμενοι τοὺς ἐναντίους εἶναι ἐλεύθεροι· εἰ δὲ μαλακίῃ τε καὶ ἀταξίῃ διαχρήσησθε, οὐδεμίαν ὑμέων ἔχω ἐλπίδα μὴ οὐ δώσειν ὑμέας δίκην βασιλέϊ τῆς ἀποστάσιος. Ἀλλ' ἐμοί τε πείθεσθε καὶ ἐμοὶ ὑμέας αὐτοὺς ἐπιτρέψατε· καὶ ὑμῖν ἐγώ, θεῶν τὰ ἴσα νεμόντων, ὑποδέκομαι ἢ οὐ συμμείξειν τοὺς πολεμίους ἢ συμμίσγοντας πολλὸν ἐλασσωθήσεσθαι. »

12 Ταῦτα ἀκούσαντες οἱ Ἴωνες ἐπιτρέπουσι σφέας αὐτοὺς τῷ Διονυσίῳ. Ὁ δὲ ἀνάγων ἑκάστοτε ἐπὶ κέρας τὰς

**10** 4 τοὺς PDRSV : οὓς ABC || ἀπίκοντο codd. pl. : -ται P[1] || 5 διεχρέωντο codd. pl. : -έοντο P || προδοσίην codd. pl. : -σοδίην C || 6 ἑωυτοῖσι codd. pl. : ἑαυ- AB || δὲ ABC : τε cett. || 7 ἐπαγγέλλεσθαι Naber (cf. 9 l. 16) : ἐξ- codd. (ἐξαγγέλεσθαι CR).

**11** 1 ἐγίνοντο codd. pl. : γίνονται A[1] || 2 ἠγορόωντο codd. pl. : -ρῶντο AB[1] || 3 ὁ om. DRSV || Φωκαιεὺς : -καεὺς codd pl. : Φοκεεὺς B[1] || στρατηγός om. Cantabrigiensis K Askewianus, Longinus *De Subl* 22 || 4 ἡμῖν codd. pl. : ὑμῖν P[1] || 5 ἢ (ante εἶναι) om. Long. || 6 ὦν codd. pl. : ἂν B[1] || ὑμεῖς DRS : ὑμέες P ἡμεῖς AB ἡμέες C Vinc. || ταλαιπωρίας PDRSV : -ίην ABC || ἐνδέκεσθαι PDRSV : δέχ- ABC || τὸ om. Long. || 7 ἔσται om. Long. || οἷοί codd. pl. ; οἷόν A[1] || 7-8 ὑπερβαλόμενοι ABCPD : -βαλλόμενοι RSV -βαλέσθαι Long. || 8 ἐναντίους codd. : πολεμίους Long. || 9 διαχρήσησθε ABC[2]DV : -σεσθε C[1]PRS || ὑμέων libenter deleverim || 10 ὑμέας ABCPS : ὑμᾶς DRV || 11 ἐπιτρέψατε codd. pl. : -στρέψατε SV || 12 συμμείξειν : -μίξειν codd. || 13 ἐλασσωθήσεσθαι AB[1]C : -σσώσεσθαι B[2]PDV -σσῶσθαι RS.

paroles, les Ioniens se confièrent à Dionysios. Lui, dès lors, menait chaque jour au large la flotte rangée en colonne [1] ; et, quand il avait exercé les rameurs en faisant passer les vaisseaux les uns entre les autres [2], quand il avait fait prendre les armes aux soldats, il tenait le reste du jour les navires à l'ancre, en sorte que les Ioniens avaient à peiner toute la journée. Sept jours durant, ils obéirent et firent ce qu'on leur commandait ; mais, le jour d'après, ces hommes, qui n'avaient pas l'expérience de semblables travaux, épuisés par les fatigues et les feux du soleil, se dirent les uns aux autres : « Quel dieu avons-nous offensé pour être comblés de ces misères ? Nous étions fous, nous étions hors de notre bon sens, quand nous nous sommes remis ainsi entre les mains d'un Phocéen vantard, qui fournit trois navires ; il nous a pris en mains et nous maltraite d'irrémédiable façon ; voici que beaucoup de nous, dès maintenant, sont tombés malades, et beaucoup ont de grandes chances qu'il leur en arrive autant ; plutôt que ces maux, mieux vaut, à notre avis, souffrir n'importe quoi d'autre ; mieux vaut endurer l'esclavage qui nous est réservé, quel qu'il soit, plutôt que de vivre dans l'esclavage actuel. Allons, dorénavant ne lui obéissons plus. » Ils dirent ; et, dès ce moment, nul ne voulut plus obéir ; mais, comme une armée de terre, ils dressèrent des tentes dans l'île et se tinrent à l'ombre, sans vouloir monter sur les vaisseaux ni s'exercer.

13 Ayant constaté cette conduite des Ioniens, les commandants samiens accueillirent alors, présentées par Aiakès fils de Syloson, ces mêmes propositions qu'Aiakès leur avait précédemment fait porter sur l'ordre des Perses, les invitant à quitter l'alliance des Ioniens ; les Samiens, dis-je, accueil-

1. Ἐπὶ κέρας. Les vaisseaux se suivaient à la file indienne, κατὰ μίαν. Arrivés sur le champ de bataille (ou de manœuvre), ils se déployaient côte à côte.

2. Le διέκπλους consistait à se glisser entre deux vaisseaux sans endommager ses propres rames et en endommageant les leurs, puis à faire volte-face et attaquer par derrière ou de flanc l'ennemi désemparé.

νέας, δκως τοῖσι ἐρέτῃσι χρήσαιτο διέκπλοον ποιεύμενος τῇσι νηυσὶ δι' ἀλληλέων καὶ τοὺς ἐπιβάτας ὁπλίσειε, τὸ λοιπὸν τῆς ἡμέρης τὰς νέας ἔχεσκε ἐπ' ἀγκυρέων, παρεῖχέ τε τοῖσι Ἴωσι πόνον δι' ἡμέρης. Μέχρι μέν νυν ἡμερέων ἑπτὰ ἐπείθοντό τε καὶ ἐποίευν τὸ κελευόμενον, τῇ δὲ ἐπὶ ταύτῃσι οἱ Ἴωνες, οἷα ἀπαθέες ἐόντες πόνων τοιούτων τετρυμένοι τε ταλαιπωρίῃσί τε καὶ ἡλίῳ, ἔλεξαν πρὸς ἑωυτοὺς τάδε· « Τίνα δαιμόνων παραβάντες τάδε ἀναπίμπλαμεν ; οἵτινες παραφρονήσαντες καὶ ἐκπλώσαντες ἐκ τοῦ νόου ἀνδρὶ Φωκαιέϊ ἀλαζόνι, παρεχομένῳ νέας τρεῖς, ἐπιτρέψαντες ἡμέας αὐτοὺς ἔχομεν ; Ὁ δὲ παραλαβὼν ἡμέας λυμαίνεται λύμῃσι ἀνηκέστοισι· καὶ δὴ πολλοὶ μὲν ἡμέων ἐς νούσους πεπτώκασι, πολλοὶ δὲ ἐπίδοξοι τὠυτὸ τοῦτο πείσεσθαί εἰσι. Πρό τε τούτων τῶν κακῶν ἡμῖν γε κρέσσον καὶ ὅ τι ὦν ἄλλο παθεῖν ἐστι, καὶ τὴν μέλλουσαν δουληίην ὑπομεῖναι, ἥτις ἔσται, μᾶλλον ἢ τῇ παρεούσῃ συνέχεσθαι. Φέρετε, τοῦ λοιποῦ μὴ πειθώμεθα αὐτοῦ. » Ταῦτα ἔλεξαν, καὶ μετὰ ταῦτα αὐτίκα πείθεσθαι οὐδεὶς ἤθελε, ἀλλ' οἷα στρατιὴ σκηνάς τε πηξάμενοι ἐν τῇ νήσῳ ἐσκιητροφέοντο καὶ ἐσβαίνειν οὐκ ἐθέλεσκον ἐς τὰς νέας οὐδ' ἀναπειρᾶσθαι.

Μαθόντες δὲ ταῦτα γινόμενα ἐκ τῶν Ἰώνων οἱ στρα- 13
τηγοὶ τῶν Σαμίων ἐνθαῦτα δὴ παρ' Αἰάκεος τοῦ Συλοσῶντος κείνους τοὺς πρότερον ἔπεμπε λόγους ὁ Αἰάκης κελευόντων τῶν Περσέων δεόμενός σφεων ἐκλιπεῖν τὴν Ἰώνων συμμαχίην, οἱ Σάμιοι ὦν ὁρῶντες ἅμα μὲν ἐοῦσαν

**12** 3 διέκπλοον codd. pl. : -ωον D[1] || 7 ἐπείθοντο codd. pl. : ἐπύθ- SV || τε om. DRSV || 8 ταύτῃσι ABCP : -τῃ DRSV || 9 τε om. D. || 12 Φωκαιέϊ : -καέϊ (vel -καεῖ) codd. || 12-13 ἐπιτρέψαντες codd. pl. : -στρέψαντες V || ἡμέας codd. pl. : ἡμέρας R || 14 καὶ δὴ codd. pl. : καὶ δὴ καὶ D || 15 νούσους PDRV : νό- ABCS || 16 εἰσι om. PDRSV || κρέσσον ABCPD : κρεῖσσον RSV || 17 παθεῖν ABC : -έειν PDRSV || δουληίην codd. pl. : -είην C || 21 στρατιὴ AB[1]CP : -ιῇ(ι) B[2]DRSV.

**13** 1 ταῦτα B[2]DRSV : ταῦτα τὰ AB[1]CP || 3 ὁ om. PDRSV || 5 συμμαχίην codd. pl. : ξυμμ- CP || οἱ codd. pl. : συ V om. S || ὁρῶντες codd. pl. : -έωντες C -έοντες P || ἅμα μὲν ἐοῦσαν PDRSV : ἐοῦσαν ἅμα μὲν ABC.

lirent ces propositions[1], et à cause du spectacle de grande indiscipline que les Ioniens leur offraient[2] et, en même temps, parce que l'impossibilité de triompher de la puissance du Roi leur apparaissait clairement[3]; car ils savaient bien que, s'ils triomphaient de la flotte qui était là, une autre se présenterait devant eux, cinq fois plus forte. Saisissant un prétexte, dès qu'ils virent les Ioniens refuser de se bien conduire, ils jugèrent que c'était tout profit de sauver leurs temples et leurs édifices privés. Cet Aiakès dont ils accueillirent les propositions était fils de Syloson fils d'Aiakès[4]; étant tyran de Samos, il avait été dépossédé de son pouvoir par Aristagoras de Milet, comme les autres tyrans d'Ionie.

14 Lors donc que les Phéniciens menèrent leur flotte à l'attaque, les Ioniens prirent aussi le large et se portèrent au devant de l'ennemi, leurs vaisseaux disposés en colonne. On se rapprocha et on en vint aux mains ; à partir de ce moment, je ne saurais noter avec exactitude lesquels des Ioniens se montrèrent dans cette action navale lâches ou braves ; car ils s'accusent les uns les autres. On dit que les Samiens, suivant l'accord fait avec Aiakès, hissèrent alors leurs voiles[5], quittèrent le rang et cinglèrent vers Samos, à l'exception d'onze navires. Les capitaines de ces navires demeurèrent et prirent part au combat, sans écouter leurs chefs ; en souvenir de quoi

1. Ces propositions leur furent-elles alors présentées de nouveau, ou firent-ils savoir par l'intermédiaire d'Aiakès qu'ils étaient maintenant disposés à les accepter ? Hérodote ne précise pas.

2. Les Samiens, qui sont mis ici à part des autres Ioniens, étaient-ils moins indisciplinés ? Hérodote reconnaît d'ailleurs que l'indiscipline qui régnait dans la flotte ne fournit à leurs chefs qu'un prétexte (πρόφασις).

3. L'allure du texte grec, — que la traduction ci-dessus ne rend qu'imparfaitement, — tortueuse et redondante, trahit l'embarras de l'écrivain, pris entre le désir de dire la vérité et celui de ménager les Samiens.

4. Frère de Polycrate, banni par celui-ci (III 39). Sur la façon dont il avait gagné la faveur de Darius et était devenu à son tour tyran de Samos, cf. III 139 et suiv.

5. Pour fuir. Dans un combat, les trières ne se manœuvraient qu'à la rame.

ἀταξίην πολλὴν ἐκ τῶν Ἰώνων ἐδέκοντο τοὺς λόγους, ἅμα δὲ κατεφαίνετό σφι εἶναι ἀδύνατα τὰ βασιλέος πρήγματα ὑπερβαλέσθαι, εὖ γε ἐπιστάμενοι ὡς εἰ καὶ τὸ παρεὸν ναυτικὸν ὑπερβαλοίατο [τὸν Δαρεῖον], ἄλλο σφι παρέσται πενταπλήσιον. Προφάσιος ὦν ἐπιλαβόμενοι, ἐπείτε τάχιστα εἶδον τοὺς Ἴωνας οὐ βουλομένους εἶναι χρηστούς, ἐν κέρδεϊ ἐποιεῦντο περιποιῆσαι τά τε ἱρὰ τὰ σφέτερα καὶ τὰ ἴδια. Ὁ δὲ Αἰάκης, παρ' ὅτεο τοὺς λόγους ἐδέκοντο οἱ Σάμιοι, παῖς μὲν ἦν Συλοσῶντος τοῦ Αἰάκεος, τύραννος δὲ ἐὼν Σάμου ὑπὸ τοῦ Μιλησίου Ἀρισταγόρεω ἀπεστέρητο τὴν ἀρχὴν κατά περ οἱ ἄλλοι τῆς Ἰωνίης τύραννοι.

14 Τότε ὦν ἐπεὶ ἐπέπλεον οἱ Φοίνικες, οἱ Ἴωνες ἀντανῆγον καὶ αὐτοὶ τὰς νέας ἐπὶ κέρας. Ὡς δὲ καὶ ἀγχοῦ ἐγίνοντο καὶ συνέμισγον ἀλλήλοισι, τὸ ἐνθεῦτεν οὐκ ἔχω ἀτρεκέως συγγράψαι οἵ τινες τῶν Ἰώνων ἐγένοντο ἄνδρες κακοὶ ἢ ἀγαθοὶ ἐν τῇ ναυμαχίῃ ταύτῃ· ἀλλήλους γὰρ καταιτιῶνται. Λέγονται δὲ Σάμιοι ἐνθαῦτα κατὰ τὰ συγκείμενα πρὸς τὸν Αἰάκεα ἀράμενοι τὰ ἱστία ἀποπλῶσαι ἐκ τῆς τάξιος ἐς τὴν Σάμον, πλὴν ἕνδεκα νεῶν. Τουτέων δὲ οἱ τριήραρχοι παρέμενον καὶ ἐναυμάχεον ἀνηκουστήσαντες τοῖσι στρατηγοῖσι· καί σφι τὸ κοινὸν τὸ Σαμίων ἔδωκε διὰ

**13** 7 ἀδύνατα ABC : -ον PDRSV || τὰ om. DRSV || 8 ὑπερβαλέσθαι codd. pl. : -βαλλέσθαι (sic) C || γε Gomperz : τε PDRSV δὲ ABC || 9 [τὸν Δαρεῖον] codd. : τοῦ Δαρείου, τὸ Δαρείου coniecerunt Reiske Eltz praeeunte Valla *Darii*, del. Wesseling || 11 οὐ βουλομένους ABCP : ἀρνευμένους DRSV || 12 ἐποιεῦντο codd. pl. : ἐποίευν D || 13 ὅτεο : ὅτευ B²PDRSV οὗ AB¹C || οἱ Σάμιοι om. PDRSV || 14 ἦν om. DRSV.

**14** 1 ἐπέπλεον AB¹CP : -έπλωον B²DR -έπλων SV || 1-2 ἀντανῆγον B²PDRSV : -ήγαγον AB¹C || 3 ἐγίνοντο codd. pl. : ἐγέ- DS || 4 συγγράψαι codd. pl. : ξυγγρ- C || ἐγένοντο DRSV : ἐγί- ABCP || 6 ἐνθαῦτα ACP : ἐνθεῦτεν B om. DRSV || συγκείμενα codd. pl. : ξυγκ- CP || 7 ἀράμενοι D : αἰρ- RSV ἀειρ- ABCP || 8 ἐς codd. pl. : εἰς R || ἕνδεκα AB¹CP² : δέκα B²P¹DRSV || 9 παρέμενον ABC : ἔμενον PDRSV || καὶ ἐναυμάχεον codd. : οἱ δὲ ἐμάχοντο Suidas s. v. ἀνηκούστησεν || 10 τὸ (ante Σαμίων) DRSV : τῶν ABCP || ἔδωκε ACP : ἔδοκε B¹ ἐδόκεε B²DRSV || διὰ... ἐν om. DRSV.

l'État samien leur fit honneur, comme à des braves, d'une stèle où leurs noms furent inscrits avec les noms de leurs pères ; cette stèle est sur la place publique. Les Lesbiens, voyant fuir ceux qui étaient près d'eux, firent comme les Samiens ; et de même firent aussi la plupart des Ioniens.

15 Parmi ceux qui tinrent bon dans cette affaire, les plus durement maltraités furent les gens de Chios, parce qu'ils accomplirent de brillants faits d'armes et refusèrent de se conduire volontairement en lâches. Ils avaient fourni, comme il a été dit plus haut, cent vaisseaux, et, sur chaque vaisseau, quarante combattants d'élite choisis entre les citoyens ; quand ils virent que la plupart des alliés trahissaient, ils jugèrent indigne d'eux d'imiter les lâches de la bande ; restés seuls avec quelques alliés, ils poursuivirent la lutte en traversant les lignes de l'adversaire [1], jusqu'à ce que, après avoir détruit beaucoup de vaisseaux ennemis, ils eussent perdu le plus grand nombre des leurs. Ils s'enfuirent alors dans leur pays avec ce qui leur en restait.

16 Ceux d'entre eux dont les vaisseaux étaient rendus par des avaries incapables de naviguer, se voyant poursuivis, se réfugièrent à la côte de Mycale [2]. Là ils échouèrent leurs vaisseaux, les y abandonnèrent et se mirent en route sur terre pour retourner chez eux par l'intérieur. Mais lorsque, en cours de ce voyage, ils eurent pénétré dans le pays d'Éphèse, — il était nuit quand ils y arrivèrent, et les femmes du pays célébraient les Thesmophories [3], — les Éphésiens, qui n'avaient pas encore entendu raconter ce qui était arrivé aux gens de Chios et qui virent leur pays envahi par une troupe en armes, crurent à n'en pas douter que c'étaient des bri-

1. Διεκπλέοντες. Cf. la note 2 de la page 13.
2. Promontoire montagneux en face de Samos.
3. Seules, les femmes célébraient les Thesmophories. Les Éphésiens, ignorant que des rescapés de Ladé retournaient chez eux par voie de terre, pouvaient croire que des ennemis ou des malandrins en profitaient pour attaquer leurs femmes, comme avaient fait jadis les Pélasges attaquant les Athéniennes qui se rendaient seules à Brauron (ch. 138).

τοῦτο τὸ πρῆγμα ἐν στήλῃ ἀναγραφῆναι πατρόθεν ὡς ἀνδράσι ἀγαθοῖσι γενομένοισι, καὶ ἔστι αὕτη ἡ στήλη ἐν τῇ ἀγορῇ. Ἰδόμενοι δὲ καὶ Λέσβιοι τοὺς προσεχέας φεύγοντας τὠυτὸ ἐποίευν τοῖσι Σαμίοισι· ὣς δὲ καὶ οἱ πλέονες τῶν Ἰώνων ἐποίευν τὰ αὐτὰ ταῦτα.

**15** Τῶν δὲ παραμεινάντων ἐν τῇ ναυμαχίῃ περιέφθησαν τρηχύτατα Χῖοι ὡς ἀποδεικνύμενοί τε ἔργα λαμπρὰ καὶ οὐκ ἐθελοκακέοντες· παρείχοντο μὲν γάρ, ὥσπερ καὶ πρότερον εἰρέθη, νέας ἑκατὸν καὶ ἐπ' ἑκάστης αὐτέων ἄνδρας τεσσεράκοντα τῶν ἀστῶν λογάδας ἐπιβατεύοντας· ὁρῶντες δὲ τοὺς πολλοὺς τῶν συμμάχων προδιδόντας οὐκ ἐδικαίουν γενέσθαι τοῖσι κακοῖσι αὐτῶν ὅμοιοι, ἀλλὰ μετ' ὀλίγων συμμάχων μεμουνωμένοι διεκπλέοντες ἐναυμάχεον, ἐς ὃ τῶν πολεμίων ἑλόντες νέας συχνὰς ἀπέβαλον τῶν σφετέρων τὰς πλέονας. Χῖοι μὲν δὴ τῇσι λοιπῇσι τῶν νεῶν ἀποφεύγουσι ἐς τὴν ἑωυτῶν.

**16** Ὅσοισι δὲ τῶν Χίων ἀδύνατοι ἦσαν αἱ νέες ὑπὸ τρωμάτων, οὗτοι δὲ ὡς ἐδιώκοντο καταφυγγάνουσι πρὸς τὴν Μυκάλην. Νέας μὲν δὴ αὐτοῦ ταύτῃ ἐποκείλαντες κατέλιπον, οἱ δὲ πεζῇ ἐκομίζοντο διὰ τῆς ἠπείρου. Ἐπειδὴ δὲ ἐσέβαλον ἐς τὴν Ἐφεσίην κομιζόμενοι οἱ Χῖοι, νυκτός τε ⟨γὰρ⟩ ἀπίκοντο ἐς αὐτὴν καὶ ἐόντων τῇσι γυναιξὶ αὐτόθι Θεσμοφορίων, ἐνθαῦτα δὴ οἱ Ἐφέσιοι, οὔτε προακηκοότες

**14** 12 γενομένοισι B²PDRSV : γιν- AB¹C || ἔστι codd. pl. : ἔστη P¹ || 14 τὠυτὸ PDRSV : τὸ αὐτὸ ABC || πλέονες : πλεῦ- codd.

**15** 2 τρηχύτατα ABCPR : -τητα D -ματα SV || 3 παρείχοντο μὲν γὰρ ABC : οἳ παρ. μὲν cett. || 4 εἰρέθη codd. pl. : ἠρέθη C ἐρρέθη P || 4-5 τεσσεράκοντα ABPS : τεσσα- CDRV || ὁρῶντες codd. pl. : -έωντες C || 6 συμμάχων codd. pl. : ξυμμ- C || ἐδικαίουν AB¹ : -καίευν B²CPRSV -κεῦν D || 7 γενέσθαι B²PDRSV : γί- AB¹C || 7-8 συμμάχων codd. pl. : ξυμμ- CP || 8 διεκπλέοντες AB¹C : -πλώοντες B²PDRSV || 9 ἀπέβαλον codd. pl. : -βαλλον C ἐπέβαλον V || σφετέρων ABC : σφ. νεῶν PDRSV || 10 πλέονες : πλεῦ- codd.

**16** 2 οὗτοι PDRS : αὐτοὶ ABC || καταφυγγάνουσι B²PDRSV : -φεύγουσι AB¹C || 4 ἐπειδὴ ABC : ἐπεὶ PDRSV || 6 ⟨γὰρ⟩ add. Stein || ἀπίκοντο D¹ (?) : -κέατο CP -κατο cett.

gands qui en voulaient à leurs femmes ; ils accoururent en
masse à la rescousse et massacrèrent les hommes de Chios.
17 Tel fut le sort de ces infortunés. Quant à Dionysios de Phocée,
dès qu'il se fut rendu compte que la cause des Ioniens était
perdue, il s'empara de trois vaisseaux ennemis et cingla,
non plus vers Phocée qu'il savait bien vouée à l'esclavage
avec le reste de l'Ionie, mais immédiatement et sans désem-
parer vers la Phénicie [1] ; là, il coula des vaisseaux marchands [2]
et s'empara de beaucoup d'argent ; puis il fit voile pour la
Sicile, d'où il se livra à des expéditions de piraterie contre
les Carthaginois et les Tyrrhéniens, sans attaquer aucun Grec.
18 Vainqueurs des Ioniens dans le combat naval, les Perses
assiégèrent Milet par terre et par mer, minant les murailles, les attaquant avec toutes sortes de machines ; et, la
sixième année à compter de la révolte d'Aristagoras, ils se
rendirent maîtres complètement de la ville [3], dont ils réduisirent les citoyens en esclavage ; en sorte que le désastre
19 concorda avec l'oracle rendu au sujet de Milet. Un jour,
en effet, que les Argiens consultaient à Delphes sur le salut
de leur propre cité, un oracle complexe leur avait été
rendu, qui en partie les concernait bien eux-mêmes, mais où
une addition était à l'adresse des Milésiens. Je citerai ce qui
intéressait les Argiens quand j'en serai venu à ce point de

1. Dans les eaux de l'ennemi, où l'on n'aurait pas l'idée de le chercher, et où il pourrait faire le plus de mal.

2. Γαύλους. On appelait ainsi des vaisseaux phéniciens (Hésychius s. v.). D'après M. Loret, ce mot dériverait du nom local de Byblos, « Gébel », par substitution de *gwl* à *gbl*, substitution dont on connaît des analogues : ainsi dans le nom grec ναῦλα d'un instrument de musique sidonien, le « *nebel* », *nwl* a pris la place de *nbl*.

3. La prise de Milet est datée avec une quasi-certitude de l'automne 494 (Macan, *Herodotus B. IV-VI*, t. II, p. 62). On ne dit pas ce que le siège dura. Entre les événements qu'Hérodote raconte purent s'intercaler des périodes d'accalmie. Les troubles auxquels il est fait allusion ch. 4 durent obliger Artaphernès à différer le châtiment des Ioniens. Quand ceux-ci commencèrent à s'émouvoir des préparatifs du Grand Roi (ch. 7), — lesquels ne furent sans doute pas l'affaire de peu de jours, — il ne semble pas qu'ils aient été sur le pied de guerre.

ὡς εἶχε περὶ τῶν Χίων ἰδόντες τε στρατὸν ἐς τὴν χώρην
ἐσβεβληκότα, πάγχυ σφέας καταδόξαντες εἶναι κλῶπας καὶ
ἰέναι ἐπὶ τὰς γυναῖκας ἐξεβοήθεον πανδημεὶ καὶ ἔκτεινον
τοὺς Χίους. Οὗτοι μέν νυν τοιαύτῃσι περιέπιπτον τύχῃσι.
Διονύσιος δὲ ὁ Φωκαιεὺς ἐπείτε ἔμαθε τῶν Ἰώνων τὰ 17
πρήγματα διεφθαρμένα, νέας ἑλὼν τρεῖς τῶν πολεμίων
ἀπέπλεε ἐς μὲν Φώκαιαν οὐκέτι, εὖ εἰδὼς ὡς ἀνδραποδιεῖται
σὺν τῇ ἄλλῃ Ἰωνίῃ· ὁ δὲ ἰθέως ὡς εἶχε ἔπλεε ἐς Φοινίκην,
γαύλους δὲ ἐνθαῦτα καταδύσας καὶ χρήματα λαβὼν πολλὰ
ἔπλεε ἐς Σικελίην, ὁρμώμενος δὲ ἐνθεῦτεν ληιστὴς κατεσ-
τήκεε Ἑλλήνων μὲν οὐδενός, Καρχηδονίων δὲ καὶ Τυρσηνῶν.
Οἱ δὲ Πέρσαι ἐπείτε τῇ ναυμαχίῃ ἐνίκων τοὺς Ἴωνας, 18
τὴν Μίλητον πολιορκέοντες ἐκ γῆς καὶ θαλάσσης [καὶ]
ὑπορύσσοντές ⟨τε⟩ τὰ τείχεα καὶ παντοίας μηχανὰς
προσφέροντες αἱρέουσι κατ᾽ ἄκρης ἕκτῳ ἔτεϊ ἀπὸ τῆς
ἀποστάσιος τῆς Ἀρισταγόρεω· καὶ ἠνδραποδίσαντο τὴν
πόλιν, ὥστε συμπεσεῖν τὸ πάθος τῷ χρηστηρίῳ τῷ ἐς
Μίλητον γενομένῳ. Χρεωμένοισι γὰρ Ἀργείοισι ἐν Δελ- 19
φοῖσι περὶ σωτηρίης τῆς πόλιος τῆς σφετέρης ἐχρήσθη
ἐπίκοινον χρηστήριον, τὸ μὲν ἐς αὐτοὺς τοὺς Ἀργείους
φέρον, τὴν δὲ παρενθήκην ἔχρησε ἐς Μιλησίους. Τὸ μὲν
νυν ἐς τοὺς Ἀργείους ἔχον, ἐπεὰν κατὰ τοῦτο γένωμαι τοῦ

**16** 8 ἰδόντες ABCP : εἰδ- S οὐδέντές $D^1$ οὐδὲν τόν $D^2$ οὐδέν RV || τε om. $AB^1$ || 11 νυν codd. pl. : τοί νυν AC.

**17** 1 Φωκαιεὺς : -καεὺς codd. pl. : -κεὺς D || 3 Φώκαιαν : -κεαν codd. (Φωκέαν C) || 5 καταδύσας $AB^1CP$ : -λύσας $B^2DRSV$ || 6 ἔπλεε codd. pl. : ἔπλωε $B^2$ || ὁρμώμενος codd. pl. : -εώμενος C -εόμενος P || 6-7 κατεστήκεε ABCP : -έστηκε(ν) DRSV || 7 Καρχηδονίων ABCPD : Καλχ- RSV || Τυρσηνῶν $B^2PDRSV$ : Τυρρη- $AB^1$ Τυρη- C.

**18** 2 [καὶ] om. DRSV || 3 ⟨τε⟩ addidi || 4 κατ᾽ ἄκρης ABCPD : κατάκρος R κατάκρως SV || ἕκτῳ ABCP : ἐν τῷ ἕκτῳ DRSV || 5 τῆς om. D || 6 συμπεσ- codd. pl. : ξυμπεσ- CP || -πεσεῖν $AB^1CP$ : -πεσέειν $B^2DRSV$ || 7 γενομένῳ codd. pl. : γιν- D.

**19** 1 χρεωμένοισι codd. plur. : χρεο- P || 3 ἐς codd. pl. : εἰς V || 4-5 φέρον... Ἀργείους om. $B^1$ || 5 τοὺς Ἀργείους codd. pl. : αὐτοὺς AC || ἔχον codd. pl. : ἔχων B.

mon récit ; quant aux paroles qui s'adressaient aux Milésiens
non présents[1], les voici : « ... Et alors, ô Milet, artisan de
méchantes actions, tu seras pour beaucoup une pâture et une
riche aubaine ; tes femmes laveront les pieds de beaucoup
d'hommes aux longs cheveux ; et d'autres prendront soin de
notre temple à Didymes. » Ces malheurs atteignirent alors
vraiment les Milésiens : la plupart des hommes furent tués
par les Perses, qui portent de longs cheveux ; les femmes et
les enfants furent réduits à la condition d'esclaves ; et le
sanctuaire de Didymes, le temple et le siège de l'oracle, furent
saccagés et incendiés[2]. J'ai à plusieurs reprises parlé des tré-
20 sors de ce sanctuaire en d'autres endroits de mon récit. Les
Milésiens pris vivants furent ensuite conduits à Suse ; le Roi
Darius, sans leur faire d'autre mal, les établit sur la mer
qu'on appelle Érythrée, dans la ville d'Ampé[3], près de
laquelle coule le Tigre, quand il se jette dans la mer. Quant
au territoire de Milet, les Perses en retinrent pour eux la
région de la ville et la plaine ; et ils donnèrent aux Cariens
de Pédasa la propriété des hauteurs.

21 Lorsque les Milésiens eurent ainsi à souffrir des Perses, les Sybarites, établis à Laos et Skidros[4] depuis qu'ils étaient

1. Le caractère exceptionnel de cet oracle, dont une partie s'adresse à des absents, me paraît une garantie d'authenticité. Il me semble dater de 494, époque à laquelle peut trouver place l'attaque de Cléomène contre Argos (ch. 77) et où la chute de Milet était imminente. Milet, foyer d'études qui sapaient les anciennes croyances, cité qui avait sur son territoire un sanctuaire concurrent du sanctuaire d'Apollon Pythien, ne devait pas être en odeur de sainteté auprès des prêtres de Delphes. Mais pourquoi ceux-ci exprimèrent-ils leur antipathie à l'occasion d'une consultation des Argiens ? Cela reste énigmatique ; qu'en annexant à une vaticination amphigourique une prédiction précise on ait voulu relever la moyenne prophétique de l'oracle (Parke, *The Delphic oracle*, p. 175) est une hypothèse dont j'ai peine à me contenter.

2. D'après Strabon (XIV 1 5), ce serait Xerxès qui, en 479, aurait incendié les sanctuaires d'Ionie, *excepté ceux d'Éphèse*. L'exception se comprend mieux en 494, les Éphésiens n'ayant pas pris une part active à la révolte de l'Ionie (cf. ci-dessus, p. 10, n. 4).

3. L'Ampéloné de Pline (VI 28 : colonia Milesiorum).

4. Colonies de Sybaris, sur la côte ouest de l'Italie (Strabon, VI 1 1).

λόγου, τότε μνησθήσομαι, τὰ δὲ τοῖσι Μιλησίοισι οὐ παρεοῦσι ἔχρησε ἔχει ὧδε.

« Καὶ τότε δή, Μίλητε, κακῶν ἐπιμήχανε ἔργων,
πολλοῖσιν δεῖπνόν τε καὶ ἀγλαὰ δῶρα γενήσῃ,
σαὶ δ' ἄλοχοι πολλοῖσι πόδας νίψουσι κομήταις,
νηοῦ δ' ἡμετέρου Διδύμοις ἄλλοισι μελήσει. »

Τότε δὴ ταῦτα τοὺς Μιλησίους κατελάμβανε, ὅτε γε ἄνδρες μὲν οἱ πλέονες ἐκτείνοντο ὑπὸ τῶν Περσέων ἐόντων κομητέων, γυναῖκες δὲ καὶ τέκνα ἐν ἀνδραπόδων λόγῳ ἐγίνοντο, ἱρὸν δὲ τὸ ἐν Διδύμοισι, ὁ νηός τε καὶ τὸ χρηστήριον, συληθέντα ἐνεπίμπρατο. Τῶν δ' ἐν τῷ ἱρῷ τούτῳ χρημάτων πολλάκις μνήμην ἑτέρωθι τοῦ λόγου ἐποιησάμην. **20** Ἐνθεῦτεν οἱ ζωγρηθέντες τῶν Μιλησίων ἤγοντο ἐς Σοῦσα· βασιλεὺς δέ σφεας Δαρεῖος κακὸν οὐδὲν ἄλλο ποιήσας κατοίκισε ἐπὶ τῇ Ἐρυθρῇ καλεομένῃ θαλάσσῃ, ἐν Ἄμπῃ πόλι, παρ' ἣν Τίγρης ποταμὸς παραρρέων ἐς θάλασσαν ἐξιεῖ. Τῆς δὲ Μιλησίης χώρης αὐτοὶ μὲν οἱ Πέρσαι εἶχον τὰ περὶ τὴν πόλιν καὶ τὸ πεδίον, τὰ δὲ ὑπεράκρια ἔδοσαν Καρσὶ Πηδασεῦσι ἐκτῆσθαι.

**21** Παθοῦσι δὲ ταῦτα Μιλησίοισι πρὸς Περσέων οὐκ ἀπέδοσαν τὴν ὁμοίην Συβαρῖται, οἳ Λᾶόν τε καὶ Σκίδρον οἴκεον τῆς πόλιος ἀπεστερημένοι· Συβάριος γὰρ ἁλούσης ὑπὸ Κροτωνιητέων Μιλήσιοι πάντες ἡβηδὸν ἀπεκείραντο τὰς κεφαλὰς καὶ πένθος μέγα προσεθήκαντο· πόλιες γὰρ

**19** 9 γενήσῃ codd. pl. : -σει A¹B || 10 κομήταις codd. pl. : -τας D || 11 νηοῦ ABCP : ναοῦ DRSV || 12 ὅτε γε DRSV : ὁπότε ABCP || 13 πλέονες : πλεῦ- codd || 15 ὁ PDRSV : καὶ ὁ ABC || 15-16 συληθέντα codd. pl. : συληφθ- C || 16 ἐνεπίμπρατο codd. pl. : -πί/πρατο D -πίμπραντο P || 17 ἑτέρωθι codd. pl. : -οθι R.

**20** 3 κατοίκισε codd. pl. : -κησε BD¹ || 4 καλεομένῃ om. ABC || πόλι ABS : -ει CPD πόλλει R Vinc. || 5 Τίγρης codd. pl. : -γρις PR || || παραρρέων codd. pl. : παραρέων AB || ἐξιεῖ (cf. *Praef.* p. 204) : -ίει codd. pl. : -ήει C || 6 Μιλησίης DRSV : -σίων ABCP || 7-8 Πηδασεῦσι codd. pl. : Πηγαδεῦσι SV.

**21** 2 Λᾶόν : Λαόν D Λάον cett. || 5 προσεθήκαντο codd. pl. : προεθ- B²PD.

privés de leur patrie, ne leur rendirent pas la pareille pour ce qui s'était passé lors de la prise de Sybaris par les Crotoniates ; alors, tous les Milésiens d'âge adulte s'étaient rasé la tête et s'étaient imposé un deuil sévère ; car, de toutes les villes, à notre connaissance, Sybaris et Milet avaient été unies par les liens les plus étroits de l'hospitalité[1]. L'attitude des Athéniens fut toute différente de celle des Sybarites ; ils manifestèrent de mille façons l'affliction extrême que leur causait la prise de Milet ; notamment, quand Phrynichos, ayant composé une pièce sur la prise de Milet[2], la fit représenter, les spectateurs fondirent en larmes ; le poète fut puni d'une amende de mille drachmes pour avoir rappelé des malheurs nationaux, et défense fut faite à qui que ce fût de représenter ce drame à l'avenir[3].

22 Milet se trouva donc vide de ses citoyens. A Samos, ceux qui avaient du bien n'étaient nullement satisfaits de la conduite que leurs généraux avaient tenue à l'égard des Mèdes ; et, aussitôt après la bataille navale, ils tinrent conseil et décidèrent de partir avant l'arrivée du tyran Aiakès dans leur pays et d'aller fonder une colonie plutôt que de rester pour être esclaves des Mèdes et d'Aiakès. Car, à cette même époque, les Zancléens[4] de Sicile envoyaient des députés en Ionie et invitaient les Ioniens à venir à Calé Acté, où ils voulaient fonder une ville ionienne ; cette contrée qu'on appelle Calé Acté[5] est au pays des Sicules, sur la côte de Sicile tournée vers la Tyrrhénie. En réponse à cette invitation, les Samiens furent les seuls Ioniens qui partirent, avec ceux des

1. Cette amitié avait sans doute pour base une communauté d'intérêts commerciaux. Grands amateurs eux-mêmes de lainages d'Ionie (Ath., 519 e), les Sybarites étaient bien placés pour faire parvenir jusqu'en Étrurie les marchandises expédiées de Milet en les transportant par terre sur la côte occidentale de l'Italie, épargnant ainsi aux armateurs le long périple du Brutium et le détroit redouté de Messine.

2. Ou bien : intitulée « La prise de Milet ».

3. Ce dut être surtout une marque de réprobation à l'adresse d'hommes politiques qui étaient restés sourds à des appels réitérés.

4. Zanclé était l'ancien nom de Messine.

5. « Beau-Rivage ».

αὗται μάλιστα δὴ τῶν ἡμεῖς ἴδμεν ἀλλήλῃσι ἐξεινώθησαν. Οὐδὲν ὁμοίως καὶ Ἀθηναῖοι· Ἀθηναῖοι μὲν γὰρ δῆλον ἐποίησαν ὑπεραχθεσθέντες τῇ Μιλήτου ἁλώσι τῇ τε ἄλλῃ πολλαχῇ καὶ δὴ καὶ ποιήσαντι Φρυνίχῳ δρᾶμα Μιλήτου ἅλωσιν καὶ διδάξαντι ἐς δάκρυά τε ἔπεσε τὸ θέητρον καὶ ἐζημίωσάν μιν ὡς ἀναμνήσαντα οἰκήια κακὰ χιλίῃσι δραχμῇσι, καὶ ἐπέταξαν μηκέτι μηδένα χρᾶσθαι τούτῳ τῷ δράματι.

Μίλητος μὲν νυν Μιλησίων ἠρήμωτο. Σαμίων δὲ τοῖσί 22
τι ἔχουσι τὸ μὲν ἐς τοὺς Μήδους ἐκ τῶν στρατηγῶν τῶν σφετέρων ποιηθὲν οὐδαμῶς ἤρεσκε, ἐδόκεε δὲ μετὰ τὴν ναυμαχίην αὐτίκα βουλευομένοισι, πρὶν ἤ σφι ἐς τὴν χώρην ἀπικέσθαι τὸν τύραννον Αἰάκεα, ἐς ἀποικίην ἐκπλέειν μηδὲ μένοντας Μήδοισί τε καὶ Αἰάκεϊ δουλεύειν. Ζαγκλαῖοι γὰρ οἱ ἀπὸ Σικελίης τὸν αὐτὸν χρόνον τοῦτον πέμποντες ἐς τὴν Ἰωνίην ἀγγέλους ἐπεκαλέοντο τοὺς Ἴωνας ἐς Καλὴν Ἀκτήν, βουλόμενοι αὐτόθι πόλιν κτίσαι Ἰώνων· ἡ δὲ Καλὴ αὕτη Ἀκτὴ καλεομένη ἔστι μὲν Σικελῶν, πρὸς δὲ Τυρσηνίην τετραμμένη τῆς Σικελίης. Τούτων ὦν ἐπικαλεομένων οἱ Σάμιοι μοῦνοι Ἰώνων ἐστάλησαν, σὺν δέ σφι Μιλησίων οἱ ἐκπεφευγότες. Ἐν ᾧ τοιόνδε δή τι συνήνεικε γενέσ- 23
θαι· Σάμιοί τε κομιζόμενοι ἐς Σικελίην ἐγίνοντο ἐν

**21** 6 ἀλλήλῃσι $A^2B^2CP^2DS$ : -οισι $A^1B^1P^1RV$ || 8 ὑπεραχθεσθέντες codd. pl. : -αχθέντες R -αχθενθέντες $V^1$ || ἁλώσι : -σει codd. Vinc. || 9 καὶ ποιήσαντι om. Long. *De subl.* 24 || 10 καὶ om. Long. || τε om. Long. || ἔπεσε τὸ θ. codd. : ἔπεσον οἱ θεώμενοι Long. || θέητρον codd. pl. : θέα- SV

**22** 1 ἠρήμωτο AB : ἐρ. cett. || 2 τι ABCPD : τε RSV || 10 αὕτη ἀκτὴ ABCP : ἀκτὴ αὕτη DRSV || Τυρσηνίην $B^2$PDRSV : Τυρρην- $AB^1$ Τυρανν- C || 11 ἐπικαλεομένων codd. pl. : -καλεσαμένων C || 12 Ἰώνων ABC : Ἴωνες cett. || σὺν codd. pl. : ξὺν C || σφι ABCP : σφισι DRSV || Μιλησίων οἱ codd. pl. : Μιλήσιοι D || 13 ἐκπεφευγότες codd. pl. : πεφευγ- A.

**23** 1 ἐν ᾧ om. DRSV || δή om. DRSV || συνήνεικε codd. pl. : ξυν- C || 2 τε $B^2$DRSV : γὰρ $AB^1$CP An τε γὰρ (Stein) ? || ἐγίνοντο codd. pl. : ἐγέ- $AB^1$.

23 Milésiens qui avaient pu se sauver [1]. Et, sur ces entrefaites, voici ce qui arriva. Comme les Samiens, en route pour la Sicile, étaient chez les Locriens Épizéphyriens, les Zancléens, avec leur roi qui avait nom Skythès, assiégeaient une ville des Sicules qu'ils avaient l'intention de détruire. Instruit de ces circonstances, le tyran de Rhégion [2], Anaxilas, qui était alors en querelle avec les Zancléens, s'aboucha avec les Samiens et leur persuada qu'ils devaient se désintéresser de Calé Acté, où ils se rendaient, mais s'emparer de Zanclé, qui était vide de soldats. Les Samiens l'écoutèrent et occupèrent Zanclé ; les Zancléens, quand ils apprirent l'occupation de leur ville, se portèrent à son secours et appelèrent à l'aide Hippocratès, tyran de Géla, qui alors était leur allié. Mais, quand Hippocratès fut venu les rejoindre avec une armée de secours, il fit mettre aux fers Skythès, prince des Zancléens, comme coupable d'avoir perdu la ville [3], ainsi que son frère Pythogénès, et les relégua dans la ville d'Inyx [4]; quant au reste des Zancléens, à la suite d'une conférence avec les Samiens et d'un échange de serments, il les trahit. Pour sa récompense, les Samiens avaient stipulé qu'il aurait en partage la moitié de tous les meubles et esclaves contenus dans la ville et tout ce qu'il y avait aux champs. Lui-même mit aux fers et traita en esclaves le plus grand nombre des Zancléens ; il livra les principaux d'entre eux, au nombre de trois cents, aux Samiens, pour être mis à mort ; mais les Samiens ne les
24 firent pas périr. Skythès, prince des Zancléens, s'enfuit

1. Cf. Thuc., VI 4. Zanclé était une colonie de Chalcis, que d'antiques relations d'amitié unissaient à Samos (V 99) ; d'où la bonne volonté des Samiens à répondre à l'appel des Zancléens.

2. Aujourd'hui Reggio, sur la côte continentale du détroit.

3. Plutôt que l'allié d'Hippocratès, Skythès devait être son vassal ; le tyran de Géla, qui aspirait à étendre sa domination sur la côte Est de la Sicile, ne pouvait savoir gré à Skythès d'avoir laissé prendre Zanclé par des gens qui agissaient d'accord avec Anaxilas. Maître de Rhégion et de Zanclé, celui-ci pouvait interdire au commerce d'un rival le passage du détroit.

4. Dans la région d'Agrigente, loin de Zanclé.

Λοκροῖσι τοῖσι Ἐπιζεφυρίοισι καὶ Ζαγκλαῖοι αὐτοί τε καὶ ὁ βασιλεὺς αὐτῶν, τῷ οὔνομα ἦν Σκύθης, περικατέατο πόλιν τῶν Σικελῶν ἐξελεῖν βουλόμενοι. Μαθὼν δὲ ταῦτα ὁ Ῥηγίου τύραννος Ἀναξίλεως, τότε ἐὼν διάφορος τοῖσι Ζαγκλαίοισι, συμμείξας τοῖσι Σαμίοισι ἀναπείθει ὡς χρεὸν εἴη Καλὴν μὲν Ἀκτήν, ἐπ' ἣν ἔπλεον, ἐᾶν χαίρειν, τὴν δὲ Ζάγκλην σχεῖν, ἐοῦσαν ἔρημον ἀνδρῶν. Πειθομένων δὲ τῶν Σαμίων καὶ σχόντων τὴν Ζάγκλην, ἐνθαῦτα οἱ Ζαγκλαῖοι, ὡς ἐπύθοντο ἐχομένην τὴν πόλιν ἑωυτῶν, ἐβοήθεον αὐτῇ καὶ ἐπεκαλέοντο Ἱπποκράτεα τὸν Γέλης τύραννον· ἦν γὰρ δή σφι οὗτος σύμμαχος. Ἐπείτε δὲ αὐτοῖσι καὶ ὁ Ἱπποκράτης σὺν τῇ στρατιῇ ἧκε βοηθέων, Σκύθην μὲν τὸν μούναρχον τῶν Ζαγκλαίων ὡς ἀποβαλόντα τὴν πόλιν ὁ Ἱπποκράτης πεδήσας καὶ τὸν ἀδελφεὸν αὐτοῦ Πυθογένεα ἐς Ἴνυκα πόλιν ἀπέπεμψε, τοὺς δὲ λοιποὺς Ζαγκλαίους κοινολογησάμενος τοῖσι Σαμίοισι καὶ ὅρκους δοὺς καὶ δεξάμενος προέδωκε. Μισθὸς δέ οἱ ἦν εἰρημένος ὅδε ὑπὸ τῶν Σαμίων, πάντων τῶν ἐπίπλων καὶ ἀνδραπόδων τὰ ἡμίσεα μεταλαβεῖν τῶν ἐν τῇ πόλι, τὰ δ' ἐπὶ τῶν ἀγρῶν πάντα Ἱπποκράτεα λαγχάνειν. Τοὺς μὲν δὴ πλέονας τῶν Ζαγκλαίων αὐτὸς ἐν ἀνδραπόδων λόγῳ εἶχε δήσας, τοὺς δὲ κορυφαίους αὐτῶν τριηκοσίους ἔδωκε τοῖσι Σαμίοισι κατασφάξαι· οὐ μέντοι οἵ γε Σάμιοι ἐποίησαν ταῦτα.

Σκύθης δὲ ὁ τῶν Ζαγκλαίων μούναρχος ἐκ τῆς Ἴνυκος **24**

**23** 3 Ἐπιζεφυρίοισι ABCP : -φύροισι DRSV || 4 περικατέατο : περιεκαθέατο codd. || 6 Ἀναξίλεως ABCP$D^2$S : -εος $D^1$RV || τότε ABC : ὅστε RSV ὥστε PD || 7 συμμείξας : -μίξας codd. (ξυμμ. C) || χρεὸν ABCP$D^1$S : -εὼν $D^3$RV || 9-10 ἐοῦσαν... τὴν Ζάγκλην om. C || 11 ἑωυτῶν om. DRSV || 13 σύμμαχος codd. pl. : ξυμμ- C || καὶ om. D || ὁ om. RSV || 14 σύν codd. pl. : ξὺν C || 15 ὡς om. A$B^1$C || ἀποβαλόντα codd. pl. : -βάλλοντα C || ὁ om. $A^1$ || 17 Ἴνυκα Stein coll. Stephan. Byz. s. v. Ἴνυκτον : Ἴνυκ// cum ον supra addito D Ἴνυκον cett. || 21 μεταλαβεῖν A$B^1$ : -βαλεῖν C λαβεῖν cett. || πόλι $D^1$ : -ει cett. || 25 οἵ add. $B^1$.

**24** 1 Σκύθης δὲ om. C || ἐκ τῆς om. A$B^1$C.

d'Inyx à Himère ; d'Himère il passa en Asie et se rendit auprès du Roi Darius. Et celui-ci le tint pour le plus honnête homme de tous ceux qui, de Grèce, étaient venus près de lui ; car, étant allé en Sicile avec la permission royale, il en revint et reprit sa place auprès du Roi jusqu'au jour où, comblé de biens, il mourut de vieillesse chez les Perses. Quant aux Samiens qui s'étaient mis à l'abri des Mèdes, ils se trouvèrent sans peine en la possession de la très belle ville qu'était Zanclé [1].

25 A la suite du combat naval livré au large de Milet, les Phéniciens, sur l'ordre des Perses, ramenèrent à Samos Aiakès fils de Syloson, comme un homme qui avait beaucoup de mérite à leurs yeux et qui avait rendu de grands services ; et, seuls parmi ceux qui s'étaient révoltés contre Darius, les Samiens, en récompense de ce que leurs vaisseaux avaient fait défection dans le combat, n'eurent ni leur ville ni leurs sanctuaires incendiés.

Aussitôt après la prise de Milet, les Perses occupèrent aussi la Carie [2] ; une partie des villes se soumirent volontairement ; les autres furent ramenées de force.

26 Pendant que les choses se passaient ainsi de ce côté, Histiée de Milet, qui était dans les eaux de Byzance, occupé à capturer les vaisseaux ioniens à leur sortie du Pont, reçut la nouvelle des événements de Milet. Confiant les affaires de l'Hellespont à Bisaltès fils d'Apollophanès d'Abydos, lui-même avec les Lesbiens fit voile pour Chios [3] ; comme les troupes de

1. Ils avaient dû s'engager envers Hippocratès à la défendre contre les convoitises d'Anaxilas. Mais celui-ci les en expulsa bientôt et, Messénien d'origine, changea le nom de Zanclé en celui de Messana. Si, au l. VII ch. 164, on lit μετὰ Σαμίων, ils l'auraient reconquise avec l'aide de Cadmos, fils de Skythès. Ce peut être à cette occasion que Skythès revint en Sicile.

2. Libérée, tout au moins en partie, par la victoire d'Héracleidès (V 121).

3. Voulait-il, en se rapprochant du théâtre des opérations décisives, guetter le moment, — qui ne se présenta pas, — de rentrer en grâce auprès du maître en faisant valoir qu'il avait entravé de son mieux le commerce des Ioniens et qu'il avait achevé d'écraser ceux qui avaient opposé, à Ladé, le plus de résistance ?

ἐκδιδρήσκει ἐς Ἱμέρην, ἐκ δὲ ταύτης παρῆν ἐς τὴν Ἀσίην καὶ ἀνέβη παρὰ βασιλέα Δαρεῖον. Καί μιν ἐνόμισε Δαρεῖος πάντων ἀνδρῶν δικαιότατον εἶναι ὅσοι ἐκ τῆς Ἑλλάδος παρ' ἑωυτὸν ἀνέβησαν· καὶ γὰρ παραιτησάμενος βασιλέα ἐς Σικελίην ἀπίκετο καὶ αὖτις ἐκ τῆς Σικελίης ὀπίσω παρὰ βασιλέα, ἐς ὃ γήραϊ μέγα ὄλβιος ἐὼν ἐτελεύτησε ἐν Πέρσῃσι. Σάμιοι δὲ ἀπαλλαχθέντες Μήδων ἀπονητὶ πόλιν καλλίστην Ζάγκλην περιεβεβλέατο.

Μετὰ δὲ τὴν ναυμαχίην τὴν ὑπὲρ Μιλήτου γενομένην 25
Φοίνικες κελευσάντων Περσέων κατῆγον ἐς Σάμον Αἰάκεα τὸν Συλοσῶντος ὡς πολλοῦ τε ἄξιον γενόμενον σφίσι καὶ μεγάλα κατεργασάμενον· καὶ Σαμίοισι μούνοισι τῶν ἀποστάντων ἀπὸ Δαρείου διὰ τὴν ἔκλειψιν τῶν νεῶν τὴν ἐν τῇ ναυμαχίῃ οὔτε ἡ πόλις οὔτε τὰ ἱρὰ ἐνεπρήσθη.

Μιλήτου δὲ ἁλούσης αὐτίκα καὶ Καρίην ἔσχον οἱ Πέρσαι, τὰς μὲν ἐθελοντὴν τῶν πολίων ὑποκυψάσας, τὰς δὲ ἀνάγκῃ προσηγάγοντο.

Ταῦτα μὲν δὴ οὕτω ἐγίνετο. Ἱστιαίῳ δὲ τῷ Μιλησίῳ 26
ἐόντι περὶ Βυζάντιον καὶ συλλαμβάνοντι τὰς Ἰώνων ὁλκάδας ἐκπλεούσας ἐκ τοῦ Πόντου ἐξαγγέλλεται τὰ περὶ τὴν Μίλητον γενόμενα. Τὰ μὲν δὴ περὶ Ἑλλήσποντον ἔχοντα πρήγματα ἐπιτρέπει Βισάλτῃ Ἀπολλοφάνεος παιδὶ Ἀβυδηνῷ, αὐτὸς δὲ ἔχων Λεσβίους ἐς Χίον

**24** 2 Ἴνυκος codd. pl. : Ἰνύκου $D^1$ (?) || παρῆν ABC$P^2$ : πέρην $P^1$DRSV || τὴν om. A$B^1$C || 4 ἀνδρῶν δικαιότατον ABCP : δικ. ἀνδρῶν DRSV || 5 παραιτησάμενος codd. pl. : -τισάμενος B || 6 τῆς om. DRSV || 7 γήραϊ ABCP : -ρα DRSV || ἐν om. DRSV || 8 ἀπονητὶ codd. pl. : -τεὶ AB || 9 περιεβεβλέατο : -εβεβλήατο ABC -εβαλέατο PDRSV.

**25** 1 δὲ codd. pl. : τάδε D || 2 κελευσάντων codd. pl. : καλ- V || 5 τὴν Reiske : τῶν codd. || 7 αὐτίκα om. DRSV || καὶ om. A$B^1$CP || 8 ἐθελοντὴν (vel -ῆν) A$B^1$C : -ντὶ $B^2$PD -ντιῆ RSV || 9 προσηγάγοντο ABCP$D^1$S || προηγ- $D^2$RV.

**26** 1 οὕτω ABCP : -ως DRSV || ἐγίνετο ABCPD : ἐγέ- RSV || 3 ἐκπλεούσας ABCP : -πλωούσας DRSV || 4 τὴν om. PDRS || 5 ἐπιτρέπει ABC : -τράπει P$D^1$RSV -ετράπη $D^2$ || 6 Ἀβυδηνῷ ACPD : -ινῷ(ι) BRSV.

garde ne voulaient pas l'accueillir, il leur livra bataille en un lieu du territoire de Chios qu'on appelle les Creux. Il tua à ces troupes beaucoup d'hommes ; et, avec l'aide des Lesbiens, Histiée triompha du reste de la population, épuisée comme elle l'était déjà par le combat naval ; Polichné [1] de Chios lui servait de base d'opérations.

27 La divinité, semble-t-il, aime annoncer par des signes les grandes infortunes qui vont frapper une ville ou un peuple ; les gens de Chios, avant leurs désastres, avaient eu en effet des présages éclatants. Ils avaient envoyé à Delphes un chœur de cent jeunes gens ; deux seulement revinrent, les quatre-vingt-dix-huit autres furent atteints de la peste, qui les emporta. Dans la ville, à la même époque, peu avant la bataille navale, le toit d'une école s'écroula sur les enfants qui apprenaient à lire, en sorte que, de cent vingt qu'ils étaient, un seul échappa. Tels avaient été pour les gens de Chios les signes précurseurs manifestés par la divinité. A la suite de ces signes, ce fut le combat naval, qui jeta la ville à genoux ; puis, après ce combat, survint Histiée à la tête des Lesbiens ; étant donné l'épuisement de la population, il lui fut aisé de la soumettre.

28 De Chios, Histiée fit une expédition contre Thasos [2], avec une troupe nombreuse d'Ioniens et de Lesbiens. Pendant qu'il l'assiégeait, la nouvelle lui vint que les Phéniciens reprenaient la mer à Milet pour attaquer les autres villes d'Ionie [3]. A cette nouvelle, il renonça au pillage de Thasos et se rendit en hâte dans l'île de Lesbos [4] avec toute son armée.

1. Πολίχνης τῆς Χίου. Le nom de Polichné, qui signifie « petite ville », pouvait être porté par beaucoup de localités : Hérodote précise que celle dont il parle était située dans l'île même de Chios.

2. Il désirait sans doute mettre la main sur les mines d'or de l'île ; peut-être aussi renouer des relations qu'il avait nouées en Thrace quand il était à Myrkinos.

3. Comme il sera dit au ch. 31. Pour en finir avec l'histoire d'Histiée, Hérodote en prolonge le récit au delà du moment où il a interrompu, au ch. 25, celui de la répression de la révolte.

4. Où il avait alors, semble-t-il, son quartier général.

ἔπλεε, καὶ Χίων φρουρῇ οὐ προσιεμένῃ μιν συνέβαλε ἐν Κοίλοισι καλεομένοισι τῆς Χίης χώρης. Τούτων τε δὴ ἐφόνευσε συχνούς, καὶ τῶν λοιπῶν Χίων, οἷα δὴ κεκακωμένων ἐκ τῆς ναυμαχίης, ὁ Ἱστιαῖος ἔχων τοὺς Λεσβίους ἐπεκράτησε, ἐκ Πολίχνης τῆς Χίων ὁρμώμενος.

27 Φιλέει δέ κως προσημαίνειν, εὖτ᾽ ἂν μέλλῃ μεγάλα κακὰ ἢ πόλι ἢ ἔθνεϊ ἔσεσθαι· καὶ γὰρ Χίοισι πρὸ τούτων σημήια μεγάλα ἐγένετο. Τοῦτο μέν σφι πέμψασι ἐς Δελφοὺς χορὸν νεηνιέων ἑκατὸν δύο μοῦνοι τούτων ἀπενόστησαν, τοὺς δὲ ὀκτώ τε καὶ ἐνενήκοντα αὐτῶν λοιμὸς ὑπολαβὼν ἀπήνεικε. Τοῦτο δὲ ἐν τῇ πόλι τὸν αὐτὸν τοῦτον χρόνον, ὀλίγον πρὸ τῆς ναυμαχίης, παισὶ γράμματα διδασκομένοισι ἐνέπεσε ἡ στέγη, ὥστε ἀπ᾽ ἑκατὸν καὶ εἴκοσι παίδων εἷς μοῦνος ἀπέφυγε. Ταῦτα μέν σφι σημήια ὁ θεὸς προέδεξε. Μετὰ δὲ ταῦτα ἡ ναυμαχίη ὑπολαβοῦσα ἐς γόνυ τὴν πόλιν ἔβαλε, ἐπὶ δὲ τῇ ναυμαχίῃ ἐπεγένετο Ἱστιαῖος Λεσβίους ἄγων, κεκακωμένων δὲ τῶν Χίων καταστροφὴν εὐπετέως αὐτῶν ἐποιήσατ .

28 Ἐνθεῦτεν δὲ ὁ Ἱστιαῖος ἐστρατεύετο ἐπὶ Θάσον ἄγων Ἰώνων καὶ Αἰολέων συχνούς. Περικατημένῳ δέ οἱ Θάσον ἦλθε ἀγγελίη ὡς οἱ Φοίνικες ἀναπλέουσι ἐκ τῆς Μιλήτου ἐπὶ τὴν ἄλλην Ἰωνίην. Πυθόμενος δὲ ταῦτα Θάσον μὲν ἀπόρθητον λείπει, αὐτὸς δὲ ἐς τὴν Λέσβον ἠπείγετο

**26** 7 συνέβαλε codd. pl. : -έβαλλεν V || 8 τε om. SV || 9 ἐφόνευσε ABCPD : -νευε RSV || 9 δὴ om. ABC || 10-11 ναυμαχίης... Πολίχνης τῆς om. C || 11 Πολίχνης ABPD : Πολίσχνης RSV || τῆς ABCP : τῶν DRSV || ορμώμενος codd. pl. : -εώμενος C -εόμενος P.

**27** 1 εὖτ᾽ ἂν codd. pl. : ἐπεὰν S om. V || 2 ἢ (ante πόλι) PDRSV Stob. *Floril.* XLIII 39 : om. ABC || πόλι ABS : -ει CPDRV Stob. || 5 ἐνενήκοντα ABCDSV : ἐννεν- PR || αὐτῶν PDRSV : -έων ABC || 6 πόλι : -ει codd. || ὀλίγον codd. pl. : -γῳ S Vinc. || 7 ἐνέπεσε ABCP : ἔπεσε(ν) DRSV || 8 ἀπ᾽ om. DRSV || 9 προέδεξε ABCP : προσέδ- DRSV || 10 ὑπολαβοῦσα codd. pl. : -βαλοῦσα B[1] (?) || 12 κεκακωμένων δὲ ABCPD : καὶ κεκα. δὲ RSV || αὐτῶν PDRSV : -έων ABC || 13 ἐποιήσατο codd. pl. : -σαντο AB[1].

**28** 1-2 ἄγων... Θάσον om. R || 3 ἀναπλέουσι ABC : -πλώουσι PDRSV.

De Lesbos, comme ses troupes souffraient de la faim, il passa sur la côte en face, dans l'intention de récolter le blé d'Atarnée et, avec ce blé, celui de la plaine du Caïcos, qui appartenait aux Mysiens[1]. Un Perse, Harpage, ayant sous ses ordres des forces considérables, se trouvait par hasard dans ces parages ; il attaqua Histiée comme il venait de débarquer, le prit vivant et détruisit la plus grande partie de son armée.
29 Voici comment Histiée fut pris vivant. Dans le combat que les Grecs soutinrent contre les Perses à Malène, localité du pays d'Atarnée, les adversaires restèrent longtemps aux prises, mais ensuite la cavalerie chargea et tomba sur les Grecs ; la cavalerie, dans cette circonstance, décida de l'affaire[2] ; et, au milieu de la déroute des Grecs, l'espoir que le Roi l'épargnerait malgré sa félonie actuelle inspira à Histiée un tel attachement à la vie[3], que, saisi dans sa fuite par un soldat perse et sur le point d'être passé au fil de l'épée par celui qui l'appréhendait, il se fit connaître et dit, en langue perse, qu'il était Histiée
30 de Milet. Si, après sa capture, il avait été emmené et conduit au Roi Darius, il n'aurait eu, je crois, rien de grave à souffrir, et on lui eût pardonné sa faute. Mais précisément pour cela, et afin d'éviter qu'il se tirât d'affaire et redevînt puissant auprès du Roi, Artaphernès le gouverneur de Sardes

1. Renommée pour sa fertilité (Strabon, XIII 4 1). Le pays d'Atarnée faisait aussi partie de la Mysie ; il avait été concédé par les Perses aux habitants de Chios (I 160).

2. Τό τε δὴ ἔργον τῆς ἵππου τοῦτο ἐγένετο. « Dès lors (le succès de) cette affaire fut (l'œuvre) de la cavalerie. »

3. Φιλοψυχίην. Un attachement à la vie qu'Hérodote paraît trouver excessif et fâcheusement voisin de la lâcheté. Certes, l'attitude de Crésus en face d'un pareil danger est plus noblement résignée (I 85) ; mais il faut tenir compte de l'inégalité de condition entre les deux hommes et de la différence des perspectives d'avenir qui s'ouvraient devant eux pour le cas où ils « sauveraient leur peau ». Crésus ne pouvait espérer qu'une vie humiliée, la vie d'un roi déchu réduit en esclavage ; Histiée, lui, ne descendait pas d'un trône ; intrigant, homme de ressource, il pouvait songer à son rétablissement dans un état brillant qui faisait des jaloux. Si les choses avaient tourné ainsi, peut-être Hérodote louerait-il sa présence d'esprit.

ἄγων πᾶσαν τὴν στρατιήν. Ἐκ Λέσβου δὲ λιμαινούσης οἱ τῆς στρατιῆς πέρην διαβαίνει, ἐκ τοῦ Ἀταρνέος ὡς ἀμήσων τὸν σῖτον τόν τε ἐνθεῦτεν καὶ τὸν ἐκ Καΐκου πεδίου τὸν τῶν Μυσῶν. Ἐν δὲ τούτοισι τοῖσι χωρίοισι ἐτύγχανε ἐὼν Ἅρπαγος ἀνὴρ Πέρσης, στρατηγὸς στρατιῆς οὐκ ὀλίγης· ὅς οἱ ἀποβάντι συμβαλὼν αὐτόν τε Ἱστιαῖον ζωγρίῃ ἔλαβε καὶ τὸν στρατὸν αὐτοῦ τὸν πλέω διέφθειρε.

29 Ἐζωγρήθη δὲ ὁ Ἱστιαῖος ὧδε. Ὡς ἐμάχοντο οἱ Ἕλληνες τοῖσι Πέρσῃσι ἐν τῇ Μαλήνῃ τῆς Ἀταρνείτιδος χώρης, οἱ μὲν συνέστασαν χρόνον ἐπὶ πολλόν, ἡ δὲ ἵππος ὕστερον ὁρμηθεῖσα ἐπιπίπτει τοῖσι Ἕλλησι. Τό τε δὴ ἔργον τῆς ἵππου τοῦτο ἐγένετο, καὶ τετραμμένων τῶν Ἑλλήνων ὁ Ἱστιαῖος ἐλπίζων οὐκ ἀπολέεσθαι ὑπὸ βασιλέος διὰ τὴν παρεοῦσαν ἁμαρτάδα φιλοψυχίην τοιήνδε τινὰ ἀναιρέεται· ὡς φεύγων τε κατελαμβάνετο ὑπὸ ἀνδρὸς Πέρσεω καὶ ὡς καταιρεόμενος ὑπ᾽ αὐτοῦ ἔμελλε συγκεντηθήσεσθαι, Περσίδα γλῶσσαν μετιεὶς καταμηνύει ἑωυτὸν ὡς εἴη Ἱστιαῖος ὁ Μιλήσιος.

30 Εἰ μέν νυν, ὡς ἐζωγρήθη, ἀνήχθη ἀγόμενος παρὰ βασιλέα Δαρεῖον, ὁ δὲ οὔτ᾽ ἂν ἔπαθε κακὸν οὐδέν, δοκέειν ἐμοί, ἀπῆκέ τ᾽ ἂν αὐτῷ τὴν αἰτίην. Νῦν δέ μιν αὐτῶν τε τούτων εἵνεκα καὶ ἵνα μὴ διαφυγὼν αὖτις μέγας παρὰ βασιλέϊ γένηται, Ἀρταφρένης

**28** 6 ἐκ codd. pl. : ἐς C || Λέσβου δὲ codd. pl. : δὲ Λέσβου D δὲ Λέσβον C || λιμαινούσης Reiske : δειμαινούσης codd. || 7 ἐκ AB¹C : ἐς cett. || Ἀταρνέος codd. pl. : Ἀρτανέος SV || 9 τὸν om. CP || 11 ὅς codd pl. : ὥς D || συμβαλὼν codd. pl. : ξυμ- C || 12 ἔλαβε καὶ codd. pl. : ἔλαβε δὲ καὶ V || στρατὸν codd. pl. : στρ. δὲ S || πλέω codd. pl. : -έων D.

**29** 2 Ἀταρνειτίδος CP : -νιτίδος AB Ἀταρνίδος DR Ἀρτανίδος SV || 3 συνέστασαν ABCPD : -έστησαν RSV || 4 ἐπιπίπτει codd. pl. : ὑποπ- D || 6 ἀπολέεσθαι ABCP : -ολέσθαι DRSV || βασιλέος codd. pl. : -έως P || 8 ὡς codd. : ὡς δὲ Suidas s. v. καταιρεόμενος || τε om. Suidas || 9 συγκεντηθήσεσθαι codd. pl. : -κενθήσεσθαι D¹ || 10 μετιείς DRSV : μετεὶς ABCP || 11 ὁ om. AB¹C Suidas s. v. ζωγρίῃ.

**30** 2 ἀνήχθη Bredow ; cf. ἀνήγαγον infra l. 11, ch. 41 l. 12, 17) : ἄχθη codd. pl. ἔχθη V || 3 ἀπῆκέ DRSV : ἀφ- ABCP.

et Harpage, qui l'avait capturé, dès qu'il eut été amené à Sardes, mirent sur place son corps en croix, embaumèrent sa tête et la firent porter à Suse au Roi Darius. Darius, mis au courant, reprocha à ceux qui avaient agi ainsi de ne l'avoir pas amené vivant en sa présence ; il ordonna de laver la tête d'Histiée, d'en prendre grand soin et de lui donner la sépulture, comme étant celle d'un homme qui avait rendu de grands services et à lui et aux Perses [1]. Tel fut le sort d'Histiée.

31 L'armée navale des Perses, après avoir hiverné aux environs de Milet, reprit la mer l'année suivante [2] et s'empara facilement des îles voisines du continent, Chios, Lesbos et Ténédos. Chaque fois qu'elle en prenait une, les Barbares en s'en emparant y capturaient les habitants comme dans un filet. Ils procèdent [3] pour cela de la façon suivante. Les soldats, se tenant par la main, forment une chaîne qui va du rivage Nord au rivage Sud [4] ; ils avancent ensuite à travers l'île entière et débusquent ceux qui l'habitent. Ils s'emparèrent aussi dans les mêmes conditions [5] des villes continentales de l'Ionie, à cela près qu'ils n'en capturèrent pas les habitants comme il vient d'être dit ; ce qui était impossible [6].

1. En empêchant, lors de la retraite de Scythie, qu'on rompît le pont de l'Istros. Histiée devait figurer en bonne place sur la liste des « bienfaiteurs » du Roi (VIII 85).

2. Au printemps 493. L'hiver précédent, saison peu favorable aux déplacements de la flotte, avait été consacré au rétablissement de l'autorité royale en Carie par les forces de l'armée de terre (ch. 25).

3. Σαγηνεύουσι. Cet indicatif présent est un présent « d'habitude ». L'étrange opération que décrit Hérodote est présentée par lui non pas comme quelque chose d'exceptionnel imaginé pour la circonstance, mais comme une pratique d'usage courant chez les Barbares.

4. « Nord » et « Sud » sont dits pour désigner, en général, deux extrémités opposées.

5. Κατὰ ταὐτά. Étant donnée la restriction qui suit, cela ne peut s'entendre que d'une égale facilité (εὐπετέως).

6. Le territoire où les rabatteurs traquaient le gibier humain n'étant pas, comme dans le cas d'une île, entouré de tous côtés par un obstacle naturel empêchant que personne pût échapper à l'encerclement.

τε ὁ Σαρδίων ὕπαρχος καὶ ὁ λαβὼν Ἅρπαγος, ὡς ἀπίκετο ἀγόμενος ἐς Σάρδις, τὸ μὲν αὐτοῦ σῶμα αὐτοῦ ταύτῃ ἀνεσταύρωσαν, τὴν δὲ κεφαλὴν ταριχεύσαντες ἀνήνεικαν παρὰ βασιλέα Δαρεῖον ἐς Σοῦσα. Δαρεῖος δὲ πυθόμενος ταῦτα καὶ ἐπαιτιησάμενος τοὺς ταῦτα ποιήσαντας ὅτι μιν οὐ ζώοντα ἀνήγαγον ἐς ὄψιν τὴν ἑωυτοῦ, τὴν κεφαλὴν τὴν Ἱστιαίου λούσαντάς τε καὶ περιστείλαντας εὖ ἐνετείλατο θάψαι ὡς ἀνδρὸς μεγάλως ἑωυτῷ τε καὶ Πέρσῃσι εὐεργέτεω. Τὰ μὲν περὶ Ἱστιαῖον οὕτω ἔσχε.

31 Ὁ δὲ ναυτικὸς στρατὸς ὁ Περσέων χειμερίσας περὶ Μίλητον τῷ δευτέρῳ ἔτεϊ ὡς ἀνέπλωσε, αἱρέει εὐπετέως τὰς νήσους τὰς πρὸς τῇ ἠπείρῳ κειμένας, Χίον καὶ Λέσβον καὶ Τένεδον. Ὅκως δὲ λάβοι τινὰ τῶν νήσων, ὡς ἑκάστην αἱρέοντες οἱ βάρβαροι ἐσαγήνευον τοὺς ἀνθρώπους. Σαγηνεύουσι δὲ τόνδε τὸν τρόπον· ἀνὴρ ἀνδρὸς ἁψάμενος τῆς χειρὸς ἐκ θαλάσσης τῆς βορηίης ἐπὶ τὴν νοτίην διήκουσι καὶ ἔπειτα διὰ πάσης τῆς νήσου διέρχονται ἐκθηρεύοντες τοὺς ἀνθρώπους. Αἵρεον δὲ καὶ τὰς ἐν τῇ ἠπείρῳ πόλις τὰς Ἰάδας κατὰ ταὐτά, πλὴν οὐκ ἐσαγήνευον τοὺς ἀνθρώπους· οὐ γὰρ οἷά τε ἦν.

32 Ἐνθαῦτα Περσέων οἱ στρατηγοὶ οὐκ ἐψεύσαντο τὰς ἀπειλὰς τὰς ἐπηπείλησαν τοῖσι Ἴωσι στρατοπεδευομένοισι ἐναντία σφίσι. Ὡς γὰρ δὴ ἐπεκράτησαν τῶν πολίων, παῖδάς τε τοὺς εὐειδεστάτους ἐκλεγόμενοι ἐξέταμνον καὶ ἐποίευν ἀντὶ ⟨τοῦ⟩ εἶναι ἐνορχέας

**30** 6 τε codd. pl. : δὲ V δὴ S || ἀπίκετο ἀγόμενος ABCP : ἀγ. ἀπ. DRSV || 7 Σάρδις ABCPD : τὰς Σ. RSV || ταύτῃ om. DRSV || 10 ἐπαιτιησάμενος codd. pl. : -αιτισ- R || 11 ζώοντα ABCP : ζῶντα DRSV || 12 τε om. C || εὖ om. DRSV || 14 Ἱστιαῖον codd. pl. : -αίου D || οὕτω Aldus : -ως codd.

**31** 1 περὶ codd. pl. : τὰ περὶ C || 6 τόνδε ABC : τοῦτον cett. || 7 διήκουσι PDRSV : -σαν ABC || 9 πόλις : -ιας codd. || 10 ταὐτά ABC : τὰ αὐτά PDRSV.

**32** 2 ἀπειλὰς codd. pl. : κεφαλὰς C || ἐπηπείλησαν PDRSV : ἐπη- (vel ἐπὶ) πειλήσαντο ABC || 3 σφισι ABCPS : σφι(ν) DRV || δὴ om. SV || 5 ἐποίευν ABCP : ἐποίεον DRSV || ⟨τοῦ⟩ add. Valckenaer || ἐνορχέας Wilamowitz : -όρχιας ABC -όρχας PDRSV.

32 Les généraux perses ne laissèrent pas être mensongères les menaces qu'ils avaient adressées aux Ioniens quand ceux-ci campaient en face d'eux. Aussitôt maîtres des villes, ils choisirent les plus jolis garçons, les mutilèrent, et au lieu d'hommes complets en firent des eunuques ; ils enlevèrent les plus belles jeunes filles et les envoyèrent au Grand Roi ; ils exécutèrent sur ces points leurs menaces, et ils incendièrent les villes avec les temples. Ainsi les Ioniens furent pour la troisième fois réduits en servitude ; ils l'avaient été une première fois par les Lydiens, et cela faisait alors deux fois de suite qu'ils l'étaient par les Perses [1].

33 Quittant l'Ionie, l'armée navale s'empara de toute la rive de l'Hellespont que l'on a à gauche en entrant ; la rive droite avait été soumise par les Perses eux-mêmes opérant sur le continent [2]. Voici quels sont les pays qui bordent en Europe l'Hellespont [3] : la Chersonèse, où il y a beaucoup de villes, Périnthe, les Châteaux de Thrace, Sélymbria et Byzance. Les Byzantins et les Chalcédoniens, qui habitent en face, n'attendirent même pas l'arrivée de la flotte phénicienne ; ils partirent, abandonnant leur patrie, et pénétrèrent dans le Pont-Euxin, où ils s'établirent dans la ville de Mésambria. Les Phéniciens, après avoir brûlé ces pays que nous venons d'énumérer, se tournèrent [4] vers Proconnèsos et Artaké ; ils livrèrent ces villes également aux flammes, et ils remirent le cap sur la Chersonèse, pour y détruire les villes qui restaient et qu'ils n'avaient pas saccagées en touchant cette côte auparavant. Quant à Cyzique, ils ne firent même pas une démonstration de ce côté ; spontanément, et dès avant l'entrée des Phéniciens dans l'Hellespont, les Cyzicéniens

1. La première fois après la chute de Crésus, Milet s'était assuré alors un traitement de faveur (I 141).

2. V 117.

3. Non seulement l'Hellespont proprement dit : Périnthe (Érégli) et Sélymbria (Silioti) étaient sur la côte de la Propontide ; Byzance, à l'entrée du Bosphore.

4. Retournant dans la direction de la mer Égée.

εὐνούχους, καὶ παρθένους τὰς καλλιστευούσας ἀνασπάστους παρὰ βασιλέα· ταῦτά τε δὴ ἐποίευν καὶ τὰς πόλις ἐνεπίμπρασαν αὐτοῖσι τοῖσι ἱροῖσι. Οὕτω δὴ τὸ τρίτον Ἴωνες κατεδουλώθησαν, πρῶτον μὲν ὑπὸ Λυδῶν, δὶς δὲ ἐπεξῆς τότε ὑπὸ Περσέων.

33 Ἀπὸ δὲ Ἰωνίης ἀπαλλασσόμενος ὁ ναυτικὸς στρατὸς τὰ ἐπ᾽ ἀριστερὰ ἐσπλέοντι τοῦ Ἑλλησπόντου αἵρεε πάντα· τὰ γὰρ ἐπὶ δεξιὰ αὐτοῖσι τοῖσι Πέρσῃσι ὑποχείρια ἦν γεγονότα κατ᾽ ἤπειρον. Εἰσὶ δὲ αἱ ἐν τῇ Εὐρώπῃ αἵδε τοῦ Ἑλλησπόντου, Χερσόνησός τε, ἐν τῇ πόλιες συχναὶ ἔνεισι, καὶ Πέρινθος καὶ τὰ Τείχεα τὰ ἐπὶ Θρηίκης καὶ Σηλυμβρίη τε καὶ Βυζάντιον. Βυζάντιοι μέν νυν καὶ οἱ πέρηθε Καλχηδόνιοι οὐδ᾽ ὑπέμειναν ἐπιπλέοντας τοὺς Φοίνικας, ἀλλ᾽ οἴχοντο ἀπολιπόντες τὴν σφετέρην ἔσω ἐς τὸν Εὔξεινον Πόντον, καὶ ἐνθαῦτα πόλιν Μεσαμβρίην οἴκησαν. Οἱ δὲ Φοίνικες κατακαύσαντες ταύτας τὰς χώρας τὰς καταλεχθείσας τρέπονται ἐπί τε Προκόννησον καὶ Ἀρτάκην, πυρὶ δὲ καὶ ταύτας νείμαντες ἔπλεον αὖτις ἐς τὴν Χερσόνησον ἐξαιρήσοντες τὰς ἐπιλοίπους τῶν πολίων ὅσας πρότερον προσσχόντες οὐ κατέσυραν. Ἐπὶ δὲ Κύζικον οὐδὲ ἔπλωσαν ἀρχήν· αὐτοὶ γὰρ Κυζικηνοὶ ἔτι πρότερον τοῦ

**32** 7 τε om. $P^1$DRSV || πόλις : -ιας codd. || 8 ἐνεπίμπρασαν codd. pl. : -πί/πρασαν D || δὴ Aldus : δὲ PDRSV τε ABC || 9 δὲ codd. pl. : δὲ καὶ D || 10 ἐπεξῆς PDRSV : ἐξῆς ABC.

**33** 3 τοῖσι om. ABCS || 4 αἱ om. $B^2$PDRSV || ἐν τῇ om. $D^1$ || 5 ἔνεισι ABC : εἰσὶ cett. || 6 Σηλυμβρίη A$B^1$CD : -λυβρίη $B^2$P Συληβρίη RSV || 7 Βυζάντιον codd. pl. : Βυζάντειον R || Βυζάντιοι codd. pl. : -τειοι R || καὶ om. C || πέρηθε codd. pl. : -θεν $B^2$DS || 8 Καλχηδόνιοι RSV : Καρχ- D Χαλκ- ABCP || 9 σφετέρην ABC : πόλιν cett. || ἔσω PDRSV : εἴσω ABC || 10 πόλιν codd. pl. : πάλιν V || Μεσαμβρίην $B^2$PDRSV : Θηλυμβρίην A$B^1$C || οἴκησαν PDRSV : ᾤκ- ABC || 11 κατακαύσαντες codd. pl. : -κλαύσαντες C || 11-12 καταλεχθείσας $B^2$PDRSV : -λειφθείσας A$B^1$C || 12 τε om. DRSV || Προκόννησον codd. pl. : -κονησον C || 13 ἔπλεον ABCP : -ωον DRSV || 13-14 Χερσόνησον codd. pl. : Χερό- C || 15 πρότερον om. PDRSV || προσσχόντες D : προσχ- cett.

s'étaient rangés sous l'autorité du Grand Roi par un traité conclu avec Oibarès fils de Mégabaze, gouverneur de Daskyleion. En Chersonèse, toutes les villes, à l'exception de Cardia [1], tombèrent entre les mains des Phéniciens.

34 Elles avaient jusqu'alors pour tyran Miltiade, fils de Kimon et petit-fils de Stésagoras ; le pouvoir y avait été acquis antérieurement par Miltiade fils de Kypsélos, de la manière que voici. La Chersonèse dont nous parlons [2] était occupée par les Dolonces [3], peuple thrace ; accablés dans une guerre par les Apsinthiens, ces Dolonces envoyèrent leurs princes à Delphes pour y consulter au sujet de la guerre. La Pythie leur répondit d'emmener avec eux dans leur pays, pour y fonder une colonie, celui qui le premier, quand ils partiraient du sanctuaire, les inviterait à un repas d'hospitalité. Les Dolonces, suivant la Voie Sacrée, traversèrent la Phocide et la Béotie ; comme personne ne les invitait, ils
35 firent un détour [4] par Athènes [5]. Là, l'autorité souveraine était alors aux mains de Pisistrate ; mais Miltiade fils de Kypsélos y avait aussi de l'influence ; il était d'une maison qui entretenait des quadriges, tirait son origine d'Éaque et d'Aiginé, appartenait à Athènes par ses ancêtres plus récents ; Philaios fils d'Ajax était le premier de cette maison qui fût devenu Athénien. Ce Miltiade était assis devant la porte de sa maison [6], quand il vit passer les Dolonces, porteurs de vêtements étrangers et de lances [7] ; il les interpella ; ils vinrent

1. Sur le golfe Mélas, à la naissance de la péninsule.

2. Il y avait dans le monde grec d'autres « Chersonèses ».

3. En dehors de cet épisode, on ne connaît des Dolonces, — par Pline, Solin, Étienne de Byzance, — que leur nom.

4. De quoi se détournaient-ils ? De la Voie Sacrée ou du chemin les qui aurait conduits directement de Béotie au port le plus voisin pour regagner par mer la Chersonèse ?

5. Hérodote est muet sur le motif qui les y décida ; libre au lecteur de croire que ce fut une inspiration divine.

6. La maison familiale des Philaïdes était dans le dème Λακιάδαι, entre Éleusis et Athènes (Plut., *Cim.*, 10).

6. En raison de l'adoucissement des mœurs, on avait perdu l'habitude, en Grèce, de circuler armé (Thuc. I 6).

Φοινίκων ἐσπλόου ἐγεγόνεσαν ὑπὸ βασιλέϊ, Οἰβάρεϊ τῷ Μεγαβάζου ὁμολογήσαντες τῷ ἐν Δασκυλείῳ ὑπάρχῳ. Τῆς δὲ Χερσονήσου, πλὴν Καρδίης πόλιος, τὰς ἄλλας πάσας ἐχειρώσαντο οἱ Φοίνικες.

34 Ἐτυράννευε δὲ αὐτέων μέχρι τότε Μιλτιάδης ὁ Κίμωνος τοῦ Στησαγόρεω, κτησαμένου τὴν ἀρχὴν ταύτην πρότερον Μιλτιάδεω τοῦ Κυψέλου τρόπῳ τοιῷδε. Εἶχον Δόλογκοι Θρήικες τὴν Χερσόνησον ταύτην· οὗτοι ὦν οἱ Δόλογκοι πιεσθέντες πολέμῳ ὑπὸ Ἀψινθίων ἐς Δελφοὺς ἔπεμψαν τοὺς βασιλέας περὶ τοῦ πολέμου χρησομένους. Ἡ δὲ Πυθίη σφι ἀνεῖλε οἰκιστὴν ἐπάγεσθαι ἐπὶ τὴν χώρην τοῦτον ὃς ἄν σφεας ἀπιόντας ἐκ τοῦ ἱροῦ πρῶτος ἐπὶ ξείνια καλέσῃ. Ἰόντες δὲ οἱ Δόλογκοι τὴν Ἱρὴν Ὁδὸν διὰ Φωκέων τε καὶ Βοιωτῶν ἤισαν· καί σφεας ὡς οὐδεὶς
ἐκάλεε, ἐκτρέπονται ἐπ' Ἀθηνέων. Ἐν δὲ τῇσι Ἀθήνῃσι 35
τηνικαῦτα εἶχε μὲν τὸ πᾶν κράτος Πεισίστρατος, ἀτὰρ ἐδυνάστευέ γε καὶ Μιλτιάδης ὁ Κυψέλου, ἐὼν οἰκίης τεθριπποτρόφου, τὰ μὲν ἀνέκαθεν ἀπ' Αἰακοῦ τε καὶ Αἰγίνης γεγονώς, τὰ δὲ νεώτερα Ἀθηναῖος, Φιλαίου τοῦ Αἴαντος παιδὸς γενομένου πρώτου τῆς οἰκίης ταύτης Ἀθηναίου. Οὗτος ὁ Μιλτιάδης κατήμενος ἐν τοῖσι προθύροισι τοῖσι ἑωυτοῦ, ὁρέων τοὺς Δολόγκους παριόντας ἐσθῆτα ἔχοντας οὐκ ἐγχωρίην καὶ αἰχμὰς προσεβώσατο καί σφι προσελθοῦσι ἐπηγγείλατο καταγωγὴν καὶ ξείνια. Οἱ δὲ δεξάμενοι καὶ ξεινισθέντες ὑπ' αὐτοῦ ἐξέφαινον πᾶν οἱ τὸ

**33** 17 ἐσπλόου : ἔσπλου codd. pl. ἔπλου SV. Ante hoc verbum τούτου habent DRSV, post hoc verbum habet P || ἐγεγόνεσαν ὑπὸ βασιλέϊ om. DRSV.

**34** 1 αὐτέων PDRSV : -ῶν ABC || 3 πρότερον om. S || 4 Θρήικες CP : Θρῆικες AB Θρῆκες DRSV || 10 ὡς om. SV || 11 ἐκτρέπονται ABC : -τράπονται PDRSV || Ἀθηνέων AP² : -αίων cett.

**35** 3 γε Reiske : τε ABC om. cett. || 5 Αἰγίνης codd. pl. : Αἰγινήτης C || Φιλαίου ABC : -έου dett. || 6 πρώτου ABCP : -της DRSV || τῆς οἰκίης codd. pl. : ταύτης τῆς οἰκ. DR || ταύτης om. DRSV || 8 ὁρέων PDRSV : -ῶν ABC || 10 προσελθοῦσι codd. pl. : προελθ- RV || 11 οἱ om. ABCP. An post ἐξέφαινον transponendum ?

à lui, et il leur offrit un gîte et un repas[1]. Les Dolonces acceptèrent ; après qu'ils eurent été traités par lui comme des hôtes, ils lui découvrirent intégralement la réponse de l'oracle ; et, en la lui découvrant, le prièrent d'obéir au dieu. Miltiade, dès qu'il eut entendu ce discours, se laissa persuader ; car la domination de Pisistrate lui pesait, et il avait le désir de quitter le pays. Sans tarder, il se rendit à Delphes pour demander à l'oracle s'il ferait ce dont le pressaient
36 les Dolonces. La Pythie l'y engagea à son tour ; c'est ainsi que Miltiade fils de Kypsélos, auparavant vainqueur à Olympie dans la course des chars, prenant alors avec lui tous ceux des Athéniens qui voulurent s'associer à son expédition[2], s'embarqua avec les Dolonces et prit possession de leur pays ; et ceux qui l'avaient introduit chez eux l'établirent tyran.

Tout d'abord, il ferma par un mur l'isthme de la Chersonèse, de la ville de Cardia à Pactyé, pour empêcher les Apsinthiens d'envahir le pays et d'y commettre des déprédations ; l'isthme mesure trente-six stades ; en dedans de cet isthme, la Chersonèse se développe tout entière, sur une
37 longueur de quatre cent vingt stades. Après que Miltiade eut fermé par un mur la partie étranglée de la Chersonèse et écarté ainsi les Apsinthiens, les premiers parmi les autres peuples à qui il fit la guerre furent les Lampsacéniens ; et ceux-ci, dans une embuscade, le firent prisonnier. Mais Miltiade était en bonnes relations[3] avec Crésus le Lydien ; lors donc que celui-ci apprit sa mésaventure, il envoya dire aux Lampsacéniens qu'ils eussent à le relâcher, les menaçant,

1. Jolie scène de mœurs, d'une incontestable vraisemblance ; la curiosité, la cordialité hospitalière, sont aujourd'hui encore des traits de caractère très répandus chez les Grecs.

2. Cela ne put se faire qu'avec l'agrément des gouvernants. A faciliter le départ de Miltiade, son installation en Chersonèse, Pisistrate devait voir un double avantage : se débarrasser en Attique d'un opposant dangereux et étendre vers l'Hellespont les intérêts et l'influence d'Athènes.

3. Κροίσῳ ἐν γνώμῃ γεγονώς. L'expression ἐν γνώμῃ γεγονέναι τινί me paraît être comme le passif de τὴν γνώμην ἔχειν πρός τι, « avoir des dispositions favorables pour ».

μαντήιον, ἐκφήναντες δὲ ἐδέοντο αὐτοῦ τῷ θεῷ μιν
πείθεσθαι. Μιλτιάδην δὲ ἀκούσαντα παραυτίκα ἔπεισε ὁ
λόγος οἷα ἀχθόμενόν τε τῇ Πεισιστράτου ἀρχῇ καὶ βουλόμενον ἐκποδὼν εἶναι. Αὐτίκα δὲ ἐστάλη ἐς Δελφοὺς
ἐπειρησόμενος τὸ χρηστήριον εἰ ποιοῖ τά περ αὐτοῦ οἱ
Δόλογκοι προσεδέοντο. Κελευούσης δὲ καὶ τῆς Πυθίης, 36
οὕτω δὴ Μιλτιάδης ὁ Κυψέλου, Ὀλύμπια ἀναραιρηκὼς
πρότερον τούτων τεθρίππῳ, τότε παραλαβὼν Ἀθηναίων
πάντα τὸν βουλόμενον μετέχειν τοῦ στόλου ἔπλεε ἅμα
τοῖσι Δολόγκοισι καὶ ἔσχε τὴν χώρην· καί μιν οἱ ἐπαγα-
γόμενοι τύραννον κατεστήσαντο.

Ὁ δὲ πρῶτον μὲν ἀπετείχισε τὸν ἰσθμὸν τῆς Χερσονήσου
ἐκ Καρδίης πόλιος ἐς Πακτύην, ἵνα μὴ ἔχοιέν σφεας οἱ
Ἀψίνθιοι δηλέεσθαι ἐσβάλλοντες ἐς τὴν χώρην· εἰσὶ δὲ
οὗτοι στάδιοι ἕξ τε καὶ τριήκοντα τοῦ ἰσθμοῦ· ἀπὸ δὲ τοῦ
ἰσθμοῦ τούτου ἡ Χερσόνησος ἔσω πᾶσά ἐστι σταδίων
εἴκοσι καὶ τετρακοσίων τὸ μῆκος. Ἀποτειχίσας ὦν τὸν 37
αὐχένα τῆς Χερσονήσου ὁ Μιλτιάδης καὶ τοὺς Ἀψινθίους
τρόπῳ τοιούτῳ ὠσάμενος, τῶν λοιπῶν πρώτοισι ἐπολέμησε
Λαμψακηνοῖσι· καί μιν οἱ Λαμψακηνοὶ λοχήσαντες αἱρέουσι
ζωγρίῃ. Ἦν δὲ ὁ Μιλτιάδης Κροίσῳ τῷ Λυδῷ ἐν γνώμῃ
γεγονώς· πυθόμενος ὦν ὁ Κροῖσος ταῦτα πέμπων προηγόρευε τοῖσι Λαμψακηνοῖσι μετιέναι Μιλτιάδην· εἰ δὲ μή,

**35** 13 Μιλτιάδην PDRS : -δεα ABC Eustath. *ad Il.* 234 Vinc. || ὁ om. DRSV || 14 ἀχθόμενόν codd. pl. : -ήμενόν SV || 16 ποιοῖ DRSV : ποιοίη ABCP || αὐτοῦ ABCP: -οὶ DRSV.

**36** 1 δὲ codd. pl. : δὴ AB[1] || 2 ἀναραιρηκὼς Stein (cf. Bechtel. *Ion. Dial.* 176) : ἀραιρ- DR ἀναιρ- SV ἀνηιρ- ABCP || 3 παραλαβὼν codd. pl. : λαβὼν SV || 5-6 ἐπαγαγόμενοι ABCP : ἐπαγό- DRSV || 6 κατεστήσαντο ABCP : -έστησαν DRSV || 7 ἀπετείχισε P[2]DRSV : ἐπ- ABCP[1] || 8 ἐκ codd. pl. : ἐκ τῆς D || 9 δηλέεσθαι :codd. pl. : -ήσασθαι C || ἐσβάλλοντες codd. pl. : -βαλόντες D ἐκβαλόντες C || 10-11 ἀπὸ δὲ τοῦ ἴσθμοῦ om. B[1] || 11 τούτου om. R || ἔσω : εἴσω codd.

**37** 3 τοιούτῳ ABC : τούτῳ DRSV τοιῷδε P || 4 λοχήσαντες codd. pl. : λογχ- SV || 7 Μιλτιάδην DRS : -δεα ABCP Vinc.

s'ils ne le faisaient pas, de les exterminer comme des pins[1].
Les Lampsacéniens discutaient sans trouver ce que voulait
bien dire l'expression comminatoire de Crésus : qu'il les
exterminerait « comme des pins »[2] ; non sans peine, un de
leurs vieillards finit par comprendre et donna la vraie explication : à savoir que, seul entre les arbres[3], le pin, une fois
coupé, ne pousse plus de rejets, mais périt totalement.
38 Les Lampsacéniens eurent peur de Crésus ; ils délivrèrent
Miltiade et le laissèrent aller. Sauvé alors par Crésus, ce
dernier mourut par la suite sans enfants, laissant son pouvoir
et ses biens à Stésagoras, fils de son frère utérin[4] Kimon.
Depuis sa mort, les habitants de la Chersonèse lui offrent des
sacrifices comme il est de règle pour le fondateur d'une cité ;
et ils célèbrent en son honneur des jeux hippiques et gym-
niques, où aucun Lampsacénien n'a le droit de concourir.
Au cours d'une guerre contre les Lampsacéniens, il arriva
que Stésagoras mourut à son tour sans enfants ; il fut frappé
à la tête d'un coup de hache, au prytanée, par un homme
qui était soi-disant un transfuge, mais en réalité un ennemi,
39 et plutôt échauffé[5]. Après que Stésagoras eut péri, lui aussi,
de la sorte, les Pisistratides envoyèrent en Chersonèse sur
une trière, pour prendre en main les affaires, Miltiade
fils de Kimon et frère du défunt Stésagoras, qu'à Athènes
déjà ils avaient traité avec égards, comme s'ils n'eussent pas
été complices du meurtre de son père Kimon, dont je ferai

1. Hérodote ne semble pas avoir su ce qui avait suggéré à Crésus cette comparaison : à savoir que l'ancien nom de Lampsaque était Pityoessa (la ville des pins) ; il ne l'aurait pas ignoré s'il avait pu lire les Ὧροι Λαμψακηνῶν de Charon de Lampsaque, où cela était consigné (fr. 6 M = 7 Jacoby).

2. A épiloguer sur les mots πίτυος τρόπον, les Lampsacéniens perdaient leur temps ; il était bien évident que de toutes façons ces mots ne leur promettaient rien de bon.

3. Affirmation contestable.

4. Kimon l'Ancien, Stésagoras, Miltiade II étaient donc la postérité du second mari de la femme de Kypselos d'Athènes.

5. Ὑποθερμότερος. La double atténuation que représentent le préfixe ὑπο- et la forme comparative me paraît ironique.

σφέας πίτυος τρόπον ἀπείλεε ἐκτρίψειν. Πλανωμένων δὲ τῶν Λαμψακηνῶν ἐν τοῖσι λόγοισι τί θέλει τὸ ἔπος εἶπαι τό σφι ἀπείλησε ὁ Κροῖσος, πίτυος τρόπον ἐκτρίψειν, μόγις κοτὲ μαθὼν τῶν τις πρεσβυτέρων εἶπε τὸ ἐόν, ὅτι πίτυς μούνη πάντων δενδρέων ἐκκοπεῖσα βλαστὸν οὐδένα μετιεῖ ἀλλὰ πανώλεθρος ἐξαπόλλυται. Δείσαντες ὦν οἱ Λαμψακηνοὶ Κροῖσον, λύσαντες μετῆκαν Μιλτιάδην. Οὗτος 38 μὲν δὴ διὰ Κροῖσον ἐκφεύγει. Μετὰ δὲ τελευτᾷ ἄπαις, τὴν ἀρχήν τε καὶ τὰ χρήματα παραδοὺς Στησαγόρῃ τῷ Κίμωνος ἀδελφεοῦ παιδὶ ὁμομητρίου. Καί οἱ τελευτήσαντι Χερσονησῖται θύουσι ὡς νόμος οἰκιστῇ, καὶ ἀγῶνα ἱππικόν τε καὶ γυμνικὸν ἐπιστᾶσι, ἐν τῷ Λαμψακηνῶν οὐδενὶ ἐγγίνεται ἀγωνίζεσθαι.

Πολέμου δὲ ἐόντος πρὸς Λαμψακηνοὺς καὶ Στησαγόρην κατέλαβε ἀποθανεῖν ἄπαιδα, πληγέντα τὴν κεφαλὴν πελέκεϊ ἐν τῷ πρυτανηίῳ πρὸς ἀνδρὸς αὐτομόλου μὲν τῷ λόγῳ, πολεμίου δὲ καὶ ὑποθερμοτέρου τῷ ἔργῳ. Τελευ- 39 τήσαντος δὲ καὶ Στησαγόρεω τρόπῳ τοιῷδε, ἐνθαῦτα Μιλτιάδην τὸν Κίμωνος, Στησαγόρεω δὲ τοῦ τελευτήσαντος ἀδελφεόν, καταλαμψόμενον τὰ πρήγματα ἐπὶ Χερσονήσου ἀποστέλλουσι τριήρεϊ οἱ Πεισιστρατίδαι, οἵ μιν καὶ ἐν Ἀθήνῃσι ἐποίευν εὖ ὡς οὐ συνειδότες δῆθεν τοῦ πατρὸς αὐτοῦ Κίμωνος τὸν θάνατον, τὸν ἐγὼ ἐν ἄλλῳ λόγῳ σημανέω

37 8 ἐκτρίψειν codd. pl. : -ψας C || 9 τί H. Estienne : τὸ codd. || τὸ om. DRSV || εἶπαι Abicht : εἶναι codd. || 12 μούνη codd. pl. : μόνη P[1] || δενδρέων CPDRSV : -ων AB || 13 μετιεῖ (*Praef.* 204, n. 5) : -ίει codd. pl. : -ηίει C || πανώλεθρος D (πανολ- D[1]) RSV Eust. *ad Il.* 42 : -ωλέθρως ABCP || 14 Μιλτιάδην DRS : -δεα ABCP Vinc.

38 2 μετὰ δὲ AB : μετὰ δὲ ταῦτα cett. || 3 τε om. ABC || 5 Χερσονησῖται codd. pl. : Χερσονν- P Χερον- C || 6 ἐπιστᾶσι codd. pl. : -εῦσι SV || 7 ἐγγίνεται codd. pl. : ἐκγ- B[2] || 8 ἐόντος B[2]PDRSV : ὄντος AB[1]C || Στησαγόρην DRSV : -ρεα ABCP || 9 κατέλαβε ABCP : -ελάμβανε(ν) DRSV.

39 4 καταλαμψόμενον AB[1]CPR : -λαψόμενον B[2] -λαμψωμενον D[1] λαμψάμενον D[2]SV || 6 συνειδότες codd. pl. : -ος C || 7 αὐτοῦ Κίμωνος DRSV : Κίμ. αὐτοῦ ABCP.

connaître ailleurs les circonstances. Arrivé en Chersonèse, Miltiade se tint dans sa demeure, pour la bonne raison de rendre honneur à son frère Stésagoras. Ce qu'apprenant, les Chersonésitains, ceux qui avaient en chaque lieu de l'autorité[1], se rassemblèrent de toutes les villes et vinrent le trouver en corps, comme pour s'associer à son deuil ; il les fit mettre aux fers. Avec une troupe solide de cinq cents mercenaires, il régna sur la Chersonèse ; et il épousa Hégésipylé, fille du roi des Thraces Oloros.

40 Ce Miltiade, fils de Kimon, était arrivé[2] depuis peu en Chersonèse lorsque fondirent sur lui de nouveaux malheurs pires que ceux qui l'avaient atteint. Car, trois ans ⟨avant⟩ ces événements[3], il avait dû fuir devant les Scythes ; irrités par Darius[4], les Scythes nomades, en effet, s'étaient rassemblés et ils avaient poussé jusqu'à cette Chersonèse ; sans attendre le choc[5], Miltiade s'était retiré du pays jusqu'au moment où, les Scythes partis, les Dolonces l'y avaient ramené ; cela s'était passé trois ans avant ce qui lui arrivait
41 en ce moment. Pour lors, apprenant que les Phéniciens étaient à Ténédos, Miltiade emplit cinq trières des objets précieux qu'il avait sous la main et prit la mer pour se rendre à Athènes[6] ; et, comme il était parti de la ville de

1. De petits seigneurs locaux, peu disposés à admettre la suprématie d'un « tyran de la Chersonèse ».

2. Cette arrivée était un retour, consécutif à la période d'absence dont il va être parlé.

3. Τούτων paraît désigner ici l'ensemble des événements rapportés précédemment ch. 33, tandis qu'un peu plus loin ταῦτα désignera, par opposition à la situation où se trouva Miltiade en 493, des événements antérieurs de trois années ; ce qui crée la confusion.

4. Dont l'expédition datait de plus de quinze ans !

5. Étrange. Cette invasion des Scythes, qui ne se heurte à aucune résistance, a-t-elle jamais eu lieu ? Miltiade, que ramèneront les Dolonces, n'avait-il pas été contraint de s'effacer pour un temps par l'hostilité d'une partie des Grecs de la Chersonèse, — ce que les Philaïdes cherchaient à dissimuler ?

6. Il n'avait pas lié partie avec les Ioniens, mais il avait pris Lemnos, et il se savait desservi en haut lieu (ch. 133).

ὡς ἐγένετο. Μιλτιάδης δὲ ἀπικόμενος ἐς τὴν Χερσόνησον εἶχε κατ' οἴκους, τὸν ἀδελφεὸν Στησαγόρην δηλαδὴ ἐπιτιμέων. Οἱ δὲ Χερσονησῖται, πυνθανόμενοι ταῦτα, συνελέχθησαν ἀπὸ πασέων τῶν πολίων οἱ δυναστεύοντες πάντοθεν, κοινῷ δὲ στόλῳ ἀπικόμενοι ὡς συλλυπηθησόμενοι ἐδέθησαν ὑπ' αὐτοῦ. Μιλτιάδης τε δὴ ἴσχει τὴν Χερσόνησον πεντακοσίους βόσκων ἐπικούρους καὶ γαμέει Ὀλόρου τοῦ Θρηίκων βασιλέος τὴν θυγατέρα Ἡγησιπύλην.

Οὗτος δὴ ὁ Κίμωνος Μιλτιάδης νεωστὶ μὲν ἐληλύθεε 40
ἐς τὴν Χερσόνησον, κατελάμβανε δέ μιν ἐλθόντα ἄλλα τῶν
καταλαβόντων πρηγμάτων χαλεπώτερα. Τρίτῳ μὲν γὰρ ἔτεϊ
⟨πρὸ⟩ τούτων Σκύθας ἐπεφεύγεε· Σκύθαι γὰρ οἱ νομάδες ἐρε-
θισθέντες ὑπὸ βασιλέος Δαρείου συνεστράφησαν καὶ ἤλασαν
μέχρι τῆς Χερσονήσου ταύτης· τούτους ἐπιόντας οὐκ ὑπο-
μείνας ὁ Μιλτιάδης ἔφευγε ἀπὸ Χερσονήσου ἐς ὃ οἵ τε
Σκύθαι ἀπαλλάχθησαν καί μιν οἱ Δόλογκοι κατήγαγον
ὀπίσω· ταῦτα μὲν δὴ τρίτῳ ἔτεϊ πρότερον ἐγεγόνεε τῶν
τότε μιν κατεχόντων. Τότε δὲ πυνθανόμενος εἶναι τοὺς 41
Φοίνικας ἐν Τενέδῳ πληρώσας τριήρεας πέντε χρημάτων τῶν παρεόντων ἀπέπλεε ἐς τὰς Ἀθήνας· καί, ὥσπερ
ὁρμήθη ἐκ Καρδίης πόλιος, ἔπλεε διὰ τοῦ Μέλανος κόλπου.
Παραμείβετό τε τὴν Χερσόνησον καὶ οἱ Φοίνικές οἱ περι-
πίπτουσι τῇσι νηυσί· αὐτὸς μὲν δὴ Μιλτιάδης σὺν τῇσι

**39** 9 κατ' οἴκους PDRSV : κατοίκου (vel κατ' οἴκου) ABC || 13 ἐδέθησαν codd. pl. : ἐδεήθησαν C || ὑπ' om. DRSV || δὴ om. DRSV || 15 Θρηίκων codd. pl. : Θρηκῶν DR || τὴν om. DRSV.

**40** 1 δὴ Krueger : δὲ codd. || ἐληλύθεε PDRSV : ἐλήλυθε(ν) ABC || 3 καταλαβόντων ABC : κατεχόντων cett. || 4 ⟨πρό⟩ add. Stein (cf. infra l. 9) || ἐπεφεύγεε Stein : ἐκφεύγει ABCP ἔφευγε DRSV || 4-5 ἐρεθισθέντες ABCP : ἐρετισθ- DSV ἐρετιθ- R || 6 τῆς om. PDRSV || Χερσονήσου codd. pl. : Χερον- C || οὐκ : οὐχ codd. || 7 ἀπὸ Χερσονήσου AB : Χερσόνησον PDRSV om. C || 8 ἀπαλλάχθησαν PRSV : -ηλλάχθησαν ABCD || μιν οἱ DRSV : ἐκεῖνον ABP ἐκεῖνον οἱ C.

**41** 4 ὁρμήθη AB : ὡρμ- CPDRSV || τοῦ codd. pl. : τῆς R || 5 παραμείβετο PDRSV : -ημείβετο ABC.

Cardia, il fit route par le golfe Mélas[1]. Il longeait les côtes de la Chersonèse, quand les Phéniciens assaillirent son convoi ; Miltiade lui-même, avec quatre de ses vaisseaux, se réfugia à Imbros[2] ; quant au cinquième vaisseau, les Phéniciens s'en emparèrent à la course. Il avait pour commandant l'aîné des fils de Miltiade, Métiochos, né non pas de la fille du Thrace Oloros, mais d'une autre femme. Les Phéniciens le capturèrent en même temps que son vaisseau ; et, quand ils surent qu'il était fils de Miltiade, ils le menèrent au Roi, pensant acquérir un titre à beaucoup de reconnaissance parce que, dans le conseil des Ioniens, Miltiade avait été d'avis d'écouter les Scythes au moment où ceux-ci sollicitaient les Ioniens de rompre le pont de bateaux et de s'en retourner dans leur pays. Mais Darius, lorsque les Phéniciens lui eurent amené Métiochos fils de Miltiade, ne lui fit aucun mal ; au contraire, il le combla de biens, lui donna une maison, un domaine, une femme de race perse, de laquelle Métiochos eut des enfants qui ont été admis dans les rangs des Perses. Quant à Miltiade, d'Imbros il se rendit à Athènes.

42 Au cours de cette année-là, les Ioniens n'eurent pas davantage d'hostilités à souffrir de la part des Perses ; mais il fut pris, cette année même, des mesures très profitables pour eux[3], que voici. Le gouverneur de Sardes Artaphernès fit venir des députés des villes, et il obligea les Ioniens à conclure entre eux des conventions pour régler leurs différends par la voie judiciaire et non par enlèvements et rapines réciproques. Ces accords imposés, il mesura leur territoire en parasanges, — les Perses appellent ainsi une

1. Ὥσπερ ὁρμήθη ἐκ Καρδίης πόλιος, ἔπλεε διὰ τοῦ Μέλανος κόλπου. En passant par le golfe Mélas, Miltiade espérait échapper aux ennemis plus facilement qu'en passant par l'Hellespont. La navigation sur ce golfe faisait partie du même plan d'évasion que le choix de Cardia comme lieu d'embarquement ; c'est cette concordance qu'exprime ὥσπερ.

2. Imbros, conquise par les Perses en même temps que Lemnos (V 26), avait dû leur échapper en même temps.

3. Χρήσιμα κάρτα τοῖσι Ἴωσι. En s'exprimant ainsi, Hérodote

τέσσερσι τῶν νεῶν καταφεύγει ἐς Ἴμβρον, τὴν δέ οἱ πέμπτην τῶν νεῶν κατεῖλον διώκοντες οἱ Φοίνικες. Τῆς δὲ νεὸς ταύτης ἔτυχε τῶν Μιλτιάδεω παίδων ὁ πρεσβύτατος ἄρχων Μητίοχος, οὐκ ἐκ τῆς Ὀλόρου τοῦ Θρήικος ἐὼν θυγατρὸς ἀλλ' ἐξ ἄλλης. Καὶ τοῦτον ἅμα τῇ νηὶ εἷλον οἱ Φοίνικες καί μιν πυθόμενοι ὡς εἴη Μιλτιάδεω παῖς ἀνήγαγον παρὰ βασιλέα, δοκέοντες χάριτα μεγάλην καταθήσεσθαι, ὅτι δὴ Μιλτιάδης γνώμην ἀπεδέξατο ἐν τοῖσι Ἴωσι πείθεσθαι κελεύων τοῖσι Σκύθῃσι, ὅτε οἱ Σκύθαι προσεδέοντο λύσαντας τὴν σχεδίην ἀποπλέειν ἐς τὴν ἑωυτῶν. Δαρεῖος δέ, ὡς οἱ Φοίνικες Μητίοχον τὸν Μιλτιάδεω ἀνήγαγον, ἐποίησε κακὸν μὲν οὐδὲν Μητίοχον, ἀγαθὰ δὲ συχνά· καὶ γὰρ οἶκον καὶ κτῆσιν ἔδωκε καὶ Περσίδα γυναῖκα, ἐκ τῆς οἱ τέκνα ἐγένετο τὰ ἐς Πέρσας κεκοσμέαται. Μιλτιάδης δὲ ἐξ Ἴμβρου ἀπικνέεται ἐς τὰς Ἀθήνας.

42 Καὶ κατὰ τὸ ἔτος τοῦτο ἐκ τῶν Περσέων οὐδὲν ἐπὶ πλέον ἐγένετο τούτων ἐς νεῖκος φέρον Ἴωσι, ἀλλὰ τάδε μὲν χρήσιμα κάρτα τοῖσι Ἴωσι ἐγένετο τούτου τοῦ ἔτεος. Ἀρταφρένης ὁ Σαρδίων ὕπαρχος μεταπεμψάμενος ἀγγέλους ἐκ τῶν πολίων συνθήκας σφίσι αὐτοῖσι τοὺς Ἴωνας ἠνάγκασε ποιέεσθαι, ἵνα δωσίδικοι εἶεν καὶ μὴ ἀλλήλους φέροιέν τε καὶ ἄγοιεν. Ταῦτά τε ἠνάγκασε ποιέειν καὶ τὰς χώρας σφέων μετρήσας κατὰ παρασάγγας, τοὺς καλέουσι οἱ Πέρσαι τὰ τριήκοντα στάδια, κατὰ δὴ τούτους μετρήσας

**41** 7 τέσσερσι P : τέσσαρσι cett. || 7-8 καταφεύγει ἐς Ἴμβρον, τὴν δέ οἱ πέμπτην τῶν νεῶν ABCPD : φεύγει, μίαν δὲ τῶν νεῶν S om. RV || 9 νεός ABCPR : νεὼς DSV || 10 Θρήικος codd. pl. : Θρηκός R Θρηκῶν B[2] || 16 λύσαντας ABCPD : -τες RSV || 18 κακὸν μὲν codd. pl. : μὲν κακὸν C || 20 ἐκ τῆς PDRSV : ἐξ ἧς ABC Const.

**42** 1 ἐπὶ ABC : ἔτι cett. || 3 χρήσιμα κάρτα PDRSV : κάρτα χρήσιμα ABC || τοῦ om. D || 4 ὁ B[2]PDRSV : δὲ ὁ AB[1]C || 5 πολίων ABCPmarg.D : πολεμίων PRSV || 6-7 ποιέεσθαι... ἠνάγκασε om. R || 6 δωσίδικοι DSV : δοσί- ABCP || 8 σφέων μετρήσας PDRSV : μετρ. σφ. ABC.

longueur de trente stades, — et, d'après cette mesure, fixa les tributs que devait payer chaque cité, tributs qui depuis lors sont restés constamment et jusqu'à mon époque[1] inchangés[2], tels que les a fixés Artaphernès ; il les fixa d'ailleurs à peu près aux mêmes chiffres où ils étaient fixés auparavant.
43 C'étaient là, à l'égard des Ioniens, des mesures de caractère pacifique[3]...

n'entend pas présenter Artaphernès comme un doux philanthrope, soucieux surtout d'assurer le bonheur de ceux dont il a la charge ; il constate simplement que ce qui facilite la tâche d'un administrateur, — régime d'ordre et de discipline, application d'une stricte méthode, — si cela restreint en certains cas la liberté d'action de ses administrés, peut aussi contribuer à leur bien-être.

1. L'adhésion de cités asiatiques à la ligue athénienne suspendait le paiement du tribut royal, mais non pas son exigibilité (Thuc., VIII 5).

2. La charge du tribut avait donc été reconnue, à l'usage, calculée avec modération, et sa répartition, équitable.

3. Suit l'exposé de préparatifs guerriers.

φόρους ἔταξε ἑκάστοισι, οἳ κατὰ χώρην διατελέουσι ἔχοντες ἐκ τούτου τοῦ χρόνου αἰεὶ ἔτι καὶ ἐς ἐμὲ ὡς ἐτάχθησαν ἐξ Ἀρταφρένεος· ἐτάχθησαν δὲ σχεδὸν κατὰ ταὐτὰ τὰ καὶ πρότερον εἶχον. Καί σφι ταῦτα μὲν εἰρηναῖα ἦν.... 43

**42** 11 ἔτι καὶ ABCD : καὶ ἔτι PRSV || 12 ταὐτὰ ABCP : τὰ αὐτὰ DSV αὐτὰ R.
**43** 1 εἰρηναῖα codd. pl. : -αῖοι RV.

# *DARIUS CONTRE LA GRÈCE ; MARATHON*

(VI 43-140)

# NOTICE

Nous entrons ici dans le vif du récit qu'annonçaient ces mots du prooimion ἐπολέμησαν ἀλλήλοισι, et dont les parties précédentes des *Histoires* étaient une longue et lente préparation : celui des grands conflits entre l'hellénisme d'Europe et les Barbares d'Asie, des conflits qui devaient rester célèbres dans la mémoire des Grecs et les œuvres de leurs écrivains sous le nom de τὰ Μηδικά. Après la retraite de Scythie, Mégabaze avait étendu la souveraineté perse sur le rivage septentrional de l'Hellespont et de la Propontide, sur les cantons méridionaux de la Thrace et jusqu'en Macédoine (V 1-2, 14-15, 18 et suiv.). Un peu plus tard, l'espoir d'annexer à l'empire les îles de la mer Égée avait décidé Artaphernès et Darius lui-même à accueillir favorablement les propositions d'Aristagoras (V 31-32). La révolte de l'Ionie avait, pendant quelques années, interrompu cet élan ; la révolte vaincue, l'autorité du Grand Roi rétablie là où elle avait été ébranlée, la poussée vers l'Ouest va reprendre ; et les événements qui l'avaient retardée lui fournissent un nouveau prétexte : les expéditions envoyées en réalité pour subjuguer la plus grande partie possible de la Grèce auront pour objet avoué le châtiment des deux villes qui avaient assisté les Ioniens et coopéré avec eux à l'incendie de Sardes : Érétrie et Athènes (VI 44).

Au thème du conflit gréco-barbare se rattachent clairement — pour l'essentiel — deux groupes de chapitres. Dans le premier, comprenant les chapitres 43-49, nous assistons à la prise de commandement de l'homme qui sera par la suite le mauvais génie de son maître et l'ennemi capital de la Grèce, Mardonios (ch. 43), au rassemblement de ses troupes et à leur mise en marche (43-44), au désastre de l'armée navale dans les parages de l'Athos (ch. 44), aux revers humiliants infligés à l'armée de terre par une peuplade thrace (ch. 45), à la retraite de Mardonios, qui regagne l'Asie n'ayant remporté que de maigres succès et sans avoir accompli sa mission (ch. 45) ; puis, après le désarmement des Thasiens (ch. 46-48), à l'envoi de hérauts dans les villes grecques, — dans les villes déjà soumises pour ordonner l'équipement d'une nouvelle flotte, dans les villes non soumises pour y demander la terre et l'eau (ch. 48-49).

L'autre groupe commence au chapitre 94. Toujours désireux de venger l'incendie de Sardes et, de plus, irrité de la réception faite en maint endroit à ses hérauts, Darius prépare contre Érétrie et Athènes une deuxième expédition, qui sera commandée par Datis et Artaphernès le jeune (ch. 94). Hérodote rapporte la formation de leur armée (ch. 95), l'itinéraire qu'ils suivent, de Cilicie à Samos par voie de mer ; puis, de Samos à travers les Cyclades (ch. 95-96), saccageant Naxos au passage (ch. 96), faisant escale à Délos sans s'y comporter en ennemis (ch 97), levant des troupes et prenant des otages dans les autres îles (ch. 99), atteignant enfin l'Eubée à Carystos (ch. 99). Suit la relation du siège et de la prise d'Érétrie (ch. 100-101), du débarquement sur la côte d'Attique (ch. 102), de la démarche des Athéniens à Sparte pour y obtenir du secours (ch. 105-106), de la bataille de Marathon (ch. 107-114), du rembarquement des Perses (ch. 115), de la vaine démonstration qu'ils firent dans les eaux de Phalère (ch. 116), du retour de Datis et d'Artaphernès en Asie, n'ayant exécuté, eux encore, qu'une partie — et la moindre — de ce dont Darius les avait chargés (ch. 118).

Entre ces deux groupes, un autre s'interpose, dont le lien avec le sujet d'ensemble des *Histoires* est beaucoup moins apparent. Dans ce groupe, bourré de προσθῆκαι, d'anticipations et de retours en arrière, la ligne du récit principal ne coïncide plus avec celle des Μηδικά ; elle a bien pour point de départ la condescendance servile des Éginètes aux exigences de Darius, l'indignation qu'en conçurent les Athéniens, la recrudescence d'inimitié qui en résulta entre les deux cités ; mais ensuite, pendant plus de quarante chapitres, le Barbare, ses menaces, le danger qu'il fait peser sur la Grèce, paraissent oubliés ; l'intérêt se concentre sur une querelle qui ne met aux prises que des Grecs. J'ai dit dans une précédente notice [1] ce qui me paraît justifier la particulière attention accordée par Hérodote aux affaires d'Égine et la complaisance avec laquelle il en expose les vicissitudes : du tour que prendraient ces affaires devait dépendre plus tard, dans une large mesure, la possibilité pour les Grecs d'opposer à Xerxès une résistance victorieuse. A la veille de Salamine, Thémistocle n'aurait pu tenir tête à Eurybiade et empêcher un repli dont les conséquences auraient été néfastes, si le contingent athénien n'avait formé le plus puissant élément de la flotte ; et ce contingent n'aurait pas été si important, si l'expérience des guerres soutenues contre Égine [2] n'avait démontré aux Athéniens la nécessité de posséder une forte marine. Dans ces conditions même, le combat qui assura le salut de la Grèce aurait pu se tourner en défaite, si les Éginètes, persistant dans leur humeur vindicative, avaient joint alors leurs vaisseaux aux vaisseaux des Barbares, si Polycritos fils de Crios, — de ce Crios que nous allons voir si mal disposé pour Athènes (ch. 50, 73), — avait eu l'occasion, au cours de l'engagement, d'adresser à Thémistocle, au lieu de l'apostrophe que rapporte Hérodote (VIII 92), un cri de rancune satisfaite. Plutôt que d'avoir fait la place trop large dans son ouvrage au récit des dissentiments entre Égine et Athènes, ce qu'on peut reprocher à Hérodote, du point de vue de la composition, c'est d'avoir, en plaçant avant le chapitre 94 une aussi longue partie de ce récit, obscurci l'ordre de succession des événements racontés. Que le premier élément de la nouvelle série, — la plainte portée à Sparte par les Athéniens contre Égine, — soit postérieur au dernier fait de la série précédente, — l'envoi des hérauts perses en Grèce, — cela est évident ; mais, que tout ce qui est raconté ensuite dans les chapitres 49-51, 65-66, 73, 85-93 se soit déroulé entre l'envoi des hérauts (491) et la préparation de la campagne qui devait aboutir à Marathon (490), on ne saurait le croire. Hérodote l'a-t-il cru cependant contre toute vraisemblance ? Ou bien, désireux de ne pas retarder davantage l'histoire des relations d'Athènes et d'Égine, — et les chapitres de l'histoire

1. Notice de « la Révolte de l'Ionie », p. 45-46.

2. Au cours desquelles Athènes dut emprunter des vaisseaux à Corinthe (ch. 89) et subit au moins une défaite (ch. 93).

de Sparte qu'il avait l'intention d'y adjoindre, — a-t-il transigé avec la chronologie? Le fait est qu'en reprenant ensuite, au chapitre 94, le récit du conflit gréco-barbare, il remonte, sans en avertir clairement le lecteur, de plusieurs années dans le passé[1].

Les développements accessoires qui interrompent et compliquent le récit principal sont inégalement fréquents dans les trois parties de cette section. Dans la première, il n'y a à relever que quelques phrases concernant les mines d'or de Thasos et de Scapté Hylé (ch. 46-47). Dans la troisième, au chapitre 98, de mélancoliques réflexions sur les calamités qui marquèrent les trois règnes de Darius, Xerxès et Artaxerxès, et une traduction des noms de ces trois rois accompagnent la mention du tremblement de terre de Délos ; au chapitre 108, un rappel d'événements antérieurs explique pourquoi les Platéens, lors de la bataille de Marathon, se portèrent avec tant d'ardeur au secours de l'armée athénienne, — ce qui n'est pas superflu ; il n'est pas non plus hors de propos, lorsque Miltiade, connu jusqu'alors des lecteurs comme tyran de la Chersonèse, rentre en scène comme stratège athénien, de rappeler — au chapitre 103 — ce qui, au lendemain d'une accusation de tyrannie, l'avait désigné aux suffrages populaires : les gloires agonistiques de sa famille, et ce que son père avait eu à souffrir du fait de Pisistrate et des Pisistratides. D'amples développements qui, à partir du chapitre 121, s'étendent jusqu'à la fin du livre VI, sont consacrés, les uns à une apologie des Alcméonides, au récit pittoresque d'incidents qui fondèrent ou accrurent leur opulence et leur illustration (ch. 121-131), les autres (ch. 132-140) aux dernières actions de Miltiade et à la conquête qu'il avait faite pour le compte d'Athènes de l'île de Lemnos. Les uns et les autres se rattachent tout naturellement au récit principal : les premiers, parce que les Alcméonides avaient été, en 490, soupçonnés de vouloir trahir la cause d'Athènes et de la liberté au profit d'Hippias et des Barbares, imputation contre laquelle Hérodote s'élève et appelle en témoignage, si je peux ainsi dire, le passé de cette noble maison ; les seconds, parce que l'évocation du don fait

1. Sur les guerres entre Athènes et Égine, et sur leurs dates probables, voir les notes aux chapitres 93 et 94.

par Miltiade de Lemnos à Athènes avait été, avec celui des services rendus par lui à Marathon, l'argument essentiel de sa défense, quand, à la suite de la malheureuse expédition de Paros, il avait été accusé d'avoir trompé le peuple et menacé de la peine capitale. Ce ne sont donc pas des hors-d'œuvre ; ce sont, en marge d'une section des *Histoires*, après qu'un acte du grand drame gréco-barbare, l'acte de Marathon, a été conté jusqu'au bout, d'intéressants « appendices ».

C'est dans la partie centrale du livre VI (ch. 49-84) que la composition est le plus compliquée. Le chapitre 49 annonçait un récit dont la trame serait formée par la querelle entre Égine et Athènes ; presque aussitôt après s'ouvre une parenthèse qui ne se fermera qu'au chapitre 73. A la demande des Athéniens, Cléomène intervient à Égine ; il y subit un affront, dont l'instigateur n'est autre que son collègue, le second roi de Sparte, Démarate (ch. 50-51). Ici, et jusqu'au chapitre 61, parenthèse dans une parenthèse : pour expliquer à la fois et l'existence à Sparte de deux rois simultanés et la mauvaise entente qui règne entre eux, Hérodote raconte comment, à la mort d'Aristodémos, la royauté avait été partagée entre ses deux fils jumeaux, lesquels, en dépit de leur étroite parenté, ne purent jamais s'entendre et léguèrent à leurs descendants et successeurs, Eurysthénides et Proclides, une tradition de perpétuelle discorde (ch. 52) ; il profite de l'occasion pour signaler les opinions divergentes qui avaient cours sur l'origine des rois doriens de Lacédémone (ch. 53-54), et, élargissant le cadre de la προσθήκη, donne des détails sur les prérogatives de ces rois, sur les honneurs qui leur étaient attribués de leur vivant et à leur mort, et sur certaines coutumes observées lors de leur avènement et de leurs funérailles qui paraissent empruntées à l'étranger (ch. 56-60). Après quoi, les choses sont reprises au point où elles en étaient au chapitre 51. Cléomène veut se venger en faisant déposer Démarate sous prétexte que celui-ci ne serait pas le fils d'Ariston, à qui il a succédé. Les circonstances qui rendaient cette accusation plausible, les manœuvres qui en décidèrent le succès, sont rapportées tout au long (ch. 61-66), non sans des retours sur le passé. Ce qui rendait suspecte la filiation de Démarate était le double mariage de sa mère, qu'Ariston avait tenu à épouser, l'enlevant par ruse à un premier mari, à cause de sa grande beauté ; Hérodote dira donc de quelle façon merveilleuse, de très laide qu'elle était dans sa petite enfance, elle était devenue très belle (ch. 61), et aussi comment Ariston s'y était pris pour s'en assurer la possession (ch. 62). Enfin, au récit de l'intrigue qui détrôna Démarate, il joint, anticipant sur l'avenir, l'indication des conséquences qu'elle entraîna et pour celui qui en avait été la victime et pour ceux qui en avaient été les artisans ; ce qui concerne le principal de ces artisans, Cléomène, est ajourné ; la Pythie, qui, pour le servir, avait déclaré que Démarate n'était pas fils d'Ariston, sera déposée quand la fraude sera découverte ; et un Delphien qui l'avait soudoyée pour le compte de Cléomène sera chassé par ses concitoyens (ch. 66) ; Démarate, insulté par Leutychidès qui l'a remplacé sur le trône, s'expatriera, après avoir appris de sa mère le secret de sa naissance, et trouvera asile à la cour du Grand Roi (ch. 67-70) ; Leutychidès, l'usurpateur, convaincu de s'être laissé acheter par l'ennemi au cours d'une campagne en Thessalie, mourra banni de Sparte, où sa maison sera rasée (ch. 71-72) ; « mais », a soin d'ajouter Hérodote, « cela n'arriva que plus tard. »

La grande parenthèse est close ; le récit qu'elle interrompait depuis le chapitre 51 progresse d'une étape. Cléomène, flanqué de Leutychidès, retourne à Égine, où il saisit cette fois des otages, qu'il remet aux mains des Athéniens (ch. 73). Et là, de nouveau, s'ouvre une parenthèse, qui n'embrassera pas moins de dix chapitres ; Cléomène en fournit l'occasion et la matière[1]. A la longue, ses machinations contre Démarate sont venues à la connaissance des Spartiates ; redoutant leur colère, il se retire d'abord en Thessalie, ensuite en Arcadie, où il fomente des troubles ; rappelé à Sparte, où ses concitoyens pensent probablement qu'il sera plus facile à surveiller, il devient fou et, dans un accès de furieuse démence, se donne la mort (ch. 74-75). C'est la discussion des causes de cette fin tragique qui remplit les chapitres 75-84. L'opinion la plus accréditée était que Cléomène était puni

1. Déjà dans cette parenthèse, comme dans la suite du récit des relations entre Athènes et Égine (ch. 85 et suiv.), Hérodote anticipe par rapport au chapitre 94 ; la vie de Cléomène a dû se prolonger au delà de l'expédition de Datis et de la bataille de Marathon ; voir la note au chapitre 85.

pour avoir suborné la Pythie dans l'affaire de Démarate ; mais d'autres avaient leurs partisans, dont l'une, celle des Argiens, est longuement exposée : par sa fin misérable, Cléomène aurait expié des actes atroces et impies commis pendant une expédition contre Argos. Il avait traîtreusement attiré hors d'un bois sacré des Argiens qui s'y étaient réfugiés après une défaite, et les avait massacrés ; il avait incendié le bois lui-même ; il était entré de force dans l'Héraion, où nul étranger ne devait pénétrer, et avait fait fouetter le prêtre qui lui en interdisait l'accès. Non content de rappeler ces méfaits, Hérodote donne sur l'invasion de l'Argolide, la bataille de Sépeia, le retour de Cléomène à Sparte sans s'être emparé de la ville même d'Argos, le reproche qu'on lui en fit, la façon dont il se disculpa, les conséquences lointaines de la défaite argienne, des détails qui, manifestement, n'aggravent ni n'excusent les fautes de Cléomène. Cette digression est la dernière ; à partir du chapitre 85, le récit des relations — inamicales — d'Athènes et d'Égine se poursuit sans à-coup et sans interruption.

Comment et pourquoi tant d'éléments étrangers au récit principal, inutiles à son progrès, y ont-ils été intercalés ? Souvent par un effet de l'association des idées, ou parce qu'ils s'apparentent de loin, par-dessus le contexte immédiat, à d'autres morceaux des *Histoires*. Une description des avantages, des honneurs et profits attachés au titre de roi de Sparte est un développement auquel l'écrivain se trouvait tout naturellement conduit dans un récit où ce titre faisait l'objet d'une compétition, un développement qui, à la place qu'il occupe, ne saurait causer de surprise. Démarate, à propos de qui ce développement est introduit, n'est pas un personnage dont nous ne devions plus entendre parler ; il reparaîtra dans la suite des *Histoires* ; vivant alors chez les ennemis de la Grèce, devenu un familier du Grand Roi, il ne se laissera pas emporter par un sentiment de rancune à l'égard de ses compatriotes jusqu'à les desservir d'une façon active — comme Hippias à l'égard des Athéniens — ou les dénigrer bassement ; si ce n'est pas par bienveillance, pour qu'ils se tiennent sur leurs gardes, qu'il les avertit, lorsque l'orage gronde, du danger imminent (VII 239), du moins, s'adressant à Xerxès, fait-il d'eux à plusieurs reprises de grands éloges (VII 101-102, 209, 234-235) ; dire dans quelles conditions i avait quitté Sparte, non pas en criminel rejeté par les lois de son pays, mais en exilé volontaire victime de louches intrigues et d'intolérables affronts, c'était préparer le lecteur à comprendre cette attitude, cette sorte d'élégance morale, et à en apprécier le mérite. Ce peut être de même en prévision de ce qu'il aura à raconter au l. VII ch. 148-149, où les Argiens se montreront si tièdes pour la cause de l'indépendance hellénique, qu'Hérodote insiste ici sur les péripéties de la guerre de 494 entre Argiens et Spartiates et sur le désastre de Sépeia, qui laissa Argos si terriblement affaibli ; au livre VII, au lieu d'alourdir son récit de détails rétrospectifs, il n'aura qu'à faire une allusion rapide à des faits déjà racontés [1] ; l'inconvénient qu'il a pu y avoir à les raconter au livre VI sera alors largement compensé. Cette considération n'atteint qu'une partie de la grande parenthèse ouverte au chapitre 74 ; pour le reste, ce qui en explique et en justifie la présence est simplement, je crois, l'intérêt qui, du temps d'Hérodote, s'attachait à la figure de Cléomène. La forte personnalité de ce prince avait, de son vivant, tenu assez de place dans le monde grec pour que, lui disparu, sa mémoire continuât de hanter les esprits, d'autant que certains de ses actes, manifestations d'une humeur autoritaire et violente, avaient suscité de durables ressentiments ou causé du scandale. Parler de Cléomène, de ses méfaits les plus retentissants, des circonstances dramatiques de sa mort, devait être, à l'époque d'Hérodote et dans les milieux où il vécut, un sûr moyen de retenir l'attention et de satisfaire la curiosité ; était-il besoin d'autres raisons pour qu'Hérodote en parlât ?

*
* *

Pour la recherche des sources, plusieurs groupes de chapitres, — comme le faisait prévoir l'analyse qui précède, — doivent être examinés séparément.

Un premier groupe comprend les chapitres où sont racontés les événements qui forment la trame du récit principal, faits et gestes de Mardonios, désarmement des Thasiens, expédition de Datis. Ces événements appartenaient déjà à une

1. VII 148 : νεωστὶ γὰρ σφέων τεθνάναι ἑξακισχιλίους ὑπὸ Λακεδαιμονίων καὶ Κλεομένεος.

époque dont Hérodote a pu connaître des survivants. Avant que fût atteint le but des entreprises de Darius, — Érétrie et l'Attique, — ils s'étaient déroulés en des lieux où Hérodote séjourna, voyagea, en des lieux où il eut l'occasion d'en entendre parler par des hommes qui, dans leur jeunesse, en avaient été les spectateurs ; dont quelques-uns peut-être y avaient été associés personnellement : en Ionie, où Mardonios avait accompli cette chose surprenante, à peine croyable pour les habitants de la Grèce d'Europe, le rétablissement dans des cités grecques du régime démocratique (ch. 43) ; dans la région de l'Hellespont, où il avait réuni ses troupes (*ibid.*) ; sur les côtes de la Thrace, que sa flotte avait longées jusqu'à l'Athos (ch. 44), et dans les cantons méridionaux du pays, qu'avait traversés son armée de terre (ch. 43) ; en Macédoine, où il campait quand il avait été attaqué par les Bryges (ch. 45) ; à Thasos, qu'il avait soumise au passage (ch. 44), et dont les murs d'enceinte avaient été ensuite abattus sur l'ordre du Grand Roi (ch. 48) ; à Abdère, où les Thasiens avaient dû amener et livrer leurs vaisseaux (*ibid.*) ; à Samos, où Datis s'était embarqué pour cingler vers l'Eubée à travers les Cyclades (ch. 95) ; à Délos, où il avait abordé à l'aller et au retour (ch. 97, 118), Des contingents grecs, des Ioniens, des Éoliens (ch. 98), des insulaires (ch. 99), avaient figuré dans les troupes des généraux de Darius [1] ; peut-être Hérodote a-t-il interrogé quelques-uns de ces vétérans. Peut-être aussi a-t-il recueilli des renseignements auprès d'informateurs perses. Il est frappant que, dans son exposé, l'échec de Mardonios soit souligné en des termes sévères [2], ce qui n'est pas le cas pour l'échec de Datis, dont pourtant l'expédition n'aboutit pas non plus à la conquête d'Athènes, mais à la défaite de Marathon. La différence s'explique-t-elle simplement par ce fait, que Mardonios devait être plus tard l'ennemi acharné de la Grèce ? Il n'est pas inconcevable que ce per-

1. Ch. 98 : ἅμα ἀγόμενος καὶ Ἴωνας καὶ Αἰολέας ; ch. 99 : ἐνθεῦτεν δὲ στρατιήν τε παρελάμβανον.

2. Ch. 45 : οὗτος μέν νυν ὁ στόλος αἰσχρῶς ἀγωνισάμενος ἀπαλλάχθη ἐς τὴν Ἀσίην. Du moins Mardonios ne retournait pas en Asie sans avoir châtié et subjugué les Bryges ; et son insuccès était dû pour une large part à un accident imprévisible : le désastre maritime de l'Athos.

sonnage, fils de Gobryas, — l'un des Sept, qui semble avoir été tenu en haute estime par Darius[1], — neveu lui-même et gendre du Grand Roi[2], se soit fait des ennemis par son orgueil dans la société des seigneurs perses[3], et que son insuccès ait provoqué parmi ceux-ci, en 492, une joie maligne, dont Hérodote, quarante ou cinquante ans après, aurait encore perçu et prolongé l'écho[4].

A partir du moment où l'action, se déplaçant vers l'Ouest, a atteint les eaux et les rivages de la Grèce d'Europe, la principale source d'informations d'Hérodote est manifestement Athènes ; Athènes en général, et en particulier, dans certains cas, tel ou tel milieu de la société athénienne. La relation qui nous est donnée de l'affaire de Marathon, de ses préliminaires (mission de Philippidès, marche des Grecs au devant de l'ennemi), de son développement[5], de plusieurs de ses

1. Cf. IV 132, 134. Gobryas était à la fois le beau-père de Darius (VII 2, 97) et son beau-frère (VII 5).

2. VII 5 ; VI 43.

3. Ch. 43, où il est précisé qu'en 492 Mardonios était jeune, trop jeune, peut-on croire, pour exercer un grand commandement. Au chapitre 94, le remplacement de Mardonios par Datis est présenté de façon à laisser supposer que Darius reconnaissait l'erreur qu'il avait commise en confiant, par faveur, un tel commandement à un présomptueux incapable (Μαρδόνιον μὲν δὴ φλαύρως πρήξαντα τῷ στόλῳ παραλύει τῆς στρατηγίης).

4. En d'autres passages des *Histoires*, des informations dont la provenance perse ne semble pas douteuse présentent Mardonios sous un jour nettement défavorable : il y est accusé d'avoir été pour l'empire achéménide l'auteur responsable de désastres (VIII 99 ; IX 16); il y est montré en conflit d'opinion, à son désavantage, avec de grands personnages, Artabane (VII 10), Tritentaichmès (VIII 26), Artabaze (IX 41). Sa haute fortune avait dû paraître à certains de ses contemporains hors de proportion avec ce qu'il méritait, et les offusquer.

5. On peut s'étonner qu'Hérodote, se renseignant à Athènes, ait commis sur la situation et l'autorité du polémarque en 490 les erreurs que contiennent ces phrases du chapitre 109 : ἦν γὰρ ἑνδέκατος ψηφιδοφόρος... ἐποιεῦντο τοῖσι στρατηγοῖσι (voir les notes *ad l.*). Aussi bien, ces phrases sont-elles certainement de lui ? Ne seraient-elles pas dues à quelque interpolateur, mal instruit d'un ancien état de choses, qui, interprétant d'une façon fautive les mots ἐγίνοντο δίχα αἱ γνῶμαι du chapitre 109 et προσγενομένης τοῦ πολεμάρχου τῆς γνώμης

épisodes (aventure d'Épizélos, mort héroïque de Kynégeiros), des pertes dont fut payée la victoire, des événements qui en furent les conséquences immédiates (tentative avortée de Datis pour surprendre Athènes sans défenseurs, retraite des Barbares), est une glorification du patriotisme des Athéniens et de leur valeur militaire[1], de l'esprit de décision de Miltiade, de l'ascendant qu'il avait su prendre sur ses collègues, de ses qualités de stratège. Des développements groupés autour de cette relation, deux au moins, — celui où est expliquée l'attitude des Platéens, celui où sont combattus de mauvais bruits qui couraient sur le compte des Alcméonides, — doivent être, eux aussi, de provenance athénienne. En ce qui concerne le premier des deux, le sentiment favorable qui y est exprimé à l'égard des Corinthiens ne saurait, — j'ai dit ailleurs pourquoi[2], — empêcher de l'admettre[3]. Du second, la

du chapitre 110, voulut préciser pourquoi l'attitude de Callimachos avait eu une importance décisive, et ne fit qu'en fausser le caractère ? Si on fait abstraction de ces phrases malencontreuses et qu'on lise de suite : ... ἐνθαῦτα, ἦν γὰρ τότε πολέμαρχος Καλλίμαχος κτλ, on trouvera dans le texte même des chapitres 109-110 une relation exacte de ce qui avait dû se passer. Peut-être convient-il d'observer que, pour désigner quelqu'un qui prend part à un vote, Hérodote aurait employé, ce me semble, ψηφοφόρος plutôt que ψηφιδοφόρος ; le caillou instrument de vote est toujours appelé par lui ψῆφος, jamais ψηφίς. D'autre part, en parlant d'événements anciens de moins de cinquante ans, aurait-il fait usage des mots τὸ παλαιόν ?

1. Particulièrement révélateurs de la provenance des informations d'Hérodote sont les commentaires qui accompagnent, au chapitre 112, le compte rendu de la bataille : que les Athéniens furent les premiers en Grèce qui abordèrent l'ennemi en courant, les premiers à soutenir la vue des Mèdes et de leur habillement national, alors que jusque-là le seul nom de ces terribles étrangers suffisait à faire trembler les Grecs.

2. Voir la notice sur « La Révolte de l'Ionie », p. 75.

3. N'est-on pas en droit d'ajouter que l'explication qui y est suggérée de l'attitude des Lacédémoniens, désintéressée en apparence, fournit une raison de le croire ? Plutarque, lorsqu'il voit dans cette explication une manifestation de la « malignité » d'Hérodote (*De Herodoti malignitate*, 25 ), méconnaît qu'en la suggérant l'écrivain ne faisait peut-être que reproduire l'opinion exprimée par son informateur athénien. Dans son ensemble, le récit des événements de 490, tel que nous le lisons chez Hérodote, ne laisse pas paraître beau-

partie apologétique[1], médiocrement convaincante, fut, de toute évidence, recueillie de la bouche d'un vigilant gardien du renom des Alcméonides, probablement de la bouche d'un d'entre eux, peut-être de la bouche de Périclès lui-même. Dans la partie narrative qui fait suite à ce plaidoyer, il faut distinguer plusieurs morceaux. Le récit de la contestation de Sicyone provient, vraisemblablement, des archives de famille des descendants de Mégaclès, où le souvenir en devait être consigné par écrit. Peut-être les éléments essentiels de ce récit, — ouverture du concours, catalogue des prétendants, leur séjour et leur temps d'épreuve chez Clisthène, le choix fait par celui-ci de Mégaclès pour son gendre, — y étaient-ils rassemblés en un poème, encomion, épinicie, épithalame, ou autre poème de circonstance[2]. Ce n'est pas sans doute dans

coup de bienveillance à l'égard de Lacédémone. Il y est bien rendu hommage à la célérité avec laquelle les Spartiates accomplirent le trajet de Laconie en Attique ; mais est-ce sans ironie qu'ils sont montrés incapables d'enfreindre pour une fois un règlement dans un cas de force majeure, et, quand ils sont arrivés en Attique, — trop tard pour y rien faire d'utile, — puérilement curieux de voir les cadavres des Mèdes ?

1. De cette partie apologétique, il ne faut pas dissocier, à mon avis, ce qui est dit au ch. 121 de la conduite tenue par Callias l'ancien du temps de Pisistrate. Si l'on en croit Plutarque (*De Her. mal.*, 27), ce rappel aurait été dicté à Hérodote par une intention de flatterie à l'égard des descendants de Callias, opulents personnages, — il aurait pu ajouter : pour expliquer l'origine de leur grande fortune autrement que ne faisait la malignité des comiques (Plutarque, *Aristide*, 5). Ne serait-ce pas plutôt pour faire ressortir par comparaison les titres supérieurs des Alcméonides à la réputation de loyaux patriotes et de fervents démocrates ? Vivre en exil comme ils avaient dû le faire avait été plus dur que n'avait été pour Callias d'acheter sans concurrents, et sans doute à des prix avantageux, les biens de Pisistrate exilé ; avoir contribué activement à la chute des Pisistratides était une manifestation de « misotyrannie » plus précise et plus effective que d'avoir eu en tout une attitude hostile en face de leur père.

2. La brièveté de la *VII*e *Pythique*, écrite à l'occasion d'une victoire de Mégaclès, oncle maternel de Périclès, a fait supposer qu'outre ce poème un autre, plus étendu, aurait célébré la même victoire ; là aurait pu trouver place le récit des noces d'Agaristé, aïeule du triomphateur. Le catalogue de héros associés pour une entreprise ou

un document de ce genre, dans un poème de haute tenue, que pouvait être raconté un épisode burlesque comme l'épisode de la danse d'Hippocleidès. Mais il ne me paraît pas impossible qu'Hérodote en ait recueilli le récit dans le même cercle où était conservé le poème dont nous supposons l'existence. Il faut bien admettre que l'expression proverbiale Οὐ φροντὶς Ἱπποκλείδῃ eut pour point de départ un incident réel; que cet incident ait été la déconvenue d'un Athénien nommé Hippocleidès lors de la contestation de Sicyone et la désinvolture, sincère ou affectée, avec laquelle il aurait accueilli son échec, cela n'a rien d'incroyable; et, bien que le fragment de Phérécyde[1] cité par Marcellinus dans la *Vie de Thucydide* § 3, soit transmis de façon imparfaite, il n'en

engagés dans une contestation est un thème dont l'ancienne poésie offrait plus d'un exemple ; et la fable connaissait plus d'une femme illustre dont nombre de prétendants s'étaient disputé la main, — Hélène en particulier, à propos de qui Dion Chrysostome, dans le Τρωϊκός (p. 335 Reiske), rappelle précisément la contestation de Sicyone. Dans le catalogue du chapitre 127, auprès d'anachronismes et d'autres invraisemblances, certains traits permettent, il me semble, de discerner un fond de vérité historique, reste probable d'une tradition sicyonienne. D'abord, la répartition géographique des pays d'origine des prétendants. L'Italie méridionale, Épidamne, l'Étolie, le pays des Molosses, sont des contrées où devait rayonner le commerce maritime des Sicyoniens, que la situation de leur ville au fond du golfe de Corinthe invitait à diriger vers l'Ouest; on sait que Sicyone exportait, sans doute par l'intermédiaire de Siris et de Sybaris, beaucoup de poteries chez les Étrusques (cf. Busolt, *Griech. Geschichte*, I, p. 660, n. 4). Dans le Péloponnèse, l'Élide et les cantons voisins de l'Arcadie, — je ne dis rien d'Argos, pour les raisons données dans les notes explicatives, — peu éloignés de Sicyone, étaient en même temps des pays où la proclamation de Clisthène, faite à Olympie, pouvait être le plus généralement connue. Enfin le rôle joué par Clisthène lors de la Guerre Sacrée avait pu accroître son renom chez des peuples qui avaient pris part à cette guerre ou qui l'avaient vue se dérouler : à Athènes, à Érétrie, en Thessalie. D'autre part, plusieurs des personnages énumérés, — Amphimnestos, Amiantos, Onomastos, Alcon, — sont des hommes obscurs, originaires de pays sans gloire, issus, autant qu'on peut savoir, de familles sans lustre ; si le catalogue des prétendants était de toutes pièces une œuvre de fantaisie, ne l'aurait-on pas composé uniquement de « célébrités » ?

1. Dans ce fragment (fr. 2 Jacoby), Hippocleidès est présenté

ressort pas moins qu'Hippocleidès était de la race de Philaios, un Philaïde. Dans ces conditions, les Alcméonides ne devaient pas être les derniers à joindre à l'exposé des gloires de leur ancêtre une anecdote propre à déconsidérer, à ridiculiser son rival d'autrefois. Tout différent est le cas de l'histoire d'Alcméon chez Crésus, où le personnage bouffon est l'éponyme même de la noble famille ; c'est là une de ces « bonnes histoires », mi-admiratives et mi-satiriques qu'on a toujours aimé à conter dans le peuple sur l'origine des grosses fortunes.

Ce qui est rapporté au chapitre 107, — le rêve qu'aurait eu Hippias quand il débarqua à Marathon, l'espérance que ce rêve lui avait fait concevoir, sa déception, si ce n'est une fable inventée en Attique, était, je pense, venu par je ne sais quelle voie, — par un transfuge de l'armée de Datis ? par un survivant de son expédition ? — à la connaissance des Athéniens dès avant qu'Hérodote rassemblât ses informations ; il a dû l'apprendre en même temps et aux mêmes lieux que les détails qu'il donne sur la bataille elle-même.

En peut-on dire autant de ce qui s'était passé à Érétrie avant l'arrivée des Perses en Attique ? Par ceux des leurs qui, envoyés d'abord au secours des Érétriens, étaient revenus à Oropos avant l'heure du danger, les Athéniens avaient pu connaître la discorde qui régnait dans la cité menacée, et, s'ils avaient eu quelque remords d'abandonner si vite la cause de leurs voisins, ils n'avaient sans doute pas manqué de retenir ce qui était de nature à les absoudre de leur défaillance, d'enregistrer les noms et de celui qui l'avait conseillée et des traîtres dont la conduite avait donné raison à ce prudent conseiller ; insister sur ce qui eût rendu inutile le sacrifice d'un corps de troupes athéniennes pouvait faire partie du même système d'excuses que la complaisance avec

comme le père de Miltiade l'ancien. Cela est inexact. Mais aurait-on eu l'idée d'introduire son nom parmi ceux d'une lignée de Philaïdes, s'il n'avait été lui-même de la descendance de Philaios ? Peut-être était-il frère du père de Miltiade, Kypsélos (ch. 34), et son nom fut-il substitué dans la liste des ascendants de Miltiade au nom de Kypsélos en raison de sa plus grande notoriété (cf. Berve, *Miltiades*, dans l'*Hermes. Einzelschriften. Heft* 2, 1937, p. 2-3).

laquelle sont signalés l'empressement que les Athéniens avaient mis à accorder un renfort aux Érétriens et l'importance relative de ce renfort [1]. Cela, toutefois, est douteux. Hérodote, au livre V chapitres 99 et 102, sait dire, sur Érétrie et un Érétrien, des choses que, selon toute apparence, il n'a pas apprises à Athènes, et ce n'est pas non plus à Athènes qu'il avait le plus de chances d'apprendre, sur le sort des Érétriens déportés en Kissie, ce qu'il rapporte au chapitre 119. Si l'on croit qu'Hérodote a poussé ses voyages jusqu'à Ardéricca [2], on pourra supposer qu'il s'est entretenu avec les déportés ou leurs descendants, qui avaient, nous dit-il, conservé l'usage de la langue grecque, et qu'il connut par eux les noms exécrés des traîtres qui avaient été autrefois la cause de leur exil. On jugera sans doute plus plausible que ces noms et le détail des événements survenus à Érétrie en 490 furent tout simplement recueillis en Eubée.

Reste le récit du chapitre 118 : à la suite d'un songe qu'il a à Myconos, Datis confie aux Déliens une statue dorée d'Apollon découverte sur un vaisseau de sa flotte, avec ordre de la reporter au sanctuaire de Délion, sur la côte béotienne de l'Euripe, d'où elle a été enlevée. De prime abord, on pourrait croire que ce récit est de même provenance que celui du chapitre 97, qu'il provient de Délos ; un détail, cependant, prouve que ce serait une erreur : les Déliens, ajoute Hérodote, n'exécutèrent pas l'ordre reçu ; ce furent les Thébains qui, plus tard, restituèrent la statue au sanctuaire béotien. Sur leur négligence à opérer la restitution, les Déliens auraient fait le silence ; et, d'ailleurs, la statue n'étant plus à Délos quand Hérodote y vint, il n'y avait pas de raison

1. Ch. 100 : Ἀθηναῖοι δὲ οὐκ ἀπείπαντο τὴν ἐπικουρίην, ἀλλὰ τοὺς τετρακισχιλίους, ... τούτους σφι διδοῦσι τιμωρούς. Dans le même ordre d'idées, on peut observer qu'au livre V ch. 99 Hérodote précise que, si les Érétriens se joignirent aux Athéniens pour répondre à l'appel du Milésien Aristagoras, ce ne fut pas par considération pour Athènes (οἳ οὐ τὴν Ἀθηναίων χάριν ἐστρατεύοντο). Athènes n'était donc aucunement responsable du danger que couraient les Érétriens ; elle ne devait rien à Érétrie.

2. Le tri des trois substances qu'on extrayait du puits d'Ardéricca n'est pas décrit avec une précision qui atteste l'observation directe ; Hérodote, parlant de ce puits, pouvait répéter ce que lui avait dit un autre voyageur contemporain.

pour qu'on lui en parlât. C'est à Délion, en face de la statue rapatriée, qu'un cicérone lui narra l'aventure.

Les derniers chapitres de cette section ne sont guère que des chapitres d'une biographie de Miltiade. Après l'insuccès de son expédition contre Paros, Miltiade avait été accusé et menacé de la peine de mort, sous l'inculpation d'avoir trompé le peuple des Athéniens (τῆς 'Αθηναίων ἀπάτης εἵνεκεν) ; et ses amis, qui présentèrent sa défense, lui avaient sauvé la vie en faisant valoir les éminents services qu'il avait rendus à la patrie lors de la bataille de Marathon et lorsqu'il avait assuré à Athènes la possession de Lemnos [1]. Comme le procès intenté précédemment à Miltiade sous l'inculpation de tyrannie [2], ce nouveau procès retentissant avait dû laisser à Athènes des souvenirs vivaces, en particulier chez les Alcméonides, — Xanthippos, père de Périclès, avait mené l'attaque [3], — et chez les Philaïdes ; dans les archives de ces deux familles pouvaient être conservés, avec l'acte d'accusation, des exemplaires ou des résumés des discours prononcés à cette occasion par les adversaires en présence. C'étaient là, pour un historien, des sources précieuses d'information, copieuse sinon impartiale ; Hérodote, je pense, y a puisé largement. De même que les chapitres du livre IV qui dépeignent l'attitude de Miltiade sur l'Istros s'inspirent de la réponse faite en 493 à l'accusation de tyrannie [4], nous avons en cette fin du livre VI un écho des débats de 489. Dans le récit qui y est fait de l'expédition de Paros (ch. 132-133, 135), on discerne, on perçoit encore le ton haineux et perfide, sarcastique, méprisant, sur lequel les accusateurs exposèrent les « faits de la cause ». Avec quel insolent orgueil, un orgueil de despote, Miltiade n'avait-il pas réclamé du peuple des Athéniens soixante-dix vaisseaux, — à une époque où Athènes ne possédait pas une puissante marine [5], — et de l'argent et des

1. Ch. 136 : τῆς μάχης τε τῆς ἐν Μαραθῶνι γενομένης πολλὰ ἐπιμεμνημένοι καὶ τὴν Λήμνου αἵρεσιν, ὡς ἑλὼν Λῆμνόν τε καὶ τεισάμενος τοὺς Πελασγοὺς παρέδωκε 'Αθηναίοισι.

2. Ch. 104.

3. Ch. 136 : ... καὶ μάλιστα Ξάνθιππος ὁ 'Αρίφρονος, ὅς θανάτου ὑπαγαγὼν ὑπὸ τὸν δῆμον Μιλτιάδην ἐδίωκε.

4. Cf. la notice des Σκυθικοὶ λόγοι, p. 24.

5. Quelques années plus tard, pour mettre en ligne soixante-dix

troupes, sans daigner dire où il avait l'intention de faire campagne[1] ! Avec quel cynisme n'avait-il pas abusé de la crédule confiance de ses concitoyens, en leur promettant monts et merveilles, de l'or en abondance qu'ils n'auraient que la peine de ramasser ! Avec quelle hypocrisie donnait-il comme prétexte à son expédition contre Paros que les Pariens avaient fourni — de bon gré ou par force ? — une trière, — une ![2] — à la flotte de Datis, alors que son véritable mobile était le désir d'assouvir une rancune personnelle, de se venger sur tous les Pariens d'une offense qu'il aurait reçue d'un des leurs ! Et cette offense, en quoi avait-elle consisté ? En ce que le Parien Lysagoras l'aurait desservi auprès d'un grand seigneur perse, — peut-être en donnant au susdit grand seigneur des doutes sur la solidité du loyalisme de Miltiade à l'égard du Grand Roi, en rendant impossible au tyran de la Chersonèse de continuer de jouir d'un poste avantageux ! Entreprise sous de tels auspices, l'expédition avait échoué piteusement. En dépit de ses rodomontades, Miltiade était revenu à Athènes sans rapporter d'argent, sans avoir fait de conquêtes ; lui qui avait menacé les Pariens de ne point quitter l'île qu'il ne se fût emparé de leur ville, avait levé le siège au bout de moins d'un mois[3], n'ayant à exhiber pour tout trophée qu'une blessure, — dont on ne pouvait affirmer qu'il l'eût reçue les

vaisseaux contre les Éginètes, les Athéniens devaient en emprunter vingt aux Corinthiens (ch. 89).

1. Peut-être Miltiade avait-il le vaste projet d'étendre l'autorité d'Athènes sur toutes les Cyclades ; d'après Éphore, avant d'attaquer Paros, il avait fait des descentes dans quelques autres de ces îles, qu'il avait ravagées (fr. 107 Müller). Quel que fût d'ailleurs son dessein, ce n'était que sagesse de ne pas l'ébruiter, pour pouvoir profiter d'un effet de surprise ; mais le secret des programmes d'action, avantage des gouvernements monarchiques (III 82), pouvait être aisément présenté au peuple d'Athènes comme une méconnaissance injurieuse de ses droits.

2. Τριήρεϊ. Ce singulier n'est pas donné par tous les manuscrits ; ceux de la famille florentine donnent le pluriel : τριήρεσι. Mais un pluriel non accompagné d'une indication de nombre serait ici, il me semble, sans intérêt, le contingent parien n'ayant pu s'adjoindre à l'armée de Datis que sur des vaisseaux, et des vaisseaux de guerre.

3. Πολὺν χρόνον, dit au contraire Éphore.

armes à la main ! De ces faits, faits incontestés [1], de ces griefs, Hérodote put avoir connaissance par les pièces du procès. Ce n'est pas, au contraire, par les pièces du procès qu'Hérodote put apprendre la tentative qu'aurait faite Miltiade pour s'introduire la nuit dans un temple de Déméter, et les conséquences qu'elle aurait eues. Si Xanthippos avait connu de pareils événements, il aurait eu beau jeu pour joindre à l'accusation d'avoir trompé le peuple celle d'avoir commis — ou voulu commettre — un sacrilège [2], capable de porter préjudice au bon renom et à la cause d'Athènes. Et ce n'est pas à Athènes, du vivant de Miltiade, à quelques pas de la civière où il gisait, qu'on aurait ignoré le siège et la nature exacte de sa blessure, hésité entre une luxation de la cuisse et une contusion grave du genou [3]. D'ailleurs Hérodote signale en propres termes que l'histoire de cette aventure n'a pas la même provenance que ce qu'elle accompagne, que c'était une histoire que racontaient les Pariens [4]. Mettant en cause une prêtresse parienne, supposant une connaissance précise des abords d'un sanctuaire parien, présentant l'agresseur de Paros sous l'aspect d'un impie promis à la colère des dieux, ladite histoire avait dû se former à Paros, autour d'un incident réel qu'il serait vain de vouloir imaginer, postérieurement au procès de 489 et à la mort de Miltiade [5]. Mais il n'est pas nécessaire d'admettre qu'Hérodote l'ait entendu raconter à Paros. Dans les mêmes milieux de la société athénienne, hostiles à Miltiade et à sa mémoire, où s'était montée en 489 une cabale contre le héros de Marathon, on avait bien pu la recueillir plus tard avec empressement et la soigneusement

1. Ch. 134 : Ἐς μὲν δὴ τοσοῦτο τοῦ λόγου οἱ πάντες Ἕλληνες λέγουσι...

2. Les Pariens soupçonnaient Miltiade d'avoir voulu s'introduire dans le sanctuaire κινήσοντά τι τῶν ἀκινήτων (ch. 134) ; ils accusaient sa complice de lui avoir dévoilé τὰ ἐς ἔρσενα γόνον ἄρρητα ἱρά (ch. 135).

3. Ch. 134 : καταθρῴσκοντά τε τὴν αἱμασιὴν τὸν μηρὸν σπασθῆναι· οἱ δὲ αὐτὸν τὸ γόνυ προσπταῖσαι λέγουσι.

4. Ch. 134 : ... τὸ ἐνθεῦτεν δὲ αὐτοὶ Πάριοι γενέσθαι ὧδε λέγουσι.

5. L'allusion aux tristes circonstances de sa mort que contient la réponse attribuée à la Pythie (δεῖν γὰρ Μιλτιάδην τελευτᾶν μὴ εὖ) pouvait être faite avec plus d'assurance quand l'événement appartenait au passé.

consigner comme une sorte d'annexe à l'acte d'accusation[1].

S'il est vraisemblable qu'il y a dans le livre VI des réminiscences de l'argumentation des accusateurs de Miltiade, on peut, je crois, tenir pour assuré qu'Hérodote connut, au moins dans les grandes lignes, l'apologie qu'avaient présentéé ses amis, et qu'il lui a fait des emprunts. Ce doit être d'après cette apologie, où les défenseurs avaient longuement insisté sur les événements de Marathon, qu'est mis en vive lumière et proposé à l'admiration, aux chapitres 109-110, le rôle de premier plan joué alors par Miltiade. Ce doit être aussi d'après ce qu'avaient dit les orateurs de la conquête de Lemnos par l'illustre accusé, — « comment il s'en était emparé et, ayant tiré vengeance des Pélasges, en avait fait don aux Athéniens », — que sont rapportés, aux chapitres 137-138, les affronts dont les Pélasges s'étaient rendus coupables envers Athènes, au chapitre 140, la soumission volontaire d'une des villes lemniennes, la réduction par les armes de l'autre. Entre ces deux termes du drame, les avocats de Miltiade avaient-ils raconté déjà ce qui, chez Hérodote, les relie : l'ordre reçu de Delphes par les Pélasges, le refus de ceux-ci d'y obtempérer loyalement ? Je le crois d'autant plus volontiers, qu'en montrant en Miltiade, en même temps que le champion d'Athènes, le ministre d'une volonté divine impudemment bafouée, ils servaient doublement la cause de leur client. Le seul élément, je crois, des derniers chapitres du livre VI dont l'écrivain ne doive pas la connaissance à celle du procès de 489 est un passage du chapitre 137, où à la version athénienne de l'expulsion des Pélasges hors d'Attique une autre version est opposée ; Hérodote dit lui-même où il a trouvé cette variante : dans un ouvrage d'Hécatée.

Aux relations d'Athènes et d'Égine sont consacrés les chapitres 49-50, 73, 85-93. Si on les lit de suite, on ne pourra manquer de remarquer, des premiers aux derniers, un changement de tendance. Dans les premiers, les événements sont présentés sous un jour favorable aux Éginètes. Il n'est pas contesté qu'ils aient consenti au Grand Roi l'hommage de la terre et de l'eau ; mais il est précisé qu'ils n'étaient pas seuls

1. Entre autres avantages, aux yeux de détracteurs de Miltiade, elle avait celui de présenter la blessure dont il mourut comme le résultat d'un vulgaire accident.

à s'y résigner, que ce fut le fait de tous les insulaires ; et, d'autre part, que l'accusation portée contre eux à Sparte n'était pas tant dictée aux Athéniens par un sentiment de patriotisme hellénique que par la crainte de voir désormais une cité voisine et hostile bénéficier de l'alliance des Perses ; en sorte qu'en dénonçant les Éginètes comme des traîtres envers la Grèce les Athéniens ne faisaient que saisir — avec joie — un prétexte pour nuire à des ennemis particuliers [1]. Le récit de la fière résistance de Crios aux brutales injonctions de Cléomène, soudoyé peut-être par les Athéniens [2] ; l'affirmation que Démarate, en encourageant sous main cette résistance, se souciait fort peu des intérêts d'Égine [3] ; cette précision, que les otages enlevés d'Égine par le vindicatif roi de Sparte furent confiés par lui à la garde des pires ennemis de leur pays [4] ; la modération dont firent preuve les compatriotes de Crios en n'exigeant pas qu'on infligeât à Leutychidès, complice de Cléomène, un châtiment humiliant [5], tout cela semble bien calculé pour concilier aux Éginètes la sympathie du lecteur. Plus nettement encore, l'inique fin de non-recevoir qui leur est opposée à Athènes, lorsqu'ils viennent réclamer la restitution des otages et que les Athéniens prétendent justifier par de misérables chicanes leur manque réel de bonne foi [6]. Au contraire, à partir du chapitre 87, les Éginètes ne sont plus l'objet que de réflexions malveillantes, et ce qui est rapporté de leur histoire ne l'est jamais pour leur faire honneur. A propos de la capture du vaisseau des théores, Hérodote ressuscite le souvenir de méfaits anciens des Éginètes, vieux d'une quinzaine d'années, méfaits qui,

1. Ch. 49 : Οἵ τε δὴ ἄλλοι νησιῶται διδοῦσι γῆν τε καὶ ὕδωρ Δαρείῳ καὶ δὴ καὶ Αἰγινῆται. Cette qualité d'insulaires constituait à elle seule une excuse : une île n'a pas de voisins limitrophes qui puissent, à la première alerte, lui apporter un secours immédiat.

2. Ch. 49 : δοκέοντές τε ἐπὶ σφίσι ἔχοντας τοὺς Αἰγινήτας δεδωκέναι, ὡς ἅμα τῷ Πέρσῃ ἐπὶ σφέας στρατεύωνται, καὶ ἄσμενοι προφάσιος ἐπελάβοντο.

3. Ch. 50 : ὑπ' Ἀθηναίων ἀναγνωσθέντα χρήμασι.

4. Ch. 61 : οὐκ Αἰγινητέων οὕτω κηδόμενος ὡς φθόνῳ καὶ ἄγῃ χρεώμενος.

5. Ch. 85.

6. Ch. 86.

dit-il, n'avaient pas encore reçu de punition [1], — comme si, dans l'intervalle, les Athéniens n'avaient pas rendu aux auteurs de ces méfaits la monnaie de leur pièce ; et, en des termes qu'on peut croire désapprobateurs, il présente les Éginètes comme « s'estimant offensés [2] », alors que, au lendemain de l'affaire des otages, ils venaient de l'être incontestablement. Plus loin [3], des actes de cruauté auxquels s'étaient livrés entre eux les Éginètes lors d'un soulèvement populaire, — actes de cruauté sacrilège que les dieux, en dépit de tous les sacrifices expiatoires, ne voulurent jamais pardonner [4], — sont narrés en détail. Ailleurs [5], quand les Argiens, alliés d'autrefois des Éginètes, refusent de leur donner du secours contre les Athéniens, ce refus est expliqué par une prétendue offense des Éginètes, qui avaient, un peu auparavant, fourni des vaisseaux à Cléomène pour attaquer l'Argolide, — ce qu'ils n'avaient fait que contraints et forcés [6].

A ce changement de tendance doit correspondre un changement d'origine des informations mises en œuvre. La matière des chapitres 49-50, 73, 85-86 fut sans doute recueillie par Hérodote à Égine et à Sparte : à Égine [7], où il entendit parler de Crios et de Casambos (ch. 73) ; à Sparte, où on lui conta la sage intervention de Théasidès (ch. 85) et la démarche infructueuse de Leutychidès (ch. 86). Les chapitres 87 et suivants, animés du même esprit que le chapitre 89 du livre V, reproduisent au contraire une tradition athénienne, que les rancunes partisanes de Nicodromos et de ses compagnons,

1. Ch. 87 : πρὶν τῶν πρότερον ἀδικημάτων δοῦναι δίκας τῶν ἐς Ἀθηναίους ὕβρισαν Θηβαίοισι χαριζόμενοι.

2. Ch. 87 : μεμφόμενοι Ἀθηναίοισι καὶ ἀξιοῦντες ἀδικέεσθαι.

3. Ch. 91.

4. Ch. 91 : ἀπὸ τούτου δὲ καὶ ἄγος σφι ἐγένετο τὸ ἐκθύσασθαι οὐκ οἷοί τε ἐγένοντο ἐπιμηχανώμενοι, ἀλλ' ἔφθησαν ἐκπεσόντες πρότερον ἐκ τῆς νήσου ἤ σφι ἵλεον γενέσθαι τὴν θεόν. Du point de vue athénien, ce courroux persistant de la déesse devait légitimer l'expulsion des Éginètes hors d'Égine en 431.

5. Ch. 92.

6. Ainsi qu'Hérodote lui-même, reconnaissant peut-être l'injustice du reproche qu'on faisait de ce chef aux Éginètes, signale explicitement (νέες ἀνάγκῃ λαμφθεῖσαι).

7. En même temps qu'une des versions de l'affaire des statues ; cf. la notice de la « Révolte de l'Ionie », p. 74.

réfugiés en Attique (ch. 90), avaient contribué à former. La mention de l'exploit de Sophanès de Décélie, au chapitre 93, est un détail qui garantit en particulier la provenance d'une partie du contexte.

Comme Athènes, Sparte a été ici pour Hérodote une source d'abondants renseignements. Que les détails qu'il donne sur les institutions et les coutumes des Spartiates[1] n'étaient pas empruntés à un document écrit, que les écrivains antérieurs n'avaient pas touché à ce sujet, que ce sont les fruits d'une information de première main, d'une enquête menée sur place, Hérodote le dit expressément[2]. C'est sans nul doute à Sparte, — peut-être en face de la chapelle d'Hélène, dont il indique si exactement l'emplacement[3], — qu'Hérodote a entendu conter la merveilleuse histoire de la laide petite fille pour qui sa nourrice invoquait l'intervention de la reine de beauté et qu'une simple caresse de la main divine avait transformée en la plus belle femme du pays. A Sparte également, plutôt que n'importe où ailleurs, il a pu apprendre comment les Lacédémoniens, seuls entre tous les Grecs[4], expliquaient qu'il y eût chez eux deux rois en même temps[5] ; entendre raconter l'histoire de Glaucos[6], avoir connaissance de ces deux faits divers de la chro-

1. Ch. 56-60.
2. Ch. 55 : τὰ δὲ ἄλλοι οὐ κατελάβοντο, τούτων μνήμην ποιήσομαι.
3. Ch. 61 : ἐν τῇ Θεράπνῃ καλεομένῃ, ὕπερθε τοῦ Φοιβηίου ἱροῦ.
4. Ch. 53 : ταῦτα μὲν Λακεδαιμόνιοι λέγουσι μοῦνοι Ἑλλήνων.
5. Ch. 52.
6. Ch. 86. On a supposé que Glaucos était un personnage imaginaire et que l'histoire du chapitre 86 était un conte milésien (Aly, *Volksmärchen...*, p. 156, 239, 252). Mais pourquoi n'aurait-il pas existé à Sparte un Glaucos fils d'Épikydès, qui aurait commis en son temps une grave indélicatesse, et pourquoi le scandale de sa conduite n'aurait-il pas laissé chez ses concitoyens un souvenir durable ? En tout cas, mettant en cause un Spartiate, l'histoire du chapitre 86 devait se raconter à Sparte ; et je pense que, comme le dit Hérodote (λέγομεν ἡμεῖς οἱ Σπαρτιῆται), elle s'y racontait effectivement. C'est, il me semble, à Sparte plutôt qu'ailleurs qu'on désignait par son nom le partenaire spartiate, tandis que le Milésien demeurait anonyme. Peut-être même y avait-on déjà imaginé de placer ce récit dans la bouche de Leutychidès. Sans doute, la condamnation du péché d'intention, à laquelle aboutit l'histoire de Glaucos, dépasse ce qu'il y avait à dire en réclamant un dépôt ; mais d'autres qu'Hérodote avaient pu, avant lui, ne pas en tenir compte. Un détail du

nique amoureuse locale : l'artifice par lequel Ariston s'était assuré, au détriment d'un ami, — dont Hérodote sait nous dire le nom, — la possession d'une femme qu'il désirait[1], l'enlèvement par Démarate de la femme promise à Leutychidès, — qu'il sait désigner elle aussi par son nom, le nom de son père et même le nom de son aïeul[2] ; s'instruire des causes du conflit entre Démarate et Cléomène, de la déposition de Démarate[3], de l'affront qui le décida à fuir de sa patrie[4], de son évasion[5] ; des arguments que fit valoir Célomène à son retour d'Argolide pour s'excuser de n'avoir pas occupé Argos[6], de ses derniers agissements[7], des manifestations de sa folie, — que ses compatriotes, contrairement à l'opinion de la plupart des Grecs, expliquaient par l'abus du vin pur[8], de l'horrible façon dont il mit fin à ses jours[9] ; enfin, de la disgrâce de Leutychidès, après la disparition de son puissant complice[10], de l'obligation qui lui fut imposée d'intervenir à Athènes en faveur des Éginètes[11], de la forfaiture dont il devait se rendre coupable plus tard en Thessalie, de son exil, de sa mort[12], des principaux événements qui avaient marqué sa vie privée[13].

discours prêté à Leutychidès me paraît digne d'être relevé ; je veux parler des mots κατὰ τρίτην γενεὴν τὴν ἀπ' ἐμέο. Si c'était Hérodote qui avait montré le premier Leutychidès racontant l'aventure de Glaucos, aurait-il pris le soin — ou se serait-il permis la fantaisie — de la dater ainsi par rapport à ce roi ?

1. Ch. 62.

2. Ch. 65 : Πέρκαλον τὴν Χίλωνος τοῦ Δημαρμένου.

3. Ch. 64-66. Toutefois, ce qui est dit, à la fin du chapitre 66, des peines encourues par deux des artisans de cette déposition, Cobon et Périalla, fut plutôt recueilli à Delphes. Les autorités du pays, civiles et religieuses, qui, pour sauvegarder le bon renom de l'oracle, avaient sévi contre les complices de Cléomène, publiaient sans doute volontiers les mesures répressives prises à cette occasion.

4. Ch. 67 : ἦσαν μὲν δὴ Γυμνοπαιδίαι...

5. Ch. 70.

6. Ch. 80 et 82.

7. Ch. 74.

8. Ch. 84.

9. Ch. 75.

10. Ch. 85.

11. *Ibid.*

12. Ch. 72.

13. Ch. 71.

C'étaient là autant de détails d'une exactitude historique inégale, mais tous de notoriété publique. Il en va autrement d'un épisode dont il nous reste à parler, d'un entretien de caractère intime, qui, s'il eut jamais lieu, se serait passé hors de la présence de tout témoin, et dont personne à Sparte n'avait sans doute reçu la confidence : l'explication solennelle entre Démarate et sa mère (ch. 68-69).

Entrevu déjà au livre V (ch. 75), Démarate reparaîtra aux livres VII (ch. 3, 101-104, 209, 234, 237, 239) et VIII (ch. 65) ; et ce qui sera dit de lui sera tel, en partie, qu'Hérodote n'a pas dû le tenir d'informateurs spartiates. Ce n'est pas à Sparte qu'on pouvait raconter comment, à Suse, après la mort de Darius, Démarate avait suggéré à Xerxès l'argument qui le fit préférer comme héritier du trône à son frère aîné Artobazane [1] ; ni comment, plus tard, accompagnant Xerxès dans son expédition contre la Grèce, il avait été à plusieurs reprises appelé par lui en consultation [2], avait osé combattre sa présomptueuse confiance en une facile victoire [3], lui avait donné des avis, qui, si Xerxès en avait tenu compte, auraient pu retourner en sa faveur la fortune des armes [4]. Ces détails, selon toute vraisemblance, proviennent d'une tradition née, conservée, aux lieux où Démarate vécut après son exil, accréditée par lui et par ses descendants. Démarate paraît avoir été un personnage orgueilleux [5]. Représentant sur le trône de Sparte la branche cadette de la maison royale, moins honorée que l'autre [6], il avait jalousé Cléomène,

1. VII 23.
2. VII 101, 209, 234.
3. VII 102, 104, 209.
4. VII 235.
5. Il serait, je crois, plus juste de dire : vaniteux. Témoin, l'anecdote rapportée par Plutarque dans la *Vie de Thémistocle*, ch. 29 : invité par Xerxès à demander telle faveur qu'il voudrait, Démarate aurait demandé de pouvoir faire son entrée à Sardes coiffé de la royale κίταρις ; ce qui lui aurait attiré une réflexion méprisante de la part d'un des Perses présents et la colère du Roi. Est-ce par une conséquence de cet orgueil — ou de cette vanité — que se maintinrent dans sa descendance les noms des fils d'Aristodémos, ancêtres des deux dynasties royales de Lacédémone : Eurysthénès (Xén., *Hell.*, III 1 6) et Proclès (*Hell.*, *l. l.* ; *Anab.*, II 1 3, VII 8 17) ?
6. Ch. 51 : ἐὼν βασιλεὺς καὶ αὐτὸς Σπαρτιητέων, οἰκίης δὲ τῆς

représentant de la branche aînée[1], — dont, à vrai dire, l'humeur autoritaire n'était pas faite pour amortir les heurts. Et cette jalousie avait eu pour conséquences sa déposition et son exil. Réfugié en Asie, Démarate devait saisir les occasions de faire savoir — ou de faire croire — au monde que, dépouillé par ses compatriotes d'une moitié de royauté, il avait trouvé ailleurs d'amples compensations d'amour-propre, qu'il jouissait à la cour de Suse d'une haute considération, que le Grand Roi lui-même, — lequel aurait été son obligé, presque sa créature ! [2] — le traitait en confident de choix, et que lui cependant, Démarate, dans une société où régnaient la courtisanerie, la servilité, savait conserver sa dignité d'homme libre, son franc-parler, sa fierté d'être Grec. Le centre de la principauté que Darius — ou Xerxès — lui avait concédée [3] et où ses descendants lui succédèrent, Teuthrania [4], était un lieu aisément accessible, un lieu où Hérodote, d'après la façon dont il en parle (au livre II ch. 10), semble bien être allé. Il n'est donc pas téméraire de supposer que la tradition de famille des seigneurs de Teuthrania a été pour l'auteur des *Histoires*, au même titre que d'autres traditions de famille, une source d'informations.

C'est à cette tradition qu'est emprunté le récit de l'explication entre Démarate et sa mère [5] ; récit tendant à attribuer à Démarate, à défaut d'une filiation royale, une filiation

ὑποδεεστέρης· ..., κατὰ πρεσβυγενείην δέ κως τετίμηται μᾶλλον ἢ Εὐρυσθένεος.

1. Ch. 61 : Κλεομένεα .. ὁ Δημάρητος διέβαλε, οὐκ Αἰγινητέων οὕτω κηδόμενος ὡς φθόνῳ καὶ ἄγῃ χρεώμενος.

2. Si Xerxès avait dû son élévation au trône au conseil donné par Démarate, comme celui-ci aurait voulu le faire croire (VII 3).

3. Ch. 70 : ὃ δὲ (Δαρεῖος) ὑπεδέξατό τε αὐτὸν μεγαλωστὶ καὶ γῆν τε καὶ πόλις ἔδωκε.

4. Xén., *Hell.*, III 1 6 ; *Anab.*, II 1 3, VII 8 17.

5. Du moins le thème et le gros de ce récit, où certains détails ne semblent pas d'accord avec la gravité de la situation. Si des hommes du ve siècle pouvaient prendre au sérieux l'intervention du héros Astrabacos, il est plus douteux que cette réflexion placée dans la bouche de Démarate : « Si tu as fait quelque chose de ce qu'on raconte, tu n'es pas la seule à l'avoir fait, tu es en nombreuse compagnie » ne leur ait pas fait l'effet, comme au lecteur moderne, d'un trait de satire assez intempestive à l'adresse de la gent féminine.

héroïque ; récit où est conservé par endroits l'accent irrité d'un homme en butte, lui et les siens, à des insinuations infamantes [1]. Et, en dehors de ce morceau particulier, en maint endroit de ce qui se rapporte chez Hérodote au conflit entre Cléomène et Démarate se trahit l'influence d'une tradition favorable à la personne et à la cause de ce dernier. C'était le cas déjà au livre V chapitre 75, où il est précisé, sans opportunité apparente, qu'avant d'avoir contrarié en 506 les projets belliqueux de Cléomène, Démarate n'était pas en mauvais termes avec son collègue [2] ; en sorte que le désaccord aurait eu pour point de départ un honorable refus de Démarate de s'associer à une opération qu'il aurait, comme les Corinthiens [3], tenue pour une injustice. C'est le cas au chapitre 70, quand Démarate, détrôné, obligé de s'enfuir de Sparte par les humiliations qui lui sont infligées, est représenté comme ayant contribué en maintes circonstances au lustre de sa patrie « par ses actes et ses conseils [4] ». C'est le cas lorsqu'Hérodote, au chapitre 84, déclare qu'à son avis la folie de Cléomène fut une punition des intrigues qu'il avait ourdies contre Démarate [5], et assure que cette opinion était communément admise chez les Grecs [6]. C'est le cas, enfin, lorsqu'il relate complaisamment les infortunes qui atteignirent aussi les complices de ces intrigues, Leutychidès, le Delphien Colon, la prêtresse Périalla [7].

L'exposé d'Hérodote n'est pas toutefois, d'un bout à l'autre, une apologie de Démarate. Il n'y est pas dissimulé, — nous l'avons vu, — que la jalousie, bien plutôt qu'un sentiment de réelle sympathie pour les Éginètes, le fit agir sournoisement contre Cléomène, alors que celui-ci travaillait à Égine

1. En particulier la dernière phrase : « Puissent la femme de Leutychidès lui-même et les femmes de ceux qui tiennent ces propos leur donner des fils d'âniers ! »

2. V 75 : οὐκ ἐὼν διάφορος ἐν τῷ πρόσθε χρόνῳ Κλεομένεϊ.

3. *Ibid.* : σφίσι αὐτοῖσι δόντες λόγον ὡς οὐ ποιοῖεν τὰ δίκαια.

4. Ch. 70 : ἄλλα τε Λακεδαιμονίοισι συχνὰ ἔργοισι καὶ γνώμῃσι ἀπολαμπρυνθείς.

5. Ch. 84 : ἐμοὶ δὲ δοκέει τίσιν ταύτην ὁ Κλεομένης Δημαρήτῳ ἐκτεῖσαι.

6. Ch. 75 : ὡς μὲν οἱ πολλοὶ λέγουσι Ἑλλήνων, ὅτι τὴν Πυθίην ἀνέγνωσε τὰ περὶ Δημαρήτου λέγειν.

7. Pour Leutychidès, ch. 71-72 ; pour Cobon et Périalla, ch. 66.

pour le bien commun de la Grèce [1], ni qu'il avait donné à Leutychidès, en lui enlevant sa fiancée, de légitimes motifs de ressentiment personnel [2], ni que la rancune lui avait fait prendre un peu vite et d'un pas trop délibéré le chemin de l'Asie, en sorte que les Spartiates pouvaient bien avoir de bonnes raisons de le soupçonner de « médisme » [3]. Sur le fond de l'affaire qui amena la déposition de Démarate, peut-être Hérodote n'avait-il pas lui-même d'opinion arrêtée. L'amalgame qu'il a fait d'une tradition de famille et de renseignements d'une autre provenance, neutre ou hostile, laissait à ses lecteurs la liberté de croire ce qu'ils voulaient.

Auprès de l'histoire d'Athènes, d'Égine et de Sparte, celle d'Argos tient dans cette partie du livre VI une place assez importante. Elle y est représentée par quelques phrases du chapitre 92, par le long récit des chapitres 76-81 et par le chapitre 83.

Ce qui en est dit au chapitre 92 l'est de façon incidente, au cours du récit d'une guerre entre Égine et Athènes ; Hérodote dut l'apprendre par la même voie que les autres faits de cette guerre : par une tradition athénienne. Au souvenir de l'exploit de Sophanès était resté associé en Attique celui de l'Argien fameux qu'il avait abattu, des conditions dans lesquelles cet Argien était venu se battre pour Égine à la tête d'un corps de volontaires, des raisons qui avaient fait refuser aux Éginètes par le gouvernement d'Argos une assistance officielle.

1. Ch. 61 : τότε δὲ τὸν Κλεομένεα ἐόντα ἐν τῇ Αἰγίνῃ καὶ κοινὰ τῇ Ἑλλάδι ἀγαθὰ προεργαζόμενον ὁ Δημάρητος διέβαλε.

2. Ch. 65 : ἐπιβουλεύσας ἀποστερέει Λευτυχίδεα τοῦ γάμου, φθάσας αὐτὸς τὴν Πέρκαλον ἁρπάσας καὶ σχὼν γυναῖκα.

3. Les paroles menaçantes que rapporte Hérodote, — que ce jour serait pour Lacédémone l'origine de mille calamités (ch. 67, — autorisaient tous les soupçons ; elles rendaient légitimes les mesures de rigueur que prirent les Spartiates pour essayer d'arrêter dans sa fuite et de tenir sous bonne garde celui qui les avait proférées. L'orgueil blessé de Démarate le rendait d'ailleurs injuste envers ses concitoyens ; en le faisant descendre du trône, s'ils étaient convaincus — et ils pouvaient l'être — qu'il n'était pas fils d'Ariston, les Spartiates n'avaient fait qu'obéir à une loi constitutionnelle ; et, en le choisissant pour exercer une magistrature, ils lui avaient donné une marque d'estime propre à adoucir ses regrets. De l'insolence de Leutychidès, Sparte n'était pas responsable.

Le chapitre 80, qui sera résumé dans une phrase du chapitre 82[1], est de même provenance que l'ensemble de celui-ci : de provenance spartiate. Ce qu'il raconte avait été allégué par Cléomène pour sa défense après son retour d'Argolide. De provenance argienne doivent être au contraire les chapitres 79 et 81, nettement défavorables à la mémoire du roi de Sparte : le premier, expliquant pourquoi, selon les Argiens, Cléomène était devenu fou ; tous les deux exprimant le ressentiment des vaincus à l'endroit d'un vainqueur brutal et sans foi. Où, d'ailleurs, mieux qu'à Argos, Hérodote aurait-il pu être renseigné avec autant de précision sur le guet-apens tendu aux rescapés de Sépeia, sur le nombre de ceux qui en furent les victimes, sur la façon dont il fut découvert, sur les sévices exercés contre le « prêtre » de l'Héraion ?

Moins évidente est la provenance des chapitres 76-78, qui ne servent pas à expliquer à la façon des Argiens la démence de Cléomène et où sont rapportés sans opportunité des épisodes d'une guerre entre Sparte et Argos. Parmi ces épisodes n'en figure pas un qui aurait été grandement à la gloire d'Argos : l'exploit de Télésilla défendant la ville à la tête des femmes argiennes et repoussant l'ennemi[2]. De là doit-on conclure que ce n'est pas à Argos qu'Hérodote s'est instruit des événements de la guerre ? Son silence serait en effet inexplicable autrement, si, dès le v^e^ siècle, les choses avaient été racontées comme elles devaient l'être plus tard. Mais de cela, ce me semble, il y a de sérieuses raisons de douter. La comparaison des deux récits de Plutarque et de Pausanias permet d'apercevoir comment le rôle de Télésilla et de ses compagnes fut, dans la suite des temps, amplifié, magnifié. Chez Plutarque, qui cite Socratès d'Argos, écrivain de l'époque hellénistique, les Argiennes soutiennent un combat prolongé, repoussent Cléomène après lui avoir tué beaucoup de monde, chassent de l'intérieur de la ville Démarate (?), qui s'y était introduit. Chez Pausanias, qui ne précise pas à qui il emprunte ses renseignements, les assaillants, après qu'ils ont fait l'expérience de la valeur guerrière des Argiennes, se disent que, s'ils triomphent de ces femmes, leur triomphe sera sans gloire,

1. Ἔλεξε δ' ὦν φάμενος, ἐπείτε δὴ τὸ τοῦ Ἄργου ἱρὸν εἷλε, δοκέειν οἱ ἐξεληλυθέναι τὸν τοῦ θεοῦ χρησμόν.

2. Pausanias II 20 8 ; Plutarque, *Mulierum virtutes*, 4.

tandis que, s'ils sont vaincus, leur défaite sera ignominieuse ; et ils se retirent, sans pousser à fond leur entreprise. Si l'on combine ce dernier récit avec ce que rapporte Hérodote, — que Cléomène fut accusé de s'être laissé corrompre pour ne pas s'emparer d'Argos alors qu'il lui aurait été facile de le faire, — on sera tenté de supposer qu'en réalité le vainqueur de Sépeia s'est bien présenté devant la place d'Argos, mais n'insista pas pour y entrer de force ; que, satisfait d'avoir anéanti la puissance militaire d'Argos, il consentit, contre paiement d'une honnête rançon, à ne pas prendre et saccager la ville. En ce cas, l'« exploit » de Télésilla se serait réduit à peu de chose ; si, à son instigation, les Argiennes avaient pris les armes, elles n'avaient pas eu à s'en servir ; Argos n'avait pas été sauvé par leur héroïsme, mais par une vulgaire transaction. Lorsqu'Hérodote vint à Argos, les événements étaient encore trop proches pour que la légende s'en fût déjà emparée[1], et ce qui s'était réellement passé — le paiement d'une rançon — était trop peu à l'honneur des Argiens pour qu'ils en fissent volontiers l'aveu à un étranger. Ainsi, de ce qu'Hérodote ne parle pas de Télésilla, on ne peut rien conclure quant à la provenance — argienne ou spartiate — de son information. Et il ne me semble pas qu'un examen critique des chapitres 76-78, si on les considère isolément, puisse fournir sur ce point aucun indice convaincant[2]. Mais l'incertitude, je crois, se dissipera, si on confronte ces chapitres avec d'autres parties des *Histoires*. Nous verrons plus loin[3]

1. Au développement de la légende put concourir une fausse interprétation des premiers vers de l'oracle cité au chapitre 77, où était annoncée une victoire « de la femelle sur le mâle ».

2. Suivant une tradition conservée dans le recueil des Ἀποφθέγματα Λακωνικά (*Cléomène*, 3), Cléomène se serait assuré la victoire par un acte qu'il nous est difficile de ne pas considérer comme un parjure : après avoir conclu avec les Argiens une trêve de sept *jours*, il les aurait attaqués à l'improviste au cours de la troisième *nuit*. Nous pourrions être là en face d'une version argienne des événements, à laquelle on aurait opposé, à Sparte, ce qui est raconté chapitre 77. Mais nous ne savons pas à quelle époque cette version fut imaginée. Et sommes-nous bien sûrs que celui qui l'imagina ait eu l'intention de noircir Cléomène en lui imputant un acte de déloyauté plutôt que celle de célébrer son astuce ? Il avait respecté la lettre de son serment.

3. VII 148.

comment les Argiens excusaient — essayaient d'excuser — la neutralité dans laquelle ils s'étaient enfermés lors de l'invasion de Xerxès ; ils arguaient pour cela de l'état de faiblesse où un désastre militaire relativement récent avait réduit leur pays [1], de la nécessité qui s'imposait à eux de réserver les forces qui leur restaient pour parer aux agressions possibles de plus prochains ennemis [2]. Ce désastre relativement récent, c'était le désastre de Sépeia ; ces ennemis voisins, contre qui il était prudent de se tenir en garde, c'étaient les Spartiates, les compatriotes de Cléomène. Lorsqu'Hérodote recueillit à Argos les excuses qu'il rapporte au livre VII, il dut y entendre raconter tout au long la campagne de Cléomène ; c'est avec des documents rassemblés à Argos qu'il a dû composer son récit.

Je le crois d'autant plus volontiers, que le chapitre 83, qui forme l'épilogue de ce récit, me paraît être, lui, certainement de provenance argienne. Le rappel des troubles qui, à la suite du désastre de Sépeia, désolèrent l'Argolide n'aurait pas eu d'intérêt — et, partant, pas de place, — dans une histoire, recueillie à Sparte, des actes de Cléomène ; il en avait au contraire, et de première importance, dans le système d'excuse par lequel les Argiens expliquaient leur carence de 480 [3]. L'inexactitude partielle de ce que raconte Hérodote [4] ne prouve point qu'il n'ait pu l'entendre dire à Argos ; ce serait plutôt, à mon avis, le contraire. De la part de certains informateurs argiens, cette inexactitude pouvait être voulue. Après la destruction de Tirynthe et l'expulsion de ce qui restait de Tirynthiens, des descendants des hommes tombés à Sépeia, Argiens de la race des seigneurs, ont bien pu qualifier dédaigneusement d'« esclaves » les représentants d'une autre classe de la population du pays, de race non dorienne, qui, pour n'occuper dans l'État qu'une situation inférieure, n'était pas cependant de condition servile. C'était exercer rétrospectivement une sorte de vengeance verbale contre des gens qui.

1. Νεωστὶ γὰρ σφέων τεθνάναι ἑξακισχιλίους ὑπὸ Λακεδαιμονίων καὶ Κλεομένεος τοῦ Ἀναξανδρίδεω.

2. Nécessité sur laquelle, disaient-ils, la Pythie, dans un oracle qu'elle leur avait rendu, avait elle-même insisté.

3. Ch. 83 : Ἄργος δὲ ἀνδρῶν ἐχηρώθη οὕτω ὥστε...

4. Cf. la note *ad l.*

à la faveur des circonstances, s'étaient permis de relever la tête, qui avaient fait sécession, qui même avaient osé attaquer la ville de leurs « maîtres » et n'avaient pu être réduits par ceux-ci qu'au prix de pénibles efforts.

Les morceaux ou passages d'allure géographique sont, dans la présente section, peu nombreux.

La provenance de l'un des principaux, la description du puits d'Ardéricca (ch. 119), est douteuse [1]. Au contraire, nous savons de façon certaine, par Hérodote lui-même, que, lorsqu'il parle des mines d'or de Thasos (ch. 47), il parle de choses qu'il a vues [2] ; et nous pouvons croire que ce qu'il dit du rendement de ces mines (ch. 46) fait également partie de sa documentation personnelle. Je croirais volontiers aussi que la description de « l'eau du Styx » (ch. 74), introduite par ces mots : καὶ δὴ καὶ ἔστι τοιόνδε τι, est une description faite *de visu* [3]. De la disparition dans un χάσμα ἀφανές des eaux du lac Stymphale, de leur réapparition en Argolide [4], Hérodote, semble-t-il, parle plutôt par ouï-dire ; c'est, je suppose, de la bouche d'un Argien, au cours d'un récit que cet Argien lui faisait de l'expédition de Cléomène, qu'il obtint et nota un renseignement curieux concernant le fleuve Érasinos.

En fait d'emprunts — ou plutôt d'allusions — à des

1. Cf. la note *ad l.*

2. Ch. 47 : εἶδον δὲ καὶ αὐτὸς τὰ μέταλλα ταῦτα.

3. Cette description, qui n'évoque rien de grandiose, s'accorde mal avec celles que des voyageurs modernes ont faites de la chute d'eau dont il s'agit. Est-ce une raison suffisante pour douter qu'Hérodote ait vu ce dont il parle ? Il ne me semble pas. Il a pu voir la chute d'eau à un moment où le torrent qui la forme, torrent alimenté par la fonte des neiges, était réduit à son plus mince volume. En lisant le passage en question, je ne peux me défendre de cette idée : que, lorsqu'il se trouva en face de « l'eau du Styx », Hérodote fut déçu. Entre λέγεται εἶναι ὑπ' 'Αρκάδων et ἔστι τοιόνδε τι, il y a dans la pensée de l'écrivain, je crois, opposition ; après ce qu'on lui avait dit, il s'attendait probablement à autre chose que ce que la réalité lui offrit. Cela même qui, dans sa description, peut être taxé d'inexactitude (ὀλίγον) est de telle nature, qu'Hérodote n'a pu le recueillir de la bouche d'un Arcadien fier des curiosités de son pays. Et un informateur de ce genre aurait-il jugé nécessaire de signaler l'existence au pied de la chute d'eau d'un simple mur de pierres sèches ?

4. Ch. 76.

ouvrages de mythologie, de généalogies, d'histoire légendaire, il n'y a à relever, outre la citation expresse d'Hécatée au chapitre 137, que les chapitres 53-54, consacrés aux lointaines origines des rois doriens de Sparte. Hérodote y observe avec insistance que la tradition communément admise chez les Grecs ne permettait de pousser la recherche de ces origines, au delà de Persée, que dans l'ascendance de sa mère Danaé, puisqu'il était réputé fils de Zeus ; cette observation a pu lui être suggérée par la lecture d'un ouvrage où la tradition commune était reproduite sans réserve ni commentaire ; et ce serait par ce même ouvrage qu'il connaîtrait l'opinion de certains λόγιοι perses. Si l'on estime qu'il laisse voir ici de l'incrédulité quant à la filiation divine de Persée, ne sera-t-on pas en droit de rappeler l'ironie avec laquelle il parle, au livre II chapitre 143, de la prétention qu'aurait eue Hécatée de descendre d'un dieu ?

---

# ERATO

43 ... Au printemps[1], le Roi releva de leur commandement les autres généraux, et Mardonios fils de Gobryas descendit au bord de la mer, amenant avec lui des troupes de terre très nombreuses et de nombreuses troupes de marine[2] ; il était jeune et nouvellement marié avec une fille du Roi Darius, Artozostré. Arrivé en Cilicie à la tête de ces forces, Mardonios monta lui-même sur un vaisseau et partit avec le reste de la flotte, tandis que d'autres officiers menaient vers l'Hellespont l'armée de terre. Lorsque, longeant les côtes de l'Asie, il fut parvenu en Ionie, — je vais dire une chose qui surprendra grandement ceux des Grecs qui se refusent à croire que, dans le conseil des Sept Perses, Otanès ait exprimé l'avis que le régime qu'il fallait aux Perses était la démocratie[3], — il déposa tous les tyrans des Ioniens, et il établit dans les villes des constitutions démocratiques[4]. Cela fait, il se hâta de gagner l'Hellespont. Et, après que furent rassemblées d'importantes forces navales, rassemblées aussi des troupes de terre importantes, les Perses franchirent l'Hellespont sur des vaisseaux et se mirent en marche à travers l'Europe, en marche pour Érétrie et Athènes.

1. Au printemps de 412.

2. Ναυτικὸν στρατόν. Non pas les « équipages », mais les soldats qui seraient embarqués sur les navires (ἐπιβάται).

3. Cf. III 80, et T. III, p. 108.

4. D'après Diodore (X 25), ce rétablissement de la démocratie aurait fait partie des sages réformes pacificatrices accomplies par Artaphernès sur les conseils d'Hécatée ; ce qui est plus vraisemblable. Par l'exemple d'Histiée, Artaphernès avait pu reconnaître que les tyrans méritaient peu de confiance.

# ΕΡΑΤΩ

..... Ἅμα δὲ τῷ ἔαρι τῶν ἄλλων καταλελυμένων στρατηγῶν ἐκ βασιλέος Μαρδόνιος ὁ Γωβρύεω κατέβαινε ἐπὶ θάλασσαν, στρατὸν πολλὸν μὲν κάρτα πεζὸν ἅμα ἀγόμενος πολλὸν δὲ ναυτικόν, ἡλικίην τε νέος ἐὼν καὶ νεωστὶ γεγαμηκὼς βασιλέος Δαρείου θυγατέρα Ἀρτοζώστρην. Ἄγων δὲ τὸν στρατὸν τοῦτον ὁ Μαρδόνιος ἐπείτε ἐγένετο ἐν τῇ Κιλικίῃ, αὐτὸς μὲν ἐπιβὰς ἐπὶ νεὸς ἐκομίζετο ἅμα τῇσι ἄλλῃσι νηυσί, στρατιὴν δὲ τὴν πεζὴν ἄλλοι ἡγεμόνες ἦγον ἐπὶ τὸν Ἑλλήσποντον. Ὡς δὲ παραπλέων τὴν Ἀσίην ἀπίκετο ὁ Μαρδόνιος ἐς τὴν Ἰωνίην, ἐνθαῦτα μέγιστον θῶμα ἐρέω τοῖσι μὴ ἀποδεκομένοισι Ἑλλήνων Περσέων τοῖσι ἑπτὰ Ὀτάνην γνώμην ἀποδέξασθαι ὡς χρεὸν εἴη δημοκρατέεσθαι Πέρσας· τοὺς γὰρ τυράννους τῶν Ἰώνων καταπαύσας πάντας ὁ Μαρδόνιος δημοκρατίας κατίστα ἐς τὰς πόλις. Ταῦτα δὲ ποιήσας ἠπείγετο ἐς τὸν Ἑλλήσποντον. Ὡς δὲ συνελέχθη μὲν χρῆμα πολλὸν νεῶν, συνελέχθη δὲ καὶ πεζὸς στρατὸς πολλός, διαβάντες τῇσι νηυσὶ τὸν Ἑλλήσποντον ἐπορεύοντο διὰ τῆς Εὐρώπης, ἐπορεύοντο δὲ ἐπί τε Ἐρέτριαν καὶ Ἀθήνας. 43

**43** 2 Μαρδόνιος codd. pl. : -ώνιος $D^1$ || Γωβρύεω codd. pl. : Γο- CP || 4 δὲ ABCP : τε DRSV || ἡλικίην codd. pl. : -ίῃ R || 5 βασιλέος codd. pl. : -έως C || Ἀρτοζώστρην codd. pl. : Ἀρτα- $B^1$C || 6 τοῦτον om. ABC ; post Μαρδόνιος habet P || ἐγένετο ABCPS : ἐγί- DRV || 7 νεὸς ABCP : νεὼς DRSV || 8 ἄλλῃσι om. DRSV || νηυσί codd. pl. : νευσί $D^1$RV || 11 θῶμα CDR : θῶυμα ABP θαῦμα SV || 15 πόλις : -ιας codd. || 16 πολλὸν $B^2C^1$ (?) : -ῶν cett. || 17 στρατὸς πολλός PDRSV : π. στρ. ABC || νηυσὶ codd. pl. : νευσὶ $D^1V^1$ || 19 Ἐρέτριαν $PD^2$KSV : -ειαν $ABCD^1$.

44 Ces villes fournissaient un prétexte à leur expédition ; mais, comme ce qu'ils avaient dans l'esprit était de subjuguer le plus grand nombre possible de cités helléniques, leur flotte soumit les Thasiens, sans que ceux-ci fissent même un geste de résistance, et leur armée de terre ajouta aux peuples réduits en servitude les Macédoniens[1] ; car, en deçà de la Macédoine, tous les peuples étaient déjà rangés sous leur domination. De Thasos, la flotte passa en face et navigua sous le couvert des côtes du continent jusqu'à Acanthos ; puis, elle partit d'Acanthos pour contourner l'Athos. Mais. pendant qu'elle en faisait le tour, elle fut surprise par un coup de vent du Nord violent et contre lequel il n'y avait pas de refuge ; il la malmena très rudement et poussa contre l'Athos une quantité de vaisseaux. On dit que les vaisseaux détruits furent au nombre de trois cents environ, et que les pertes en hommes furent de plus de vingt mille ; les uns périrent enlevés par les monstres marins dont regorge cette partie de la mer qui environne l'Athos ; les autres, fracassés contre les rochers ; il y en eut qui ne savaient pas nager et de qui cela causa la perte ; il y en eut qui moururent de froid.
45 Tel fut le sort de l'armée navale. Quant à Mardonios et à l'armée de terre, pendant qu'ils campaient en Macédoine, ils furent attaqués par les Thraces Bryges[2] ; ces Bryges tuèrent beaucoup de soldats et blessèrent Mardonios lui-même. Eux non plus, cependant, n'évitèrent pas d'être asservis par les Perses ; car Mardonios n'évacua pas cette région avant de les avoir subjugués. Mais, quand ils furent soumis, il ramena

1. A une domination nominale acquise par des moyens diplomatiques (V 17 suiv.), qui avait pu être ébranlée pendant la révolte de l'Ionie, Mardonios dut substituer une domination effective acquise par des moyens militaires. Ce qui est dit l. VII ch. 108 : ἐδεδούλωτο γὰρ ἡ μέχρι Θεσσαλίης πᾶσα... Μεγαβάζου τε κατατρεψαμένου καὶ ὕστερον Μαρδονίου peut s'entendre de deux étapes d'une avance à main armée, l'une jusqu'au Strymon, l'autre au-delà.

2. Enumérés l. VII 185 entre les Bottiéens et les habitants de la Chalcidique d'une part, les Pières d'autre part. D'autres Bryges habitaient aux confins de l'Epire et de l'Illyrie.

Αὗται μὲν ὦν σφι πρόσχημα ἦσαν τοῦ στόλου, ἀτὰρ ἐν 44
νόῳ ἔχοντες ὅσας ἂν πλείστας δύνωνται καταστρέφεσθαι
τῶν Ἑλληνίδων πολίων, τοῦτο μὲν δὴ τῇσι νηυσὶ Θασίους
οὐδὲ χεῖρας ἀνταειρομένους κατεστρέψαντο, τοῦτο δὲ τῷ
πεζῷ Μακεδόνας πρὸς τοῖσι ὑπάρχουσι δούλους προσεκτή-
σαντο· τὰ γὰρ ἐντὸς Μακεδόνων ἔθνεα πάντα σφι ἤδη ἦν
ὑποχείρια γεγονότα. Ἐκ μὲν δὴ Θάσου διαβαλόντες πέρην
ὑπὸ τὴν ἤπειρον ἐκομίζοντο μέχρι Ἀκάνθου, ἐκ δὲ
Ἀκάνθου ὁρμώμενοι τὸν Ἄθων περιέβαλλον. Ἐπιπεσὼν
δέ σφι περιπλέουσι βορέης ἄνεμος μέγας τε καὶ ἄπορος
κάρτα τρηχέως περιέσπε πλήθεϊ πολλὰς τῶν νεῶν ἐκβάλ-
λων πρὸς τὸν Ἄθων. Λέγεται γὰρ κατὰ τριηκοσίας μὲν
τῶν νεῶν τὰς διαφθαρείσας εἶναι, ὑπὲρ δὲ δύο μυριάδας
ἀνθρώπων· ὥστε γὰρ θηριωδεστάτης ἐούσης τῆς θαλάσσης
ταύτης τῆς περὶ τὸν Ἄθων οἳ μὲν ὑπὸ τῶν θηρίων
διεφθείροντο ἁρπαζόμενοι, οἳ δὲ πρὸς τὰς πέτρας ἀρασ-
σόμενοι· οἳ δὲ αὐτῶν νέειν οὐκ ἠπιστέατο, καὶ κατὰ
τοῦτο διεφθείροντο, οἳ δὲ ῥίγεϊ. Ὁ μὲν δὴ ναυτικὸς 45
στρατὸς οὕτω ἔπρησσε, Μαρδονίῳ δὲ καὶ τῷ πεζῷ στρα-
τοπεδευομένῳ ἐν Μακεδονίῃ νυκτὸς Βρύγοι Θρήικες
ἐπεχείρησαν· καί σφεων πολλοὺς φονεύουσι οἱ Βρύγοι,
Μαρδόνιον δὲ αὐτὸν τρωματίζουσι. Οὐ μὲν οὐδὲ αὐτοὶ
δουλοσύνην διέφυγον πρὸς Περσέων· οὐ γὰρ δὴ πρότερον

**44** 2 δύνωνται B²PDRSV : -ναιντο AB¹C || 3 Ἑλληνίδων codd. pl. : -νίων P || 4 ἀνταειρομένους scripsi : -αειραμένους codd. || 6 ἤδη ἦν PDRSV : ἦν ἤδη ABC || 7 διαβαλόντες codd. pl. : -λαβόντες B² || 9 ὁρμώμενοι codd. pl. : ὡρμ- D¹ ὁρμεώ- C ὁρμεό- P || Ἄθων codd. pl. : -ω RV || περιέβαλλον ABCP : -έβαλον DRSV || 10 βορέης : βορῆς codd. pl. : βορρῆς AB || 11 τρηχέως codd. pl. : τρι-D¹ || περίεσπε BD¹S : περίεσπε CPD²RV -ιέσπεε A περιέπεσε S || 11-12 ἐκβάλλων ABCP : -βαλὼν DRSV || 12 γὰρ om. DRV || κατὰ om. ABCP || 16-17 οἱ δὲ.. ἀρασσόμενοι post διεφθείροντο (l. 18) habent DRSV || οἳ Reiske : οἱ codd. || αὐτῶν ABCP : -έων DRSV || 17 νέειν B²PDRS : νεῖν AB¹C νέμειν V || ἠπιστέατο AB : ἐπ- cett. || 18 οἱ codd. pl. : ὁ C.

**45** 5 Μαρδ. δὲ ABCP : Μαρδ. τε DRV καὶ Μαρδ. S || μὲν DRSV : μέντοι ABCP.

son armée en arrière ; ses troupes de terre avaient subi de graves dommages dans la lutte contre les Bryges ; sa flotte, un désastre dans les eaux de l'Athos. Ainsi donc, après une campagne qui échoua, l'expédition reprit le chemin de l'Asie.

46 L'année qui suivit ces événements[1], Darius fit d'abord tenir par messager aux Thasiens, que leurs voisins[2] avaient accusés de machiner une révolte, l'ordre d'abattre leurs murailles et de conduire leurs vaisseaux à Abdère. Les Thasiens, qui avaient été assiégés par Histiée de Milet[3] et qui jouissaient d'importants revenus, employaient en effet leurs ressources à construire des vaisseaux longs et à élever autour de leur ville une muraille plus forte. Leurs revenus leur venaient de leurs établissements du continent[4] et des mines : les mines d'or de Scapté-Hylé fournissaient ordinairement quatre-vingts talents ; celles de Thasos même, une somme moins considérable, mais assez importante pour que, sans payer d'impôts sur les fruits de la terre, les Thasiens tirassent ordinairement du continent et des mines un revenu annuel de deux cents talents, et, quand le produit fut le plus élevé,
47 de trois cents. J'ai vu moi-même les mines en question ; les plus admirables de beaucoup sont celles que découvrirent les Phéniciens[5] qui colonisèrent avec Thasos l'île[6] dont le nom actuel fut alors emprunté à ce Thasos venu de Phénicie ; ces mines phéniciennes se trouvent à Thasos entre les localités

1. En 491/0.

2. Probablement les Abdéritains, loyaux sujets du Grand Roi (VIII 120), qui devaient jalouser l'opulence des Thasiens et envier leurs possessions continentales.

3. Ch. 28.

4. Du nombre de ces établissements (πολίων VII 118, ἐμπυρίων καὶ μετάλλων, Thuc. I 100) étaient Scapté-Hylé, Strymé (VII 108), Oisymé, Galepsos (Thuc., IV 107), et le district de Daton, d'une richesse proverbiale (Strabon, VII 33).

5. C'étaient des Tyriens, partis en quête d'Europé ; ils avaient colonisé Thasos cinq générations avant le temps d'Héraclès fils d'Amphitryon (II 44).

6. Appelée jusqu'alors Aéria (Ét. Byz.) ou Odonis (Hésych.).

ἀπανέστη ἐκ τῶν χωρέων τουτέων Μαρδόνιος πρὶν ἤ σφεας ὑποχειρίους ἐποιήσατο. Τούτους μέντοι καταστρεψάμενος ἀπῆγε τὴν στρατιὴν ὀπίσω, ἅτε τῷ πεζῷ τε προσπταίσας πρὸς τοὺς Βρύγους καὶ τῷ ναυτικῷ μεγάλως περὶ Ἄθων. Οὗτος μέν νυν ὁ στόλος αἰσχρῶς ἀγωνισάμενος ἀπαλλάχθη ἐς τὴν Ἀσίην.

46 Δευτέρῳ δὲ ἔτεϊ τούτων ὁ Δαρεῖος πρῶτα μὲν Θασίους διαβληθέντας ὑπὸ τῶν ἀστυγειτόνων ὡς ἀπόστασιν μηχανῴατο, πέμψας ἄγγελον ἐκέλευέ σφεας τὸ τεῖχος περιαιρέειν καὶ τὰς νέας ἐς Ἄβδηρα κομίζειν. Οἱ γὰρ δὴ Θάσιοι, οἷα ὑπὸ Ἱστιαίου τε τοῦ Μιλησίου πολιορκηθέντες καὶ προσόδων ἐουσέων μεγαλέων ἐχρέωντο τοῖσι χρήμασι νέας τε ναυπηγεόμενοι μακρὰς καὶ τεῖχος ἰσχυρότερον περιβαλλόμενοι. Ἡ δὲ πρόσοδός σφι ἐγίνετο ἔκ τε τῆς ἠπείρου καὶ ἀπὸ τῶν μετάλλων. Ἐκ μέν γε τῶν ἐκ Σκαπτῆς Ὕλης τῶν χρυσέων μετάλλων τὸ ἐπίπαν ὀγδώκοντα τάλαντα προσήιε, ἐκ δὲ τῶν ἐν αὐτῇ Θάσῳ ἐλάσσω μὲν τούτων, συχνὰ δὲ οὕτω ὥστε τὸ ἐπίπαν Θασίοισι ἐοῦσι καρπῶν ἀτελέσι προσήιε ἀπό τε τῆς ἠπείρου καὶ τῶν μετάλλων ἔτεος ἑκάστου διηκόσια τάλαντα, ὅτε δὲ τὸ πλεῖστον προσῆλθε, τριηκόσια. 47 Εἶδον δὲ καὶ αὐτὸς τὰ μέταλλα ταῦτα, καὶ μακρῷ ἦν αὐτῶν θωμασιώτατα τὰ οἱ Φοίνικες ἀνεῦρον οἱ μετὰ Θάσου κτίσαντες τὴν νῆσον ταύτην, ἥτις

**45** 7 τουτέων om. A[1] || ἤ om. D || 8 ἐποιήσατο codd. pl. : -σαντο D || 12 ἀπαλλάχθη ABC : -ηλλάχθη cett.

**46** 1 τούτων ABCPS : -έων DRV || 2 ὡς ABCPR : ὡς ἐς DSV || 2-3 μηχανῴατο : -οίατο codd. || 5 οἷα PRSV : οἱ ABCD || τε om. BR || 6 μεγαλέων PDRV : -λῶν ABCD || ἐχρέωντο codd. pl. : -έοντο CP || 7 νέας : ναῦς codd. || ἰσχυρότερον codd. pl. : ἰσχ. ὑψηλὸν B || 9 ἐκ Σκαπτῆς Ὕλης B[2]CP : ἐκ Σκαπτησύλης AB[1] ἐν Σκαπτησύλῃ DRSV || 10 χρυσέων ABCP : -ίων D[1]RSV -είων D[2] || 11 προσήιε PDRSV : -ή(ι)ει AC -είη B[1] -είηι B[2] || τούτων ABCPS : -έων DRV || 12 οὕτω ABCP : -ως DKS || ἐοῦσι om. DRSV || 13 προσήιε PDRSV : -ή(ι)ει AC -είη B || 14-15 τὸ πλεῖστον προσῆλθε PDRSV : προσ- τὸ πλ. ABC.

**47** 2 θωμασιώτατα DRV : θωυμ- B[2] θαυμ- AB[1]CPS.

appelées Ainyra et Coinyra, en face de Samothrace ; c'est une grande montagne, qu'on a bouleversée en y faisant des fouilles. Voilà donc ce qu'il en est. Obéissant à l'ordre du Roi, les Thasiens abattirent leurs murailles et menèrent à Abdère tous leurs vaisseaux.

48 Ensuite, Darius sonda les Grecs, pour savoir quelle était leur intention : lui faire la guerre ou se rendre. Il fit donc partir des hérauts qu'il chargea de se rendre chacun dans une région déterminée de la Grèce, avec ordre de demander pour le Roi la terre et l'eau ; et, en même temps qu'il envoyait en Grèce ces hérauts-là, il en fit partir d'autres à destination des villes du littoral qui lui payaient tribut, pour ordonner de construire des vaisseaux longs et des navires
49 propres au transport des chevaux. Pendant qu'on se livrait à ces préparatifs, les hérauts arrivés en Grèce obtinrent de beaucoup de peuples du continent ce que le Perse réclamait dans sa communication ; ils l'obtinrent de tous les insulaires chez qui ils vinrent en faire la demande. Au nombre de ces insulaires qui accordèrent à Darius la terre et l'eau, il y eut les Éginètes. Ils ne l'eurent pas plus tôt fait, que les Athéniens, pensant qu'ils y avaient consenti dans une intention hostile à leur égard pour les attaquer de concert avec le Perse [1], et heureux d'avoir un prétexte à saisir, s'en prirent à eux vivement, et allèrent à Sparte [2] les accuser de s'être conduits en traîtres envers la Grèce [3].

1. Sur l'hostilité qui, depuis longtemps, opposait Égine et Athènes et expliquait cette appréhension, cf. V 82 suiv.

2. Cette demande suppose que les Athéniens étaient alors en bons termes avec Cléomène et reconnaissaient à Sparte une sorte d'hégémonie. Ce n'est pas ce que faisait prévoir ce qui est dit l. V ch. 91-93 des relations entre les deux cités ; de ces chapitres au chapitre présent, il y a, dans l'exposé de l'histoire de la Grèce, solution de continuité.

3. Si Hérodote ne dit rien ici de la réception faite à Athènes et à Sparte aux hérauts de Darius, on ne saurait conclure que, lorsqu'il écrivit ce chapitre, il n'en était pas informé ; en retardant jusqu'au l. VII ch. 133 la mention de cet incident, Hérodote obéissait à un souci littéraire. Il avait l'intention de rappeler à ce propos la colère

νῦν ἐπὶ τοῦ Θάσου τούτου τοῦ Φοίνικος τὸ οὔνομα ἔσχηκε.
Τὰ δὲ μέταλλα τὰ Φοινικικὰ ταῦτά ἐστι τῆς Θάσου μεταξὺ
Αἰνύρων τε χώρου καλεομένου καὶ Κοινύρων, ἀντίον δὲ
Σαμοθρηίκης, ὄρος μέγα ἀνεστραμμένον ἐν τῇ ζητήσι.
Τοῦτο μέν νύν ἐστι τοιοῦτο. Οἱ δὲ Θάσιοι τῷ βασιλέϊ
κελεύσαντι καὶ τὸ τεῖχος τὸ σφέτερον κατεῖλον καὶ τὰς
νέας πάσας ἐκόμισαν ἐς Ἄβδηρα.

Μετὰ δὲ τοῦτο ἀπεπειρᾶτο ὁ Δαρεῖος τῶν Ἑλλήνων ὅ τι 48
ἐν νόῳ ἔχοιεν, κότερα πολεμέειν ἑωυτῷ ἢ παραδιδόναι
σφέας αὐτούς. Διέπεμπε ὦν κήρυκας ἄλλους ἄλλῃ τάξας
ἀνὰ τὴν Ἑλλάδα, κελεύων αἰτέειν βασιλέϊ γῆν τε καὶ ὕδωρ.
Τούτους μὲν δὴ ἐς τὴν Ἑλλάδα ἔπεμπε, ἄλλους δὲ κήρυκας
διέπεμπε ἐς τὰς ἑωυτοῦ δασμοφόρους πόλις τὰς παραθα-
λασσίους, κελεύων νέας τε μακρὰς καὶ ἱππαγωγὰ πλοῖα
ποιέεσθαι. Οὗτοί τε δὴ παρεσκευάζοντο ταῦτα, καὶ τοῖσι 49
ἥκουσι ἐς τὴν Ἑλλάδα κήρυξι πολλοὶ μὲν ἠπειρωτέων
ἔδοσαν τὰ προΐσχετο αἰτέων ὁ Πέρσης, πάντες δὲ νησιῶται
ἐς τοὺς ἀπικοίατο αἰτήσοντες. Οἵ τε δὴ ἄλλοι νησιῶται
διδοῦσι γῆν τε καὶ ὕδωρ Δαρείῳ καὶ δὴ καὶ Αἰγινῆται.
Ποιήσασι δέ σφι ταῦτα ἰθέως Ἀθηναῖοι ἐπεκέατο,
δοκέοντές τε ἐπὶ σφίσι ἐπέχοντας τοὺς Αἰγινήτας δεδωκέναι, ὡς ἅμα τῷ Πέρσῃ ἐπὶ σφεας στρατεύωνται, καὶ
ἄσμενοι προφάσιος ἐπελάβοντο, φοιτῶντές τε ἐς τὴν
Σπάρτην κατηγόρεον τῶν Αἰγινητέων τὰ πεποιήκοιεν προ-
δόντες τὴν Ἑλλάδα.

**47** 4 ἐπὶ PDRSV : ἀπὸ ABCP marg. || ἔσχηκε coniecit Stein : ἔσχε codd. || 5 φοινικικὰ codd. pl. : -νικὰ SV || 6 Κοινύρων ABCP² : Κον- P¹DRSV || 7 τῇ om. PDRSV || ζητήσι : -σει codd. || 8 τοιοῦτο P : -ον cett. || 10 πάσας PDRSV : τὰς πάσας ABC.

**48** 2 νόῳ CPRSV : νῷ ABD || πολεμέειν PDRSV : -μεῖν ABC || 5 δὲ codd. pl. : τε C || 6 πόλις : -ιας codd.

**49** 1 τε codd. pl. : δὲ D || 3 νησιῶται PDRSV : οἱ νησ. ABC || 4 τοὺς P : οὓς cett. || 6 σφι PDRSV : σφισι ABC || 7 ἐπέχοντας ABC : ἔχοντας PDS Eust. *ad Od.* 1856 ἔχοντες RV || 8 στρατεύωνται ABCPD : -ονται RSV || 9 φοιτῶντές AB : -έωντές C -έοντές cett. || 9 τὴν om. DRSV || 10 τῶν om. PDRSV.

50 En conséquence de cette accusation, Cléomène fils d'Anaxandride, qui était roi des Spartiates, passa à Égine pour arrêter les Éginètes les plus compromis. Mais, comme il essayait de procéder à cette arrestation, des Éginètes s'y opposèrent, et, au premier rang parmi eux, Crios fils de Polycritos, qui déclara que Cléomène n'emmènerait de force impunément aucun citoyen d'Égine, qu'il agissait ainsi qu'il le faisait sans l'aveu de l'État spartiate, mais parce que les Athéniens l'y avaient décidé à prix d'argent ; car autrement il serait venu arrêter les coupables accompagné de l'autre roi. Il tenait ce langage d'après les instructions de Démarate. Cléomène, repoussé d'Égine, demanda à Crios quel était son nom. Crios le lui fit connaître ; alors Cléomène : « Eh bien, bélier (Crios) », lui dit-il, « n'attends pas pour armer tes cornes d'airain ; car tu devras lutter contre un grave péril. »

51 A Sparte, pendant ce temps, Démarate fils d'Ariston, resté au pays, déblatérait contre Cléomène ; lui aussi était roi des Spartiates, mais de la maison inférieure ; quand je dis inférieure, cela n'est que sur un seul point, puisque les deux maisons descendent du même ancêtre ; la seule primogéniture, je pense, vaut à celle d'Eurysthénès plus de considé-
52 ration. A ce que disent les Lacédémoniens, en désaccord avec tous les poètes[1], c'est Aristodémos lui-même, fils d'Aristomachos, petit-fils de Cléodaios et arrière-petit-fils d'Hyllos, qui, étant roi, les amena dans la contrée qu'ils occupent

de Talthybios et l'héroïsme de Sperthias et Boulès ; le faire ici, à un moment du récit où les événements se précipitent (ἰθέως 'Αθηναῖοι ἐπεχέατο), dans une longue digression anticipant sur l'avenir, eût été maladroit ; au l. VII, à un moment où le cours des événements marque un temps d'arrêt (131 : ὁ μὲν δὴ περὶ Πιερίην διέτριβε ἡμέρας συχνάς), l'ensemble de ces développements trouvera au contraire sa juste place.

1. Ces poètes, auteurs d'œuvres épiques qui ont péri, devaient présenter les choses comme Pausanias (III 1 5) et Apollodore (II 8 2) : Aristodémos serait mort avant l'invasion du Péloponnèse. C'était la tradition communément admise. La tradition spartiate est conservée chez Xénophon (*Agésilas*, VIII 7).

Πρὸς ταύτην δὲ τὴν κατηγορίην Κλεομένης ὁ Ἀναξαν- 50
δρίδεω, βασιλεὺς ἐὼν Σπαρτιητέων, διέβη ἐς Αἴγιναν,
βουλόμενος συλλαβεῖν Αἰγινητέων τοὺς αἰτιωτάτους. Ὡς
δὲ ἐπειρᾶτο συλλαμβάνων, ἄλλοι τε δὴ ἐγίνοντο αὐτῷ
ἀντίξοοι τῶν Αἰγινητέων, ἐν δὲ δὴ καὶ Κριὸς ὁ Πολυκρίτου
μάλιστα, ὃς οὐκ ἔφη αὐτὸν οὐδένα ἄξειν χαίροντα Αἰγινη-
τέων· ἄνευ γάρ μιν Σπαρτιητέων τοῦ κοινοῦ ποιέειν ταῦτα,
ὑπ' Ἀθηναίων ἀναγνωσθέντα χρήμασι· ἅμα γὰρ ἄν μιν τῷ
ἑτέρῳ βασιλέϊ ἐλθόντα συλλαμβάνειν. Ἔλεγε δὲ ταῦτα ἐξ
ἐπιστολῆς τῆς Δημαρήτου. Κλεομένης δὲ ἀπελαυνόμενος
ἐκ τῆς Αἰγίνης εἴρετο τὸν Κριὸν ὅ τι οἱ εἴη τὸ οὔνομα· ὁ
δέ οἱ τὸ ἐὸν ἔφρασε. Ὁ δὲ Κλεομένης πρὸς αὐτὸν ἔφη·
« Ἤδη νῦν καταχαλκοῦ, ὦ κριέ, τὰ κέρεα, ὡς συνοισό-
μενος μεγάλῳ κακῷ. »

Ἐν δὲ τῇ Σπάρτῃ τοῦτον τὸν χρόνον ὑπομένων Δημά- 51
ρητος ὁ Ἀρίστωνος διέβαλλε τὸν Κλεομένεα, ἐὼν βασιλεὺς καὶ οὗτος Σπαρτιητέων, οἰκίης δὲ τῆς ὑποδεεστέρης, κατ' ἄλλο μὲν οὐδὲν ὑποδεεστέρης (ἀπὸ γὰρ τοῦ
αὐτοῦ γεγόνασι), κατὰ πρεσβυγενείην δέ κως τετίμηται
μᾶλλον ἡ Εὐρυσθένεος. Λακεδαιμόνιοι γὰρ ὁμολογέοντες 52
οὐδενὶ ποιητῇ λέγουσι αὐτὸν Ἀριστόδημον τὸν Ἀριστο-
μάχου τοῦ Κλεοδαίου τοῦ Ὕλλου βασιλεύοντα ἀγαγεῖν
σφεας ἐς ταύτην τὴν χώρην τὴν νῦν ἐκτέαται, ἀλλ'

**50** 1 κατηγορίην codd. pl. : -ίαν D || Incipit E : Κλεομένης Ἀναξανδρέω || 2 βασιλεὺς ἐὼν PDRSV : βασιλεύων ABCE || 3-5 τοὺς... Αἰγινητέων om. R || 3 τοὺς αἰτιωτάτους codd. pl. : τινὰς E || 4 συλλαμβάνων AB[1]C : -νειν B[2]EPDSV || ἐγίνοντο αὐτῷ ABC : αὐτῷ ἐγι- PDSV || 5 τῶν om. DSV || δὲ om. R || 8 ὑπ' ABCPD : ἀπὸ RSV || ἀναγνωσθέντα codd. pl. : ἀναπεισθέντα B || 11 εἴρετο codd. pl. : ἤρ- E || οἱ om. E || τὸ οὔνομα ABCP : τοὔνομα E οὔνομα DRSV || 12 οἱ om. DRSV fortasse recte, post ἔφρασε habet P || ἔφρασε codd. pl. : ἔφασε D || 13 ἤδη codd. pl. : ἦ δὴ CP[1] || 14 κέρεα codd. pl. : κέρατα C Eust. *ad Dion.* 511 || 13-14 συνοισ. μεγ. κακῷ codd. : μεγ. κ. συν. Eust. Desinit E.

**51** 2 διέβαλλε PDR : -βαλε ABCSV || ἐὼν om. DRSV || 5 κως PDRSV : πως ABC.

aujourd'hui ; ce ne sont pas ses enfants. Peu de temps après, accoucha la femme d'Aristodémos qui avait nom Argeia e qui, disent-ils, était fille d'Autésion fils de Teisaménos, petit-fils de Thersandros et arrière-petit-fils de Polynice[1] ; elle accoucha de jumeaux ; Aristodémos vit naître ses enfants, tomba malade et mourut. Les Lacédémoniens de cette époque décidèrent, conformément à la loi, de faire roi l'aîné des enfants ; mais ils ne savaient lequel des deux choisir, vu qu'ils étaient tous les deux de même apparence et de même taille. Ne pouvant reconnaître l'aîné, ou même auparavant[2], ils questionnèrent la mère ; elle répondit qu'elle-même ne faisait pas la différence ; elle disait cela tout en sachant fort bien à quoi s'en tenir, parce qu'elle voulait que, si possible, tous les deux devinssent rois. Les Lacédémoniens étaient embarrassés ; dans leur embarras, ils envoyèrent à Delphes demander quel parti ils devaient prendre. La Pythie ordonna de tenir pour rois les deux enfants, mais d'honorer davantage le plus âgé[3]. Après cette réponse de la Pythie, les Lacédémoniens n'étaient pas moins embarrassés pour découvrir l'aîné des enfants[4], quand un Messénien, du nom de Panitès, leur donna un conseil. Il conseilla, ce Panitès, aux Lacédémoniens d'observer lequel des deux la mère lavait et allaitait en premier lieu ; s'ils la voyaient s'y prendre toujours dans le

1. Cf. IV 147, où cette généalogie est donnée pour Théras, frère d'Argeia, qui devait être le tuteur des deux enfants et exercer l'autorité à Sparte tant qu'ils seraient en bas âge.

2. Ce qui eût été raisonnable : que pouvaient-ils espérer d'un examen et d'une comparaison des deux bébés ?

3. Τιμᾶν δὲ μᾶλλον τὸν γεραίτερον. Le mot γεραίτερος est synonyme de πρεσβύτερος ; mais à l'idée d'âge plus avancé s'associe dans γεραίτερος l'idée de dignité, de droit au respect, aux honneurs. Ce doit être ce mot qui, d'après la légende, figurait dans la réponse de la Pythie ; et il est probable qu'au lieu de τιμᾶν y figurait aussi γεραίρειν, qui, avec γεραίτερον, formait allitération.

4. L'oracle ne faisait que remplacer pour les Lacédémoniens une incertitude par une autre ; ils n'avaient plus à se demander qui des deux enfants ils feraient roi à l'exclusion de l'autre, mais qui ils devraient honorer davantage.

οὐ τοὺς Ἀριστοδήμου παῖδας. Μετὰ δὲ χρόνον οὐ πολλὸν Ἀριστοδήμῳ τεκεῖν τὴν γυναῖκα, τῇ οὔνομα εἶναι Ἀργείην· θυγατέρα δὲ αὐτὴν λέγουσι εἶναι Αὐτεσίωνος τοῦ Τεισαμενοῦ τοῦ Θερσάνδρου τοῦ Πολυνείκεος· ταύτην δὴ τεκεῖν δίδυμα, ἐπιδόντα δὲ τὸν Ἀριστόδημον τὰ τέκνα νούσῳ τελευτᾶν. Λακεδαιμονίους δὲ τοὺς τότε ἐόντας βουλεῦσαι κατὰ νόμον βασιλέα τῶν παίδων τὸν πρεσβύτερον ποιήσασθαι· οὐκ ὦν δή σφεας ἔχειν ὁκότερον ἕλωνται, ὥστε καὶ ὁμοίων καὶ ἴσων ἐόντων. Οὐ δυναμένους δὲ γνῶναι, ἢ καὶ πρὸ τούτου, ἐπειρωτᾶν τὴν τεκοῦσαν· τὴν δὲ οὐδὲ αὐτὴν φάναι διαγινώσκειν, εἰδυῖαν μὲν καὶ τὸ κάρτα λέγειν ταῦτα, βουλομένην δὲ εἴ κως ἀμφότεροι γενοίατο βασιλέες. Τοὺς ὦν δὴ Λακεδαιμονίους ἀπορέειν, ἀπορέοντας δὲ πέμπειν ἐς Δελφοὺς ἐπειρησομένους ὅ τι χρήσωνται τῷ πρήγματι· τὴν δὲ Πυθίην σφέας κελεύειν ἀμφότερα τὰ παιδία ἡγήσασθαι βασιλέας, τιμᾶν δὲ μᾶλλον τὸν γεραίτερον. Τὴν μὲν δὴ Πυθίην ταῦτά σφι ἀνελεῖν, τοῖσι δὲ Λακεδαιμονίοισι ἀπορέουσι οὐδὲν ἧσσον ὅκως ἐξεύρωσι αὐτῶν τὸν πρεσβύτερον ὑποθέσθαι ἄνδρα Μεσσήνιον τῷ οὔνομα εἶναι Πανίτην. Ὑποθέσθαι δὲ τοῦτον τὸν Πανίτην τάδε τοῖσι Λακεδαιμονίοισι, φυλάξαι τὴν γειναμένην ὁκότερον τῶν παιδίων πρότερον λούει καὶ σιτίζει· καὶ ἢν μὲν κατὰ ταὐτὰ φαίνηται αἰεὶ ποιεῦσα, τοὺς δὲ πᾶν

**52** 5-6 Ἀριστοδήμου... πολλὸν om. SV || 6 εἶναι ABCP : ἦν DRSV || 7 Ἀργείην AB[1]CPD : -γείνην B[2] -γίνην RSV || 8 Τεισαμενοῦ : Τισ- codd. || δὴ AC : δὲ cett. || 9 τὸν om. ABC || 11 βουλεῦσαι codd. pl. : βασιλεῦσαι R || 13 δυναμένους codd. pl. : -νου R || 14 ἐπειρωτᾶν codd. pl. : ἐπηρ- C || 15 οὐδὲ αὐτὴν PDR : οὐδ' αὐτὴν ABC οὐδὲν τὴν V οὐδὲν S || εἰδυῖαν ABCPS : εἰδυῖα DV εἰδῖα R || 16 εἴ κως ABCPD : εἰκὸς ὡς SV οἰκὸς ὡς R || 18 ἐπειρησομένους codd. pl. : ἐπηρ- C || 19 χρήσωνται ABPDR : -σονται CSV || πρήγματι codd. pl : πράγμ- D || σφέας κελεύειν ABC : κελ. σφ. cett. || 21 γεραίτερον PDRSV : πρεσβύτερον ABC || 23 τὸν codd. pl. : τὸ C || 23-24 Μεσσήνιον ABPDS : Μεσή- CRV || 26 παιδίων DRSV : παίδων ABP Cinc. || 27 ταὐτὰ ABCP : τὰ αὐτὰ DRSV || φαίνηται ABCPD : -νεται R om. SV || αἰεὶ CPD[1] : ἀεὶ ABD[2]R om. SV || ποιεῦσα ABCP : -έουσα DRSV.

même ordre, ils sauraient tout ce qu'ils cherchaient et voulaient découvrir ; si, au contraire, elle était, elle aussi, dans l'embarras et commençait, en leur donnant ses soins, tantôt par l'un tantôt par l'autre, il serait évident qu'elle-même n'en savait pas plus qu'eux ; et ils devraient recourir à un autre moyen d'enquête. Suivant les conseils du Messénien, les Spartiates surveillèrent dès lors la mère des enfants d'Aristodémos ; et ils surprirent qu'en les allaitant et en les lavant, elle faisait, dans un ordre constant, honneur au premier-né ; elle ne savait pas pourquoi on la surveillait. Ils prirent l'enfant à qui la mère faisait ainsi honneur, persuadés qu'il était le premier-né, et l'élevèrent dans la maison commune[1] ; on lui donna le nom d'Eurysthénès ; au cadet, celui de Proclès. Quand ils eurent atteint l'âge d'hommes, ils furent, dit-on, tout le temps de leur vie, bien que frères, en désaccord entre eux ; et leurs descendants continuent à l'être de même.

53 Les Lacédémoniens sont seuls parmi les Grecs à faire ce récit. Ce que je vais écrire maintenant est conforme à ce que disent les Grecs en général : à savoir que de ces rois doriens jusqu'à Persée fils de Danaé à l'exclusion du dieu[2], l'énumération donnée par les Grecs est exacte[3] et qu'il ressort bien de leur histoire que c'étaient des Grecs, puisqu'en leur temps déjà on les comptait au nombre de ceux-ci. J'ai dit « jusqu'à Persée », sans reprendre de plus haut encore, parce qu'au nom de Persée on n'adjoint celui d'aucun père mortel, comme au nom d'Héraclès celui d'Amphitryon ; dès lors je

1. Pour éviter qu'il ne fût confondu avec son frère.

2. Jusqu'à Zeus exclusivement, que la légende donnait pour père à Persée, et qui, lui, n'était pas un Grec. Persée n'ayant pas de père putatif parmi les hommes, l'examen de son ascendance humaine ne pouvait être poussée au delà que dans la ligne maternelle (ἀπὸ Δανάης).

3. Les descendants de Persée étaient, de père en fils, Alcaios, Amphitryon, Héraclès, Hyllos, Cléodaios, Aristomachos, Aristodémos (VII 204). Ils n'étaient « rois des Doriens » qu'à partir d'Hyllos (cf. ci-après, p. 72, n. 3).

ἕξειν ὅσον τι καὶ δίζηνται καὶ θέλουσι ἐξευρεῖν, ἢν δὲ πλανᾶται καὶ ἐκείνη ἐναλλὰξ ποιεῦσα, δῆλά σφι ἔσεσθαι ὡς οὐδὲ ἐκείνη πλέον οὐδὲν οἶδε, ἐπ' ἄλλην τε τραπέσθαι σφέας ὁδόν. Ἐνθαῦτα δὴ τοὺς Σπαρτιήτας κατὰ τὰς τοῦ Μεσσηνίου ὑποθήκας φυλάξαντας τὴν μητέρα τῶν Ἀριστοδήμου παίδων λαβεῖν κατὰ ταὐτὰ τιμῶσαν τὸν πρότερον καὶ σίτοισι καὶ λουτροῖσι, οὐκ εἰδυῖαν τῶν εἵνεκεν ἐφυλάσσετο. Λαβόντας δὲ τὸ παιδίον τὸ τιμώμενον πρὸς τῆς γειναμένης ὡς ἐὸν πρότερον τρέφειν ἐν τῷ δημοσίῳ· καί οἱ οὔνομα τεθῆναι Εὐρυσθένεα, τῷ δὲ νεωτέρῳ Προκλέα. Τούτους ἀνδρωθέντας αὐτούς τε ἀδελφεοὺς ἐόντας λέγουσι διαφόρους εἶναι τὸν πάντα χρόνον τῆς ζόης ἀλλήλοισι, καὶ τοὺς ἀπὸ τούτων γενομένους ὡσαύτως διατελέειν.

Ταῦτα μὲν Λακεδαιμόνιοι λέγουσι μοῦνοι Ἑλλήνων, τάδε 53
δὲ κατὰ τὰ λεγόμενα ὑπ' Ἑλλήνων ἐγὼ γράφω, τούτους γὰρ δὴ τοὺς Δωριέων βασιλέας μέχρι μὲν δὴ Περσέος τοῦ Δανάης, τοῦ θεοῦ ἀπεόντος, καταλεγομένους ὀρθῶς ὑπ' Ἑλλήνων καὶ ἀποδεικνυμένους ὡς εἰσὶ Ἕλληνες· ἤδη γὰρ τηνικαῦτα ἐς Ἕλληνας οὗτοι ἐτέλεον. Ἔλεξα δὲ μέχρι Περσέος τοῦδε εἵνεκα, ἀλλ' οὐκ ἀνέκαθεν ἔτι ἔλαβον, ὅτι οὐκ ἔπεστι ἐπωνυμίη Περσέϊ οὐδεμία πατρὸς θνητοῦ, ὥσπερ Ἡρακλέϊ Ἀμφιτρύων· ἤδη ὦν ὀρθῷ λόγῳ χρεωμένῳ

**52** 30-31 τρ. σφέας ABC : σφ. τρ. PDRSV || 30 τραπέσθαι CDRSV : τράπεσθαι ABP || 32 Μεσσηνίου codd. pl. : Μεση- CR || 33 ταὐτὰ ABCP : τὰ αὐτὰ DRSV || τὸν codd. pl. : τὸ C || πρότερον codd. pl. : πρῶτον D[1] || 35 λαβόντας codd. pl. : -τα C (?) || 36 γειναμένης codd. pl. : γιν- C || 37 τεθῆναι ABCPD : τε θεῖναι RSV || νεωτέρῳ B[2]DRSV : om. AB[1]CP || 39 ζόης A[2]BPDR : ζώης A[1]C ζωῆς SV || 40 γενομένους codd. pl. : γειν- A γιν- B.

**53** 1 μὲν codd. pl. : δὲ SV || λέγουσι μοῦνοι codd. pl. : μ. λέγ. D || 2 κατὰ τὰ ABPD : κατὰ ταῦτα C κατὰ RSV || Ἑλλήνων codd. pl. : ἀλλήλων C || 3 γὰρ δὴ om. PDRSV || δὴ om. PDRSV || 4 καταλεγομένους PDRSV : τοὺς κατ. ABC || 6 ἔλεξα codd. pl. : -αν C || δὲ codd. pl. : δὴ AB om. C || 8 Περσέϊ codd. : τῷ Π. Eust. *ad Il.* 989 || 9 Ἡρακλέϊ codd. : τῷ Ἡρ. Eust. || χρεωμένῳ codd. pl. : χρεο- P.

me suis donc exprimé avec exactitude en disant, ce qui est exact : « jusqu'à Persée ». A partir de Danaé fille d'Acrisios, en remontant la succession de leurs ancêtres, on verrait que les chefs des Doriens viennent en droite ligne de l'Égypte[1].
54 Telle est, au dire des Grecs, leur généalogie. D'après ce que disent les Perses, c'est Persée personnellement qui, étant Assyrien[2], devint Grec, ce que n'étaient point ses aïeux ; quant aux ancêtres d'Acrisios, lesquels n'auraient avec Persée aucune relation de parenté, ceux-là étaient bien, comme le
55 disent les Grecs, Égyptiens. En voilà assez sur ce sujet. Des raisons pour lesquelles ils obtinrent, eux qui étaient Égyptiens, la royauté chez les Doriens, des exploits qu'ils avaient accomplis pour cela[3], d'autres[4] ont parlé, et nous n'en dirons rien ; mais je ferai mention de ce que d'autres n'ont pas touché[5].
56 Voici les prérogatives que les Spartiates ont concédées à leurs rois : deux sacerdoces, ceux de Zeus Lakédaimon et de Zeus Ouranios ; le droit de porter la guerre où ils veulent[6], sans qu'aucun Spartiate puisse s'y opposer, sous peine d'encourir la souillure ; en campagne, l'honneur d'avancer les

1. Acrisios était l'arrière petit-fils de Danaos.

2. Pour les Grecs, Persée n'était que le gendre du roi des « Assyriens » Képheus, dont il avait sauvé et épousé la fille, Andromède. C'est d'un fils qu'il avait eu d'elle, Persès, que les Perses avaient pris leur nom (VII 61, 150).

3. Hyllos, chassé du Péloponnèse, avait été adopté par le roi dorien Aigimios, et il avait essayé sans succès de rentrer dans son pays d'origine (IX 26) ; ses descendants, plus heureux, y réussirent, à la tête des Doriens ; ce fut le « retour des Héraclides ».

4. Des poètes épiques (une épopée avait pour titre Αἰγίμιος), des logographes, des généalogistes.

5. Des phrases comme celle-ci, ou comme la phrase du prooimion où Hérodote dit qu'il a voulu sauver de grands exploits de l'oubli, doivent retenir d'exagérer l'importance des emprunts faits par l'auteur des *Histoires* à des ouvrages antérieurs.

6. Si cela fut jamais vrai, ce ne devait plus l'être dès avant l'époque d'Hérodote. Lorsque Cléomène, personnage d'humeur despotique, levait des troupes en 507 sans même dire à quelle expédition il songeait (V 74), ou quand, sans consulter personne, il refusait de soutenir Aristagoras (V 50), il outrepassait probablement ses droits. Le procès qu'on lui fit à son retour d'Argolide (VI 82) semble même

μέχρι Περσέος ὀρθῶς εἴρηταί μοι. Ἀπὸ δὲ Δανάης τῆς
Ἀκρισίου καταλέγοντι τοὺς ἄνω αἰεὶ πατέρας αὐτῶν
φαινοίατο ἂν ἐόντες οἱ τῶν Δωριέων ἡγεμόνες Αἰγύπτιοι
ἰθαγενέες. Ταῦτα μέν νυν κατὰ τὰ Ἕλληνες λέγουσι γεγε- 54
νεηλόγηται. Ὡς δὲ ὁ παρὰ Περσέων λόγος λέγεται, αὐτὸς
ὁ Περσεύς, ἐὼν Ἀσσύριος, ἐγένετο Ἕλλην, ἀλλ' οὐκ οἱ
Περσέος πρόγονοι· τοὺς δὲ Ἀκρισίου γε πατέρας ὁμολο-
γέοντας κατ' οἰκηιότητα Περσέϊ οὐδέν, τούτους δὲ εἶναι,
κατά περ Ἕλληνες λέγουσι, Αἰγυπτίους. Καὶ ταῦτα μέν 55
νυν περὶ τούτων εἰρήσθω· ὅ τι δέ, ἐόντες Αἰγύπτιοι,
καὶ ὅ τι ἀποδεξάμενοι ἔλαβον τὰς Δωριέων βασιληίας,
ἄλλοισι γὰρ περὶ αὐτῶν εἴρηται, ἐάσομεν αὐτά· τὰ δὲ ἄλλοι
οὐ κατελάβοντο, τούτων μνήμην ποιήσομαι.

Γέρεά [τε] δὴ τάδε τοῖσι βασιλεῦσι Σπαρτιῆται δεδώ- 56
κασι· ἱρωσύνας δύο, Διός τε Λακεδαίμονος καὶ Διὸς Οὐρα-
νίου, καὶ πόλεμον ἐκφέρειν ἐπ' ἣν ἂν βούλωνται χώρην,
τούτου δὲ μηδένα εἶναι Σπαρτιητέων διακωλυτήν, εἰ δὲ
μή, αὐτὸν ἐν τῷ ἄγεϊ ἐνέχεσθαι· στρατευομένων δὲ πρώτους
ἰέναι τοὺς βασιλέας, ὑστάτους δὲ ἀπιέναι· ἑκατὸν δὲ
ἄνδρας λογάδας ἐπὶ στρατιῆς φυλάσσειν αὐτούς, προβά-

**53** 10 Περσέος ABC : τοῦ Π. PDRSV || ὀρθῶς codd. pl. : om. S, fortasse recte || 11 καταλέγοντι ABCP : -ντας DRSV || αἰεὶ codd. pl. : ἀεὶ AB || αὐτῶν ABCPS : -έων DRV || 13 ἰθαγενέες codd. pl. : ἰθυ- D[1].

**54** 1-2 γεγενεηλόγηται codd. pl. : γενεη- D || 2 παρὰ om. PDRSV || 3 οὐκ codd. pl. : οὐκ οἶδ' C om. D[1] || 4 τοὺς δὲ Ἀκρ. γε πατέρας ABCP : τούς γε Ἀκρ. πατέρας DRSV || 6 Ἕλληνες λέγουσι ABCP : λέγ. Ἑλλ. DRSV.

**55** 2 νυν om. DRSV || 4 ἄλλοισι codd. pl. : ἄλλοι R || εἴρηται PDRSV : εἰρέαται AP ἠρέαται C || 5 τούτων ABCP : -έων DRSV.

**56** 1 [τε] ABCP : δὲ DRSV Delevi ; μὲν scribebat Stein ed. 1894 || 2 ἱρωσύνας BCPD (cf. Hoffmann *Ion. Dial.* 378) : ἱροσ- RV ἱερωσ- AS || 3 πόλεμον ABCP : πολ. γ' DRSV || ἂν ABCP : ἐὰν DRSV || 5 στρατευομένων AB[1]CP[2] : -νους B[2]P[1]DRSV || 6 δὲ (post ὑστάτους) codd. pl. : τε C || 7 ἄνδρας om. BRSV || λογάδας ABCP : λογχάδας DRSV || στρατιῆς ABCP : -ιῇ DRSV.

premiers[1] et de se retirer les derniers ; une garde de cent hommes choisis, qui veillent sur eux à l'armée[2] ; le droit d'immoler, lors des expéditions hors du pays, autant de victimes qu'il leur plaît, les peaux et les filets de toutes les
57 victimes devant leur revenir. Telles sont les prérogatives des rois en temps de guerre ; et voici, d'autre part, comment sont réglées leurs prérogatives en temps de paix. Quand un sacrifice est offert aux frais de l'État, ils prennent place les premiers pour le banquet ; c'est par eux les premiers qu'on commence à servir, en donnant à chacun des deux une portion de tout double de celle des autres convives ; à eux appartiennent les prémices des libations[3], ainsi que les peaux des animaux sacrifiés. Tous les jours de nouvelle lune, et le septième jour de tous les mois, on livre à chacun d'eux aux frais du trésor, conduite au temple d'Apollon, une victime adulte avec un médimne de farine et un quart de vin, mesure de Laconie. Dans tous les jeux, ils ont des places de choix réservées. Il leur appartient de désigner comme proxènes[4] ceux qu'ils veulent parmi les citoyens, et de choisir chacun deux Pythiens ; les Pythiens ont pour fonction d'aller consulter à Delphes ; ils sont nourris avec les rois aux frais de l'État. Si les rois ne viennent pas aux repas[5], on leur envoie à domicile deux chénices de farine à chacun et une cotyle de vin ; s'ils y assistent, on leur donne double ration de

prouver qu'il n'avait pas le droit incontestable de diriger, en campagne, les opérations à son gré.

1. En tête du gros de l'armée, que précédaient des éclaireurs à pied (Σκιρῖται) et à cheval (Xén., *Rép. des Lac.*, 13).

2. Probablement une fraction des Trois Cents (cf. VIII 124 ; Thuc., V 72).

3. Σπονδαρχίας. Ce mot est, je crois, un hapax. Ce qu'il désigne, mis en parallèle avec un profit (τὰ δέρματα), ne doit pas être un privilège purement honorifique, ce qui s'énoncerait plutôt au singulier. Étaient-ce des prélèvements opérés sur des libations ?

4. Différents de ce que désigne ordinairement ce mot, ces proxènes étaient donc des fonctionnaires, chargés de recevoir les étrangers et de les introduire auprès des autorités.

5. Aux repas pris en commun (συσσίτια, cf. I 65).

τοισι δὲ χρᾶσθαι ἐν τῇσι ἐξοδηίῃσι ὁκόσοισι ἂν ὧν ἐθέλωσι, τῶν δὲ θυομένων ἁπάντων τὰ δέρματά τε καὶ τὰ νῶτα λαμβάνειν σφέας. Ταῦτα μὲν τὰ ἐμπολέμια, τὰ δὲ 57
ἄλλα τὰ εἰρηναῖα κατὰ τάδε σφι δέδοται. Ἢν θυσίη τις δημοτελὴς ποιῆται, πρώτους ἐπὶ τὸ δεῖπνον ἵζειν τοὺς βασιλέας καὶ ἀπὸ τούτων πρώτων ἄρχεσθαι, διπλήσια νέμοντας ἑκατέρῳ τὰ πάντα ἢ τοῖσι ἄλλοισι δαιτυμόνεσι· καὶ σπονδαρχίας εἶναι τούτων καὶ τῶν τυθέντων [προβάτων] τὰ δέρματα. Νεομηνίας δὲ ἀνὰ πάσας καὶ ἑβδόμας ἱσταμένου τοῦ μηνὸς δίδοσθαι ἐκ τοῦ δημοσίου ἱρήιον τέλεον ἑκατέρῳ ἐς Ἀπόλλωνος καὶ μέδιμνον ἀλφίτων καὶ οἴνου τετάρτην Λακωνικήν, καὶ ἐν τοῖσι ἀγῶσι πᾶσι προεδρίας ἐξαιρέτους. Καὶ προξείνους ἀποδεικνύναι τούτοισι προσκεῖσθαι τοὺς ἂν ἐθέλωσι τῶν ἀστῶν καὶ Πυθίους αἱρέεσθαι δύο ἑκάτερον· οἱ δὲ Πύθιοί εἰσι θεοπρόποι ἐς Δελφούς, σιτεόμενοι μετὰ τῶν βασιλέων τὰ δημόσια. Μὴ ἐλθοῦσι δὲ τοῖσι βασιλεῦσι ἐπὶ τὸ δεῖπνον ἀποπέμπεσθαί σφι ἐς τὰ οἰκία ἀλφίτων τε δύο χοίνικας ἑκατέρῳ καὶ οἴνου κοτύλην, παρεοῦσι δὲ διπλήσια πάντα δίδοσθαι· τὠυτὸ δὲ τοῦτο καὶ πρὸς ἰδιωτέων κληθέντας ἐπὶ δεῖπνον τιμᾶσθαι. Τὰς δὲ μαντηίας τὰς γινομένας τούτους φυλάσσειν, συνειδέναι δὲ καὶ τοὺς Πυθίους. Δικάζειν δὲ μούνους τοὺς βασιλέας τοσάδε

**56** 8 χρᾶσθαι PDRSV : χρῆσθαι ABC || τῇσι codd. pl. : τοῖσι SV || ἐξοδηίῃσι nescio quis primus : -οδίῃσι codd. pl. : -οδίοισι S || ὧν om. PDRSV.

**57** 1 ἐμπολέμια codd. pl. : ἐνπολ- CSV || 2 εἰρηναῖα ABCP : εἰρημένα DRSV || θυσίη PDRSV : -ίην ABC || τις codd. pl. : τε C || 3 δημοτελὴς B²PDRSV : -λῆ AB¹C || ποιῆται ABC : -έηται PDRSV || τὸ δεῖπνον codd. : τῷ δείπνῳ Eust. *ad Il.* 682, *ad Od.* 1576 || ἵζειν codd. pl. : ἵξειν D¹ ἧξειν D² || 4 πρώτων V (coniecerat Reiske : πρῶτον cett. || 5 τὰ om. R || δαιτυμόνεσι codd. pl. : -εσσι ABD || 6 τυθέντων codd. pl. : τιθ- SV || [προβάτων] om. AB¹CP || 7 ἀνὰ om. ABCR || καὶ ἑβδόμας om. DRSV || 8 τέλεον : -ειον codd. || 9 Ἀπόλλωνος ABCP : -να DRSV || 11 ἀποδεικνύναι codd. : -νύειν Eust. *ad Il.* 405 || προσκεῖσθαι CPDSV : προκ- ABR || 12 ἐθέλωσι ABCP : θέλ- DRSV Eust. || ἑκάτεοον codd. pl. : -ατέρων SV || 20 μούνους codd. pl. : μό- D.

tout ; et, lorsqu'ils sont invités à un repas par des particuliers, ils reçoivent la même marque d'honneur. Ce sont eux qui ont la garde des réponses d'oracles, dont les Pythiens partagent avec eux la connaissance. Les rois seuls jugent les seules affaires que voici : affaires concernant une fille héritière des biens paternels [1], désignation de celui à qui il revient de l'épouser si le père n'a pas disposé d'elle en mariage ; affaires concernant les chemins publics ; et, si quelqu'un veut adopter un enfant, il doit le faire en présence des rois. Ils siègent dans les délibérations des Anciens, qui sont au nombre de vingt-huit ; s'ils n'y viennent pas, ce sont les Anciens qui leur tiennent de plus près qui exercent la prérogative royale, déposant de ce chef deux suffrages [2], et un troisième pour leur compte personnel.

58 Voilà ce que l'État spartiate accorde à ses rois pendant qu'ils sont vivants ; et, après leur mort, voici ce qui leur est accordé. Des cavaliers répandent la nouvelle de l'événement à travers toute la Laconie ; dans la ville, des femmes circulent en frappant sur des chaudrons. Quand le signal est donné de la sorte, il est de règle que, dans chaque maison, deux personnes libres prennent la tenue de deuil [3], un homme et une femme ; ceux qui ne le feraient pas tombent sous le coup de pénalités graves. Les coutumes des Lacédémoniens, lors de la mort de leurs rois sont les mêmes que celles des Barbares d'Asie ; car la plupart de ceux-ci se comportent de la même façon quand leurs rois viennent à mourir. Lorsque, en effet, un roi des Lacédémoniens est mort, c'est une obli-

1. Πατρούχου παρθένου. C'est ce qu'on appelait à Athènes une fille « épiclère » : la fille d'un père mort sans laisser de descendance masculine, qui, pour que ne s'éteignît pas un foyer de sa race, devait épouser un proche parent paternel.

2. En croyant que les rois disposaient chacun de deux suffrages, Hérodote, déclare Thucydide (I 20), se trompait.

3. Καταμιαίνεσθαι, « se salir ». Allusion à des pratiques barbares (vêtements et cheveux souillés de cendre) interdites en dehors des funérailles des rois (Plut., *Lyc.*, 27 ; *Inst. Lac.*, 18).

μοῦνα· πατρούχου τε παρθένου πέρι, ἐς τὸν ἱκνέεται ἔχειν, ἢν μή περ ὁ πατὴρ αὐτὴν ἐγγυήσῃ, καὶ ὁδῶν δημοσιέων πέρι· καὶ ἤν τις θετὸν παῖδα ποιέεσθαι ἐθέλῃ, βασιλέων ἐναντίον ποιέεσθαι. Καὶ παρίζειν βουλεύουσι τοῖσι γέρουσι, ἐοῦσι δυῶν δέουσι τριήκοντα· ἢν δὲ μὴ ἔλθωσι, τοὺς μάλιστά σφι τῶν γερόντων προσήκοντας ἔχειν τὰ τῶν βασιλέων γέρεα, δύο ψήφους τιθεμένους, τρίτην δὲ τὴν ἑωυτῶν.

58 Ταῦτα μὲν ζώουσι τοῖσι βασιλεῦσι δέδοται ἐκ τοῦ κοινοῦ τῶν Σπαρτιητέων, ἀποθανοῦσι δὲ τάδε. Ἱππέες περιαγγέλλουσι τὸ γεγονὸς κατὰ πᾶσαν τὴν Λακωνικήν, κατὰ δὲ τὴν πόλιν γυναῖκες περιιοῦσαι λέβητας κροτέουσι. Ἐπεὰν ὦν τοῦτο γίνηται τοιοῦτο, ἀνάγκη ἐξ οἰκίης ἑκάστης ἐλευθέρους δύο καταμιαίνεσθαι, ἄνδρα τε καὶ γυναῖκα· μὴ ποιήσασι δὲ τοῦτο ζημίαι μεγάλαι ἐπικέαται. Νόμος δὲ τοῖσι Λακεδαιμονίοισι κατὰ τῶν βασιλέων τοὺς θανάτους ἐστὶ ωὑτὸς καὶ τοῖσι βαρβάροισι τοῖσι ἐν τῇ Ἀσίῃ· τῶν γὰρ ὦν βαρβάρων οἱ πλέονες τῷ αὐτῷ νόμῳ χρέωνται κατὰ τοὺς θανάτους τῶν βασιλέων. Ἐπεὰν γὰρ ἀποθάνῃ βασιλεὺς Λακεδαιμονίων, ἐκ πάσης δεῖ Λακεδαίμονος, χωρὶς Σπαρτιητέων, ἀριθμῷ τῶν περιοίκων ἀναγκαστοὺς ἐς τὸ κῆδος ἰέναι· τούτων ὦν καὶ τῶν εἱλωτέων καὶ αὐτῶν Σπαρτιητέων ἐπεὰν συλλεχθέωσι ἐς τὠυτὸ πολλαὶ χιλιάδες, σύμμιγα τῇσι γυναιξὶ κόπτονταί τε τὰ μέτωπα προθύμως καὶ οἰμωγῇ διαχρέωνται ἀπλέτῳ, φάμενοι τὸν ὕστατον αἰεὶ

**57** 22 περ om. S || 23 ἐθέλῃ ABCP : θέ- DRSV || 24 ποιέεσθαι codd. pl. : ποιέσθαι R.

**58** 1 ζώουσι (cf. *Praef.* 215) : ζῶσι codd. || 2 τῶν codd. pl. : τοῦ AB[1] || 4 λέβητας PDRSV : -τα ABC || 5 ὦν codd. pl. : οὖν RV || γίνηται ABP[2]RV : γέ- CP[1]DS || τοιοῦτο ABCPD : -ον RSV || 10 ὦν ABC : om. PDRSV || πλέονες : πλεῦ- codd. || τῷ αὐτῷ ABC : ταὐτῷ cett. || 10-11 χρέωνται codd. pl. : -έονται P || 12 δεῖ codd. pl. : δὴ D || 14 ἰέναι ABCP : εἶναι DRSV || 14-15 καὶ αὐτῶν Σπαρτιητέων ACP : om. cett. || 16 τῇσι ABCPS : τοῖσι DRV || τὰ μέτωπα om. S || 17 διαχρέωνται codd. pl. : -έονται P || αἰεὶ codd. pl. : ἀεὶ AB.

gation que de tout pays, en dehors des Spartiates, des périèques[1] en nombre déterminé se rendent aux funérailles ; et quand ces périèques, avec les hilotes et les Spartiates eux-mêmes, sont réunis par milliers au même lieu, les hommes mêlés aux femmes, ils se frappent le front avec ardeur et poussent des gémissements infinis, déclarant que le roi qui est chaque fois le dernier trépassé, celui-là était le meilleur. Si un roi a péri à la guerre, ils fabriquent de lui une figure, qu'ils portent au tombeau sur un lit de parade. Après les funérailles, aucune assemblée n'est tenue de dix jours, et on ne se réunit pour aucune élection[2], mais ces jours sont consacrés au deuil. Les Spartiates s'accordent avec les Perses sur un autre point que voici : lorsque, après la mort du roi, un autre roi prend possession du trône, le roi qui entre en fonctions libère tous les Spartiates qui devaient quelque chose au roi ou à l'État ; chez les Perses, le roi qui s'installe fait remise à toutes les villes du tribut dû antérieurement.

60 Les Lacédémoniens s'accordent aussi avec les Égyptiens en ceci : chez eux, les hérauts, les joueurs de flûte et les cuisiniers héritent du métier paternel[3] ; le joueur de flûte est fils de joueur de flûte, le cuisinier fils de cuisinier, le héraut fils de héraut. Les fils de hérauts[4] ne sont pas évincés par d'autres qui s'adonnent à cette profession parce qu'ils sont doués d'une voix éclatante ; mais les fils s'occupent de leur fonction comme leurs pères. Voilà comme les choses se passent.

61 Pour lors, pendant que Cléomène était à Égine et travaillait au bien commun de la Grèce, Démarate l'accusait, non pas tant qu'il se souciât des Éginètes que par jalousie et par

1. Membres de la population indigène non dorienne.

2. Οὐδὲ ἀρχαιρεσίη συνίζει. Texte qui semble altéré ; van Herwerden propose : οὐδὲ ἀρχαὶ ⟨οὐδὲ γε⟩ρ(ου)σίη συνίζει.

3. Il ne doit s'agir que de personnes au service de l'État, hérauts (et non simples « crieurs ») chargés de proclamations et messages officiels, cuisiniers préparant les « syssities », les repas des troupes en campagne, les banquets des θυσίαι δημοτελεῖς, flûtistes participant aux fêtes publiques ou accompagnant les soldats qui marchaient à l'ennemi (Thuc., V 70).

4. Le texte grec donne σφέας ; mais il est bien évident qu'il ne

ἀπογενόμενον τῶν βασιλέων, τοῦτον δὴ γενέσθαι ἄριστον. Ὃς δ' ἂν ἐν πολέμῳ τῶν βασιλέων ἀποθάνῃ, τούτῳ δὲ εἴδωλον σκευάσαντες ἐν κλίνῃ εὖ ἐστρωμένῃ ἐκφέρουσι. Ἐπεὰν δὲ θάψωσι, ἀγορὴ δέκα ἡμερέων οὐκ ἵσταταί σφι οὐδ' ἀρχαιρεσίη συνίζει, ἀλλὰ πενθέουσι ταύτας τὰς ἡμέρας. Συμφέρονται δὲ ἄλλο τόδε τοῖσι Πέρσῃσι· ἐπεὰν
59 ἀποθανόντος τοῦ βασιλέος ἄλλος ἐνίστηται βασιλεύς, οὗτος ὁ ἐσιὼν ἐλευθεροῖ ὅστις τι Σπαρτιητέων τῷ βασιλέϊ ἢ τῷ δημοσίῳ ὤφειλε· ἐν δ' αὖ Πέρσῃσι ὁ κατιστάμενος βασιλεὺς τὸν προοφειλόμενον φόρον μετιεῖ τῇσι πόλισι πάσῃσι.

60 Συμφέρονται δὲ καὶ τάδε Αἰγυπτίοισι Λακεδαιμόνιοι· οἱ κήρυκες αὐτῶν καὶ αὐληταὶ καὶ μάγειροι ἐκδέκονται τὰς πατρωίας τέχνας, καὶ αὐλητής τε αὐλητέω γίνεται καὶ μάγειρος μαγείρου καὶ κῆρυξ κήρυκος· οὐ κατὰ λαμπροφωνίην ἐπιτιθέμενοι ἄλλοι σφέας παρακληίουσι, ἀλλὰ κατὰ τὰ πάτρια ἐπιτελέουσι. Ταῦτα μὲν δὴ οὕτω γίνεται.

61 Τότε δὲ τὸν Κλεομένεα ἐόντα ἐν τῇ Αἰγίνῃ καὶ κοινὰ τῇ Ἑλλάδι ἀγαθὰ προεργαζόμενον ὁ Δημάρητος διέβαλλε, οὐκ Αἰγινητέων οὕτω κηδόμενος ὡς φθόνῳ καὶ ἄγῃ χρεώμενος. Κλεομένης δὲ νοστήσας ἀπ' Αἰγίνης ἐβούλευε τὸν Δημάρητον παῦσαι τῆς βασιληίης, διὰ πρῆγμα τοιόνδε

**58** 21 ἐπεὰν δὲ θάψωσι om. A[1] || δὲ om. D.

**59** 1 ἄλλο ABC : ἄλλο οὗτοι PDRSV || τόδε codd. pl. : τό γε C || 2 τοῦ om. DRSV || βασιλέος... ἐνίστηται om. RSV || ἐνίστηται ABP : -αται CD || 3 ἐσιὼν PDRSV : εἰσ- ABC || τι om. P[1]DRSV || 4 ἐν δ' ABCP : ἔν τε DRSV || 5 προοφειλόμενον B[2]PDRV : προσοφ- AB[1]CS || μετιεῖ (cf. *Praef.* 204, n. 4) : -ίει codd. pl. : -ηίει C || 6 πάσῃσι om. SV.

**60** 1 οἱ codd. pl. : οὐ D[1] || 2 καὶ (ante αὐληταί) om. D || 5 παρακληίουσι ABP : -κλήουσι DRSV -κλεέουσι C.

**61** 1 δὲ ABCP : δὴ DRSV || 2 τῇ PDRSV : ἐν τῇ ABC || προεργαζόμενον Eltz : προσεργ- codd. || διέβαλλε coniecit Ilude : -έβαλε codd. || 3 φθόνῳ codd. pl. : φόνῳ D || ἄγῃ Suidas, s. v., Bekker *An.*, p. 326 : ἄγει B[2]CDRSV ἄτῃ AB[1]P αὕτη C (ubi litterae τη a correctore in lacuna additae videntur) || 4 χρεώμενος codd. pl. : χρεό- P.

envie. De retour d'Égine, Cléomène résolut de le détrôner, et, comme base de son attaque contre lui, il prit ce que je vais dire. Ariston, du temps qu'il était roi de Sparte[1], avait épousé deux femmes sans avoir d'enfants ; n'admettant pas que lui-même fût cause de cette stérilité, il en épousa une troisième, dans les conditions que voici.

Il avait pour ami un Spartiate à qui il était attaché plus qu'à tout autre citoyen. Cet homme avait pour épouse la femme qui, de beaucoup, était la plus belle de Sparte, et cela après être devenue de très laide très belle. Car sa nourrice, qui la voyait physiquement disgraciée, — cette enfant à la vilaine figure était la fille de gens riches, — et qui voyait aussi ses parents prendre mal leur parti de sa disgrâce[2], après avoir constaté tout cela, avait eu cette idée : tous les jours elle la portait à la chapelle d'Hélène, qui est au lieu appelé Thérapné[3] au-dessus du temple de Phoibos ; et, chaque fois qu'elle l'y avait portée, elle la présentait debout à la statue divine, priant la déesse de guérir l'enfant de sa laideur. Or, un jour qu'elle revenait de la chapelle, une femme[4] se montra à elle, et cette femme qui se montra ainsi lui demanda ce qu'elle portait dans ses bras ; elle dit que c'était une enfant ; la femme l'invita à la lui montrer ; elle refusa, car les

s'agit que des fils de κήρυκες ; ce détail, l'absence de régime auprès de ἐπιτιθέμενοι, παρακληίουσι, ἐπιτελέουσι, donnent à la phrase, qu'aucune particule ne rattache à ce qui précède, l'apparence d'une note qu'aurait inspirée à Hérodote, — ailleurs qu'à Sparte, — le spectacle d'un choix peu judicieux.

1. Il avait été collègue d'Anaxandride (I 67).

2. Συμφορὴν τὸ εἶδος αὐτῆς ποιευμένους. Ils en étaient, semble-t-il, plus vexés pour leur compte qu'affligés pour le sien. Dédaignée par sa mère, à qui sa laideur faisait honte, la pauvre Laideronnette était laissée aux soins d'une nourrice.

3. Thérapné, résidence des anciens rois achéens, où étaient ensevelis, disait-on, Ménélas et Hélène (Paus., III 19 9), occupait une hauteur au S.-E. de la Sparte dorienne. La longueur et l'escarpement du chemin faisaient du pèlerinage quotidien de la nourrice un pèlerinage méritoire.

4. Une femme, une simple femme. Hélène n'intervient pas à grand racas, dans tout l'éclat de sa gloire. Dans le conte que nous lisons

ἐπίβασιν ἐς αὐτὸν ποιεύμενος. Ἀρίστωνι βασιλεύοντι ἐν Σπάρτῃ καὶ γήμαντι γυναῖκας δύο παῖδες οὐκ ἐγίνοντο· καὶ οὐ γὰρ συνεγινώσκετο αὐτὸς τούτων εἶναι αἴτιος, γαμέει τρίτην γυναῖκα· ὧδε δὲ γαμέει.

Ἦν οἱ φίλος τῶν Σπαρτιητέων ἀνήρ, τῷ προσέκειτο τῶν ἀστῶν μάλιστα ὁ Ἀρίστων. Τούτῳ τῷ ἀνδρὶ ἐτύγχανε ἐοῦσα γυνὴ καλλίστη μακρῷ τῶν ἐν Σπάρτῃ γυναικῶν, καὶ ταῦτα μέντοι καλλίστη ἐξ αἰσχίστης γενομένη. Ἐοῦσαν γάρ μιν τὸ εἶδος φλαύρην ἡ τροφὸς αὐτῆς, οἷα ἀνθρώπων τε ὀλβίων θυγατέρα καὶ δυσειδέα ἐοῦσαν, πρὸς δὲ καὶ ὁρῶσα τοὺς γονέας συμφορὴν τὸ εἶδος αὐτῆς ποιευμένους, ταῦτα ἕκαστα μαθοῦσα ἐπιφράζεται τοιάδε. Ἐφόρεε αὐτὴν ἀνὰ πᾶσαν ἡμέρην ἐς τὸ τῆς Ἑλένης ἱρόν· τὸ δ' ἐστὶ ἐν τῇ Θεράπνῃ καλεομένῃ, ὕπερθε τοῦ Φοιβηίου ἱροῦ· ὅκως δὲ ἐνείκειε ἡ τροφός, πρός τε τὤγαλμα ἵστα καὶ ἐλίσσετο τὴν θεὸν ἀπαλλάξαι τῆς δυσμορφίης τὸ παιδίον. Καὶ δή κοτε ἀπιούσῃ ἐκ τοῦ ἱροῦ τῇ τροφῷ γυναῖκα λέγεται ἐπιφανῆναι, ἐπιφανεῖσαν δὲ ἐπειρέσθαι μιν ὅ τι φορέει ἐν τῇ ἀγκάλῃ, καὶ τὴν φράσαι ὡς παιδίον φορέει· τὴν δὲ κελεῦσαί οἱ δεῖξαι, τὴν δὲ οὐ φάναι· ἀπειρῆσθαι γάρ οἱ ἐκ τῶν γειναμένων μηδενὶ ἐπιδεικνύναι. Τὴν δὲ πάντως ἑωυτῇ κελεύειν ἐπιδέξαι· ὁρῶσαν δὲ τὴν γυναῖκα περὶ πολλοῦ ποιευμένην ἰδέσθαι, οὕτω δὴ τὴν τροφὸν δεῖξαι τὸ παιδίον. Τὴν δὲ καταψῶσαν τοῦ παιδίου τὴν κεφαλὴν εἶπαι ὡς

**61** 6 ἐν P : τε ἐν DR τότε ἐν SV ἐς ABCP || 7 Σπάρτῃ DRSV : -ην ABCP || ἐγίνοντο codd. pl. : ἐγέ- S V inc. || 8 οὐ om. SV || γαμέει post τρίτην habet C || 9 τρίτην B²PDRSV : τὴν τρίτην AB¹C || 10 προσέκειτο : -εκέετο PDRV : -εκέατο ABCS || 16 ὁρῶσα AB¹C : -έουσα B²PDRSV || 18 ἡμέρην PDRSV : -αν ABC || 19 ὅκως ABCP : ὅπως DRSV || 20 δὲ codd. pl. : τε C || ἐνείκειε ABCP : -ήκειε S -έκειε(ν) DRV || τε om. S || τὤγαλμα ABCP : τὸ ἄγ- DRSV || 21 τὴν codd. pl. : τὸν C || 22 ἱροῦ codd. pl. : ἱεροῦ A || 23 φορέει conieci coll. l. 17, 24 : φέρει codd. || 23 ἐπιφανεῖσαν codd. pl. : -νησαν B || 23-24 ἐν... φορέει om. SV || 24 φορέει PDR : φέρει ABC || 25 δεῖξαι codd. (cf. Bechtel *Ion. Dial.* 180 || 27 ἐπιδέξαι (cf. Bechtel *l. l.*) : -δεῖξαι codd. || ὁρῶσαν B²PDRSV : -σα AB¹C || 29 εἶπαι codd pl. : εἶπεν CV εἰπεῖν S.

parents, dit-elle, lui avaient interdit de la laisser voir à personne. La femme insista vivement pour qu'elle la lui montrât ; et la nourrice, voyant que cette femme tenait tant à la voir, finit par la lui montrer. La femme caressa la tête de l'enfant, et déclara que ce serait la plus belle de toutes les femmes de Sparte. A partir de ce jour, l'enfant changea effectivement de figure ; et, quand ce fut une fille arrivée à l'âge de se marier, elle fut épousée par Agétos fils d'Alkeidès,
62 l'ami d'Ariston dont j'ai parlé. Ariston était blessé d'amour pour cette femme[1] ; voici donc ce qu'il combina. Il promit à l'ami dont elle était l'épouse de lui donner en présent l'objet que celui-ci choisirait dans toutes ses appartenances, et il invita son ami à en faire autant, réciproquement, pour lui-même. Agétos, sans inquiétude au sujet de sa femme, parce qu'il voyait qu'Ariston en avait une aussi, consentit ; et ils s'obligèrent par des serments à tenir ces promesses. Après quoi Ariston, de son côté, donna à Agétos l'objet, — il fut ce qu'il fut, — qu'Agétos choisit dans ses trésors ; et, quand lui-même chercha en retour à emporter de chez Agétos l'objet de son choix, il prétendit emmener la femme de son ami. Agétos protesta qu'il avait consenti à tout sauf à cela ; obligé cependant par son serment et par la fallacieuse manœuvre
63 d'Ariston, il la lui laissa emmener. C'est ainsi qu'Ariston avait épousé sa troisième femme, après avoir renvoyé la seconde.

Au bout d'un temps trop court, et sans avoir accompli les dix mois, cette femme lui donna Démarate, celui dont nous nous occupons. Il siégeait au conseil avec les éphores, quand

ici, le surnaturel est discret ; le verbe ἐπιφανῆναι, dont il est fait usage (γυναῖκα λέγεται ἐπιφανῆναι) n'implique pas à lui seul l'idée d'une « apparition » (cf. I 24, II 152, IV 97, 122, al.) ; il annonce une simple rencontre. En rentrant ce jour-là de Thérapné, la nourrice pouvait avoir autant et plus de regret d'avoir désobéi à sa maîtresse que de confiance en les bonnes paroles d'une inconnue. D'un bout à l'autre, le ton du récit est familier et bourgeois.

1. Τὸν Ἀρίστωνα ἔκνιζε ταύτης ἔρως. Le verbe κνίζειν, dont l'usage métaphorique est fréquent en parlant de l'amour, exprime exactement l'idée d'une démangeaison qui peut être douloureuse et cuisante.

καλλιστεύσει πασέων τῶν ἐν Σπάρτῃ γυναικῶν. Ἀπὸ μὲν δὴ ταύτης τῆς ἡμέρης μεταπεσεῖν τὸ εἶδος· γαμέει δέ μιν ἐς γάμου ὥρην ἀπικομένην Ἄγητος ὁ Ἀλκείδεω, οὗτος δὴ ὁ τοῦ Ἀρίστωνος φίλος. Τὸν δὲ Ἀρίστωνα ἔκνιζε ἄρα 62 τῆς γυναικὸς ταύτης ἔρως· μηχανᾶται δὴ τοιάδε. Αὐτός τε τῷ ἑταίρῳ, τοῦ ἦν ἡ γυνὴ αὕτη, ὑποδέκεται δωτίνην δώσειν τῶν ἑωυτοῦ πάντων ἕν, τὸ ἂν αὐτὸς ἐκεῖνος ἕληται, καὶ τὸν ἑταῖρον ἑωυτῷ ἐκέλευε ὡσαύτως τὴν ὁμοίην διδόναι· ὁ δὲ οὐδὲν φοβηθεὶς ἀμφὶ τῇ γυναικί, ὁρέων ἐοῦσαν καὶ Ἀρίστωνι γυναῖκα, καταινέει ταῦτα· ἐπὶ τούτοισι δὲ ὅρκους ἐπήλασαν. Μετὰ δὲ αὐτός τε ὁ Ἀρίστων ἔδωκε τοῦτο, ὅ τι δὴ ἦν, τὸ εἵλετο τῶν κειμηλίων τῶν Ἀρίστωνος ὁ Ἄγητος, καὶ αὐτὸς τὴν ὁμοίην ζητέων φέρεσθαι παρ' ἐκείνου, ἐνθαῦτα δὴ τοῦ ἑταίρου τὴν γυναῖκα ἐπειρᾶτο ἀπάγεσθαι. Ὁ δὲ πλὴν τούτου μούνου τὰ ἄλλα ἔφη καταινέσαι· ἀναγκαζόμενος μέντοι τῷ τε ὅρκῳ καὶ τῆς ἀπάτης τῇ παραγωγῇ ἀπιεῖ ἀπάγεσθαι. Οὕτω μὲν 63 δὴ τὴν τρίτην ἐσηγάγετο γυναῖκα ὁ Ἀρίστων, τὴν δευτέρην ἀποπεμψάμενος.

Ἐν δέ οἱ χρόνῳ ἐλάσσονι καὶ οὐ πληρώσασα τοὺς δέκα μῆνας ἡ γυνὴ αὕτη τίκτει τοῦτον δὴ τὸν Δημάρητον. Καί τίς οἱ τῶν οἰκετέων ἐν θώκῳ κατημένῳ μετὰ τῶν ἐφόρων

**61** 30 καλλιστεύσει codd. pl. : -τεύεις D || 31 μεταπεσεῖν : -πεσέειν codd. || δέ PDRSV : δὲ δή ABC || 32 Ἄγητος codd. pl. : Ἀγητὸς D || Ἀλκείδεω ABPD[1] : -κίδεω D[2]RSV Ἀκλείδεω C || 33 δὴ ABCPS : δὲ DRV.

**62** 2 ἔρως ABC : ὁ ἔρως cett. || δὴ ABCP : δὲ DRSV || 3 ἑταίρῳ codd. pl. : ἑτέρῳ BV[1] || ἦν ἡ γυνὴ PDRSV : ἡ γ. ἦν ABC || ὑποδέκεται AB[1]C : -δέκετο B[2]R ὑπεδέκετο PDSV || 5 ἑωυτῷ codd. pl. : -τοῦ C || 7 ἐοῦσαν καὶ Ἀρ. γυν. PDRSV : καὶ Ἀρ. γυν. ἐοῦσαν ABC || 8 ἐπήλασαν ABCPD : -σε RSV || 10 ὁ Ἄγητος AB (-ιτος) CP : om. DRSV || ζητέων ABCP : -ῶν DRSV || 12 μούνου AP : μό- cett. || 13 τε om. DRSV || 14 ἀπιεῖ (cf. *Praef.* 204, n. 4) : -ίει PDRSV -ίησι ABC.

**63** 2 δὴ om. DRSV || ἐσηγάγετο codd. pl. : ἐσαγάγ- D || 5 δὴ om. PDRSV || 6 οἱ codd. pl. : ἡ R.

un de ses serviteurs vint lui apprendre qu'un fils lui était né. Ariston savait bien à quelle époque il avait épousé sa femme ; il fit sur ses doigts le compte des mois, et dit avec serment ; « Il ne peut être de moi. » Les éphores entendirent ce propos ; mais, sur le moment, n'y attachèrent pas d'importance [1]. A mesure que l'enfant grandissait, Ariston regrettait ce qu'il avait dit ; car il crut fermement que Démarate était son fils [2]. Voici pourquoi il lui avait donné le nom de Démarate : avant ces événements, les Spartiates avaient fait des prières publiques pour qu'il naquît un fils à Ariston, qu'ils tenaient pour un homme de grand renom par dessus tous les rois qui eussent régné à Sparte ; c'est à cause de cela que fut donné à l'enfant le nom de Démarate [3].

64 Le temps passa ; Ariston mourut, Démarate prit possession de la royauté. Mais il était sans doute dans l'ordre du destin que la divulgation de ces détails l'en fît choir ; l'occasion fut qu'il se brouilla gravement avec Cléomène, précédemment pour avoir ramené l'armée d'Éleusis, et, à l'époque où nous en sommes, lorsque Cléomène était passé à Égine pour
65 arrêter les partisans des Mèdes. Impatient de se venger, Cléomène conclut un accord avec Leutychidès, fils de Ménarès et petit-fils d'Agis [4], de la même maison que Démarate [5] ; à cette condition que, s'il l'établissait roi à la place de Démarate, Leutychidès l'accompagnerait contre les Éginètes. Leutychidès avait conçu contre Démarate une violente inimitié

1. Cette indifférence peut surprendre de la part de magistrats aussi soucieux que nous le constatons ailleurs (V 40) de voir la lignée royale se perpétuer. Mais, à ce moment, l'espoir de voir naître d'autres enfants de la deuxième femme d'Ariston n'était pas encore définitivement éliminé.

2. Ou feignit-il de le croire et, après de nouvelles déceptions, se résigna-t-il à n'avoir qu'un fils putatif ?

3. « Démarate » serait un composé de δῆμος et ἀρή, prière.

4. Appelé ailleurs Hégésilaos (VIII 131).

5. De la maison de Proclès (ch. 51). L'ancêtre commun d'Ariston, dernier représentant d'une branche aînée, et de Leutychidès, avec qui une branche cadette accédait au pouvoir, était le roi Proclide Théopompos.

ἐξαγγέλλει ὥς οἱ παῖς γέγονε. Ὁ δὲ ἐπιστάμενός τε τὸν χρόνον τῷ ἠγάγετο τὴν γυναῖκα καὶ ἐπὶ δακτύλων συμβαλλόμενος τοὺς μῆνας εἶπε ἀπομόσας· « Οὐκ ἂν ἐμὸς εἴη. » Τοῦτο ἤκουσαν μὲν οἱ ἔφοροι, πρῆγμα μέντοι οὐδὲν ἐποιήσαντο τὸ παραυτίκα. Ὁ δὲ παῖς ηὔξετο, καὶ τῷ Ἀρίστωνι τὸ εἰρημένον μετέμελε· παῖδα γὰρ τὸν Δημάρητον ἐς τὸ μάλιστά οἱ ἐνόμισε εἶναι. Δημάρητον δὲ οὔνομα ἔθετο αὐτῷ διὰ τόδε· πρότερον τούτων πανδημεὶ Σπαρτιῆται Ἀρίστωνι, ὡς ἀνδρὶ εὐδοκιμέοντι διὰ πάντων δὴ τῶν βασιλέων τῶν ἐν Σπάρτῃ γενομένων, ἀρὴν ἐποιήσαντο παῖδα γενέσθαι· διὰ τοῦτο μέν οἱ τὸ οὔνομα Δημάρητος ἐτέθη.

64 Χρόνου δὲ προϊόντος Ἀρίστων μὲν ἀπέθανε, Δημάρητος δὲ ἔσχε τὴν βασιληίην. Ἔδεε δέ, ὡς ἔοικε, ἀνάπυστα γενόμενα ταῦτα καταπαῦσαι Δημάρητον τῆς βασιληίης, διότι Κλεομένεϊ διεβλήθη μεγάλως πρότερόν τε ὁ Δημάρητος ἀπαγαγὼν τὴν στρατιὴν ἐξ Ἐλευσῖνος καὶ δὴ καὶ τότε ἐπ' Αἰγινητέων τοὺς μηδίσαντας διαβάντος Κλεομένεος. 65 Ὁρμηθεὶς ὦν ἀποτίνυσθαι ὁ Κλεομένης συντίθεται Λευτυχίδῃ τῷ Μενάρεος τοῦ Ἅγιος, ἐόντι οἰκίης τῆς αὐτῆς Δημαρήτῳ, ἐπ' ᾧ τε, ἢν αὐτὸν καταστήσῃ βασιλέα ἀντὶ Δημαρήτου, ἕψεταί οἱ ἐπ' Αἰγινήτας. Ὁ δὲ Λευτυχίδης ἦν ἐχθρὸς τῷ Δημαρήτῳ μάλιστα γεγονὼς διὰ

**63** 8 τῷ PDRSV : ἐξότου ABC || 8-9 συμβαλλόμενος codd. pl. : -βαλόμενος AB || 11 τὸ om. BDRSV || δὲ ABCP : τε DRSV || ηὔξετο PDRS : εὔξετο ABC ηὔξατο V || 12 μετέμελε codd. pl. : -έμελλε AB || 13 οἱ ἐνόμισε ABCP : ἐν. οἱ DRSV || 13-14 οὔνομα ἔθετο αὐτῷ ABC : αὐτῷ οὔν. ἔθ. PDRSV || 14 τούτων codd. pl. : τοῦτον B || πανδημεὶ codd. pl. : -μὶ D[1] -μὴ V || 15 Ἀρίστωνι om. DRSV || 16 ἀρὴν codd. pl. : ἀρετὴν C.

**64** 1 Ἀρίστων PDRSV : ὁ Ἀρ. ABC || 2 δὲ om. DRSV || ὡς ἔοικε ABCP : ὥς οἱ καὶ DRSV || 3 καταπαῦσαι ABCP : παῦσαι DRSV || 4 διότι Richards : διὰ τὸ DRSV διὰ τὰ ABCP.

**65** 1 ἀποτίνυσθαι C[1]P : -τίννυσθαι cett. || 2 ἐόντι codd. pl. : ὄντι R || 2-3 οἰκίης τῆς αὐτῆς PDRSV : τῆς αὐτῆς οἰκ. ABC || 5 τῷ Δ. μάλιστα PDRSV : μάλιστα τῷ Δ. ABC.

en raison du fait que voici : fiancé avec Percalon, fille de Chilon fils de Démarménos, il avait été frustré de ce mariage par les manœuvres de Démarate, qui l'avait devancé en enlevant Percalon et la prenant pour femme[1]. L'inimitié de Leutychidès à l'égard de Démarate était née à ce sujet ; pour lors, à l'instigation de Cléomène, il l'attaqua sous la foi du serment, affirmant qu'il régnait sur les Spartiates sans en avoir le droit, car il n'était pas le fils d'Ariston. Et, à la suite de cette accusation appuyée d'un serment, il le poursuivit en justice, ressuscitant le propos qu'avait tenu Ariston au moment où son serviteur lui avait annoncé la naissance d'un enfant et où lui-même, après avoir supputé les mois, avait juré que l'enfant n'était pas de lui. Leutychidès s'appuyait sur ces paroles pour prouver que Démarate n'était pas fils d'Ariston et qu'il ne régnait pas légitimement à Sparte ; et il produisait comme témoins ces mêmes éphores qui alors siégeaient aux côtés d'Ariston et l'avaient entendu s'exprimer
66 de la sorte[2]. En fin de compte, comme l'affaire donnait lieu à de vives discussions[3], les Spartiates décidèrent qu'on demanderait à l'oracle de Delphes si Démarate était fils d'Ariston. Ce recours à la Pythie avait été prémédité par Cléomène ; celui-ci, alors, gagna à ses intérêts Cobon fils d'Aristophantos, personnage très influent à Delphes, et Cobon persuada à la prophétesse Périalla de dire ce que Cléomène voulait qu'elle dît ; ainsi, lorsque les députés l'interrogèrent, la Pythie prononça que Démarate n'était pas fils d'Ariston.

1. C'était à Sparte un rite du mariage, survivance des mœurs primitives, que le fiancé enlevât sa fiancée (Plut., *Lyc.*, 15). Avant que Leutychidès eût accompli ce rite, Démarate avait réellement enlevé Percalon et ne l'avait pas relâchée.

2. Démarate, qui quelque quinze ans plus tôt partageait avec Cléomène le commandement d'une armée (V 75), ne devait pas avoir alors moins de la quarantaine ; s'il survivait encore des éphores ayant été en fonctions à l'époque de sa naissance, ils devaient être bien chenus.

3. On ne devait pas contester qu'Ariston eût tenu le propos en question, mais que la mère de Démarate eût accouché de lui dans le septième mois de sa grossesse.

πρῆγμα τοιόνδε. Ἁρμοσαμένου Λευτυχίδεω Πέρκαλον τὴν Χίλωνος τοῦ Δημαρμένου θυγατέρα ὁ Δημάρητος ἐπιβουλεύσας ἀποστερέει Λευτυχίδην τοῦ γάμου, φθάσας αὐτὸς τὴν Πέρκαλον ἁρπάσας καὶ σχὼν γυναῖκα. Κατὰ τοῦτο μὲν τῷ Λευτυχίδῃ ἡ ἔχθρη ἡ ἐς τὸν Δημάρητον ἐγεγόνεε, τότε δὲ ἐκ τῆς Κλεομένεος προθυμίης ὁ Λευτυχίδης κατόμνυται Δημαρήτῳ, φὰς αὐτὸν οὐκ ἱκνεομένως βασιλεύειν Σπαρτιητέων, οὐκ ἐόντα παῖδα Ἀρίστωνος. Μετὰ δὲ τὴν κατωμοσίην ἐδίωκε ἀνασῴζων ἐκεῖνο τὸ ἔπος, τὸ εἶπε Ἀρίστων τότε ὅτε οἱ ἐξήγγειλε ὁ οἰκέτης παῖδα γεγονέναι, ὁ δὲ συμβαλλόμενος τοὺς μῆνας ἀπώμοσε, φὰς οὐκ ἑωυτοῦ μιν εἶναι. Τούτου δὴ ἐπιβατεύων τοῦ ῥήματος ὁ Λευτυχίδης ἀπέφαινε τὸν Δημάρητον οὔτε ἐξ Ἀρίστωνος γεγονότα οὔτε ἱκνεομένως βασιλεύοντα Σπάρτης, τοὺς ἐφόρους μάρτυρας παρεχόμενος κείνους οἳ τότε ἐτύγχανον πάρεδροί τε ἐόντες καὶ ἀκούσαντες ταῦτα Ἀρίστωνος. Τέλος δὲ 66
ἐόντων περὶ αὐτῶν νεικέων ἔδοξε Σπαρτιήτῃσι ἐπειρέσθαι τὸ χρηστήριον τὸ ἐν Δελφοῖσι εἰ Ἀρίστωνος εἴη παῖς ὁ Δημάρητος. Ἀνοίστου δὲ γενομένου ἐκ προνοίης τῆς Κλεομένεος ἐς τὴν Πυθίην, ἐνθαῦτα προσποιέεται Κλεομένης Κόβωνα τὸν Ἀριστοφάντου, ἄνδρα ἐν Δελφοῖσι δυναστεύοντα μέγιστον, ὁ δὲ Κόβων Περίαλλαν τὴν πρόμαντιν ἀναπείθει τὰ Κλεομένης ἐβούλετο λέγεσθαι λέγειν.

**65** 6 πρῆγμα τοιόνδε P (ubi πρᾶγμα) DRSV : τοιόνδε πρ. ABC || ἁρμοσαμένου ABCP : ἁρμοσμένου DRSV || 7 θυγατέρα codd. pl. : τὴν θυγ. D || 8 ἀποστερέει : -ρεῖ codd. || Λευτυχίδην DRS : V inc. -δεα ABCP || 10 ἡ (ante ἐς) om. ABC || ἐς ABPS : εἰς CDRV || 12 Δημαρήτῳ ABC : -του PDRS V inc. || ἱκνεομένως ABCP : ἱκνευ- DRSV || 13-14 κατωμοσίην ABCP : -ομοσίην DRSV || 15-16 συμβαλλόμενος DRSV : -βαλόμενος ABCP || 16 μιν om. ABC || 19 ἱκνεομένως A : ἱκνευ- cett. || 20 κείνους codd. pl. : ἐκείνους CP || ἐτύγχανον ABCP : ἔτυχον DRSV.

**66** 2 ἐπειρέσθαι codd. pl. : ἐπηρ- C || 4 ὁ om. DRSV || ἀνοίστου B² : -ωίστου cett. || 6 Ἀριστοφάντου codd. pl. : -φάνου D¹ || 7 Περίαλλαν AB¹ (-ιάλλαν B²) CPD : -ίαλλον RSV || 8 τὰ PDRSV : ἃ ABC.

Par la suite, cette intrigue fut découverte ; Cobon dut s'exiler de Delphes, et la prophétesse Périalla fut destituée de sa dignité.

67 Voilà dans quelles conditions Démarate cessa d'être roi ; et voici quel affront le fit s'enfuir de Sparte pour se retirer chez les Mèdes. Après avoir cessé d'être roi, il exerçait une magistrature à laquelle on l'avait élu. On fêtait les Gymnopaidies ; Démarate assistait au spectacle ; Leutychidès, qui, lui, était déjà roi à sa place, lui envoya demander par son serviteur de confiance, pour faire rire à ses dépens et l'outrager, quel effet produisait la situation de magistrat après celle de roi. Blessé de cette question, Démarate répliqua qu'il avait, pour son compte, l'expérience de l'une et de l'autre, ce qui n'était pas le cas de Leutychidès [1], et que d'ailleurs la question qu'on lui posait serait pour les Lacédémoniens la source de mille maux ou de mille félicités [2]. Cela dit, il se couvrit la tête [3], sortit du théâtre [4] et se rendit chez lui ; là, il fit aussitôt les préparatifs d'un sacrifice, immola un bœuf à Zeus, et, après qu'il eut sacrifié, il appela sa mère.

68 Quand elle fut arrivée, il lui mit dans les mains une partie des entrailles [5] et la supplia en ces termes : « Ma mère, je t'en conjure [6] par tous les dieux, en particulier Zeus Herkeios dont l'autel est ici, dis-moi la vérité : qui est réellement mon

1. Lequel, avant d'usurper la royauté, n'avait été investi d'aucune magistrature par l'estime de ses concitoyens.

2. Ici, comme en d'autres cas similaires, le second terme de l'alternative ne sert qu'à faire ressortir par contraste la valeur du premier : Leutychidès a agi comme si, admis à choisir entre malheurs et félicités, il avait choisi les malheurs.

3. Comme pour se renfermer dans son mécontentement.

4. Cela se passa-t-il dans un « théâtre » ? Pausanias situe encore une partie de la fête sur l'agora (III 11 7).

5. Pour que sa mère, si elle mentait, se trouvât coupable de parjure. C'était un rite consacré (Lycurgue, *C. Léocrate*, 20).

6. Καταπτόμενος. Litt. : « mettant la main sur », pour appeler à l'appui, ici d'une prière, ailleurs d'une affirmation (p. ex. VIII 65). Peut-être, en prononçant ces mots, Démarate mettait la main sur l'autel de Zeus Herkeios.

Οὕτω δὴ ἡ Πυθίη ἐπειρωτώντων τῶν θεοπρόπων ἔκρινε μὴ Ἀρίστωνος εἶναι Δημάρητον παῖδα. Ὑστέρῳ μέντοι χρόνῳ ἀνάπυστα ἐγένετο ταῦτα καὶ Κόβων τε ἔφυγε ἐκ Δελφῶν καὶ Περίαλλα ἡ πρόμαντις ἐπαύσθη τῆς τιμῆς.

67 Κατὰ μὲν δὴ Δημαρήτου τὴν κατάπαυσιν τῆς βασιληίης οὕτω ἐγένετο. Ἔφυγε δὲ Δημάρητος ἐκ Σπάρτης ἐς Μήδους ἐκ τοιοῦδε ὀνείδεος. Μετὰ τῆς βασιληίης τὴν κατάπαυσιν ὁ Δημάρητος ἦρχε αἱρεθεὶς ἀρχήν. Ἦσαν μὲν δὴ Γυμνοπαιδίαι, θεωμένου δὲ τοῦ Δημαρήτου ὁ Λευτυχίδης, γεγονὼς ἤδη αὐτὸς βασιλεὺς ἀντ' ἐκείνου, πέμψας τὸν θεράποντα ἐπὶ γέλωτί τε καὶ λάσθῃ εἰρώτα τὸν Δημάρητον ὁκοῖόν τι εἴη τὸ ἄρχειν μετὰ τὸ βασιλεύειν. Ὁ δὲ ἀλγήσας τῷ ἐπειρωτήματι εἶπε φὰς αὐτὸς μὲν ἀμφοτέρων ἤδη πεπειρῆσθαι, κεῖνον δὲ οὔ, τὴν μέντοι ἐπειρώτησιν ταύτην ἄρξειν Λακεδαιμονίοισι ἢ μυρίης κακότητος ἢ μυρίης εὐδαιμονίης. Ταῦτα δὲ εἴπας καὶ κατακαλυψάμενος ἤιε ἐκ τοῦ θεήτρου ἐς τὰ ἑωυτοῦ οἰκία, αὐτίκα δὲ παρασκευασάμενος ἔθυε τῷ Διὶ βοῦν, θύσας δὲ τὴν μητέρα ἐκάλεσε.

68 Ἀπικομένῃ δὲ τῇ μητρὶ ἐσθεὶς ἐς τὰς χεῖράς οἱ τῶν σπλάγχνων κατικέτευε, λέγων τοιάδε· « Ὦ μῆτερ, θεῶν σε τῶν τε ἄλλων καταπτόμενος ἱκετεύω καὶ τοῦ Ἑρκείου Διὸς τοῦδε, φράσαι μοι τὴν ἀληθείην, τίς μεο ἐστὶ πατὴρ ὀρθῷ

**66** 9 οὕτω δὴ ABCP : τοῦτο DRSV || 12 Περίαλλα codd. pl. (-ιάλλα B²) : -ίαλλος S.

**67** 1 δὴ om. B¹C || Δημαρήτου τὴν ABC : τὴν Δημ. PDRSV || 2 ἔφυγε ABC : ἔφευγε PDRSV || 3 μετὰ δὲ τῆς βασιλείης incipit E || 4-5 ἦσαν... γυμνοπαιδίαι om. E || 4 μὲν om. RSV || 5 δὴ A²BCPD : δὲ RSV om. A¹ || θεωμένου codd. pl. (cf. III 32, VII 208) : θεο- SV² || 6 γεγονῶς ἤδη codd. pl. : ἤδη γεγονὼς E || αὐτὸς βασιλεὺς P²DRV : βασ. αὐτὸς AB ὁ βασ. αὐτὸς E αὐτὸς om. CP¹S || 7 τὸν codd. pl. : τινα E || τε καὶ λάσθῃ om. E || εἰρώτα codd. pl. : ἠρ- CP || 9 ἐπειρωτήματι DRSV : ἐπερ- ABEP || 10 κεῖνον PDRSV : ἐκεῖνον ABCE || 13 ἑωυτοῦ om. D || ἐς τὰ ἑωυτοῦ οἰκία desinit E || 14 τῷ Διὶ βοῦν PPRSV : β. τῷ Διὶ ABC.

**68** 2 λέγων τοιάδε PDRSV : τοιάδε λέγων AB τρία δὲ λέγων C || 4 μεο : μεῦ codd.

père ? Leutychidès, au cours des discussions, a soutenu que tu étais venue chez Ariston enceinte de ton premier mari ; d'autres, dont les propos sont encore plus téméraires, prétendent que tu as eu des rapports avec l'ânier de la maison, et que je suis le fils de cet homme. Je t'en prie donc par les dieux, dis-moi la vérité ; si tu as fait quelque chose de ce qu'on raconte, tu n'es pas la seule à l'avoir fait, tu es en nombreuse compagnie ; et l'on dit couramment à Sparte qu'Ariston n'avait pas de vertu procréatrice ; car, autrement, ses pre-
69 mières femmes aussi auraient eu des enfants. » Il parla de la sorte ; et sa mère lui répondit : « Mon fils, puisque tu me pries et supplies de te dire la vérité, elle te sera, à toi, confessée tout entière. Quand Ariston m'eut emmenée chez lui, la troisième nuit après la nuit de noces, un spectre vint me trouver, qui avait la figure d'Ariston ; il coucha avec moi et me mit sur la tête les couronnes qu'il portait. Puis il s'en alla ; et ensuite vint Ariston. Quand il vit que j'avais des couronnes, il demanda qui me les avait données. Je dis que c'était lui ; mais il n'en convint pas ; je le lui assurai avec serment, et lui dis qu'il n'agissait pas bien en le niant, puisqu'il était venu un peu auparavant, avait couché avec moi et m'avait donné les couronnes. Quand Ariston me vit assurer le fait avec serment, il comprit qu'il y avait dans l'aventure quelque chose de divin. On constata que les couronnes venaient de la chapelle située près de la porte de la cour, qu'on appelle chapelle d'Astrabacos[1] ; et les devins déclarèrent que j'avais eu affaire à ce même héros[2]. Maintenant, mon fils,

1. Sur Astrabacos, cf. Paus., III, 16 5. Il avait une chapelle à Sparte auprès du temple de Lycurgue.

2. Il est facile de reconnaître dans ce récit tous les éléments d'un conte grivois à la manière des Cent Nouvelles nouvelles : le galant qui, pour s'introduire près de sa belle, usurpe une personnalité de fantaisie ; la femme crédule ou complice, le benêt de mari à qui l'on en donne à garder. Mais il faut tenir compte de la différence des temps. A l'époque d'Ariston, à l'époque d'Hérodote, l'idée qu'un être surnaturel, héroïque ou divin, avait honoré de sa visite une simple « fille des hommes » pouvait trouver créance dans la plupart des esprits.

λόγῳ. Λευτυχίδης μὲν γὰρ ἔφη ἐν τοῖσι νείκεσι λέγων κυέουσάν σε ἐκ τοῦ προτέρου ἀνδρὸς οὕτω ἐλθεῖν παρὰ Ἀρίστωνα, οἱ δὲ καὶ τὸν ματαιότερον λόγον λέγοντες φασί σε ἐλθεῖν παρὰ τῶν οἰκετέων τὸν ὀνοφορβόν, καὶ ἐμὲ ἐκείνου εἶναι παῖδα. Ἐγώ σε ὦν μετέρχομαι τῶν θεῶν εἰπεῖν τὠληθές· οὔτε γάρ, εἴ πεποίηκάς τι τῶν λεγομένων, μούνη δὴ πεποίηκας, μετὰ πολλέων δέ· ὅ τε λόγος πολλὸς ἐν Σπάρτῃ ὡς Ἀρίστωνι σπέρμα παιδοποιὸν οὐκ
ἐνῆν· τεκεῖν γὰρ ἄν οἱ καὶ τὰς προτέρας γυναῖκας. » Ὁ 69
μὲν δὴ τοιαῦτα ἔλεγε, ἡ δὲ ἀμείβετο τοῖσδε· « Ὦ παῖ, ἐπείτε με λιτῇσι μετέρχεαι εἰπεῖν τὴν ἀληθείην, πᾶν ἐς σὲ κατειρήσεται τὠληθές. Ὥς με ἠγάγετο Ἀρίστων ἐς ἑωυτοῦ, νυκτὶ τρίτῃ ἀπὸ τῆς πρώτης ἦλθέ μοι φάσμα εἰδόμενον Ἀρίστωνι, συνευνηθὲν δὲ τοὺς στεφάνους τοὺς εἶχε ἐμοὶ περιετίθει. Καὶ τὸ μὲν οἰχώκεε, ἧκε δὲ μετὰ ταῦτα ὁ Ἀρίστων. Ὥς δέ με εἶδε ἔχουσαν στεφάνους, εἰρώτα τίς εἴη ὅ μοι δούς. Ἐγὼ δὲ ἐφάμην ἐκεῖνον· ὁ δὲ οὐκ ὑπεδέκετο· ἐγὼ δὲ κατωμνύμην, φαμένη αὐτὸν οὐ καλῶς ποιέειν ἀπαρνεόμενον· ὀλίγῳ γάρ τι πρότερον ἐλθόντα καὶ συνευνηθέντα δοῦναί μοι τοὺς στεφάνους. Ὁρέων δέ με κατομνυμένην ὁ Ἀρίστων ἔμαθε ὡς θεῖον εἴη τὸ πρῆγμα. Καὶ τοῦτο μὲν οἱ στέφανοι ἐφάνησαν ἐόντες ἐκ

**68** 5 τοῖσι codd. pl. : τοῖς AB || 6 οὕτω DRSV : -ως ABCP || οὕτ. ἐλθεῖν ABCP : ἐλθεῖν οὕτ. DRSV || 9 ἐκείνου εἶναι ABC : εἶναι ἐκ. PDRSV || σε ὦν ABCP : ὦν σε DRSV || 10 τὠληθὲς ABCP : τὸ ἀληθὲς DRSV || εἰ codd. pl. : εἴπερ S || 11 δὴ codd. pl. : δὲ CP marg. || πολλέων ABCP : -ῶν DRSV || 12 ἐν Σπάρτῃ om. DRSV || 13 ἐνῆν codd. pl. : ἦν (cum ἐν supra verbum addito) D || ἄν οἱ codd. pl. : οἱ ἂν D.

**69** 2 ἡ codd. pl. : οἱ RV || ἀμείβετο PDRSV : ἠμ- ABC || 3 ἐς : εἰς codd. || 4 τὠληθές ABCPR : τἀλ- SV τὸ ἀλ- D || με om. SV || 6 τοὺς (ante εἶχε) : οὓς codd. || 8 ὁ om. ABCP || 9 εἰρώτα codd. pl. : ἠρ- CP || ὅ μοι PDRSV : μοι ὁ ABC || 11 καλῶς ποιέειν PDRSV : π. καλῶς ABC || ἀπαρνεόμενον ABCPD : -νευόμενον RSV || ὀλίγῳ codd. pl. : -γον D¹S Vinc. || τι codd. pl. : τοι(?) V¹ || 14 πρῆγμα codd. pl. : πρᾶγμα P.

tu sais tout, tout ce dont tu désires être informé : ou bien tu es né de ce héros et le héros Astrabacos est ton père, ou bien c'est Ariston ; car je t'ai conçu pendant cette nuit. Si tes ennemis t'attaquent surtout sur ce point, qu'Ariston lui-même, lorsqu'on lui annonça ta naissance, aurait nié, en présence de beaucoup de gens qui l'entendirent, que tu fusses né de lui, parce que le temps réglementaire — les dix mois — n'était pas révolu, sache qu'il laissa échapper cette parole sans savoir ce dont il parlait. Car il arrive aux femmes d'accoucher dans le neuvième mois, dans le septième, sans que toutes accomplissent les dix mois ; pour moi, mon fils, j'ai accouché de toi dans le septième. Ariston lui-même reconnut, peu de temps après, qu'il avait proféré alors une parole inconsidérée. Ne crois pas ce qu'on dit à l'encontre sur ta naissance ; tu viens d'entendre toute la vraie vérité. Puissent la femme de Leutychidès lui-même et les femmes de ceux qui tiennent ces propos leur donner des fils d'ânier ! [1] »

Elle parla ainsi [2]. Démarate, informé de ce qu'il désirait savoir, prit de quoi voyager, et partit pour l'Élide, sous prétexte d'aller à Delphes consulter l'oracle. Les Lacédémo-
70 niens, à qui le soupçon vint qu'il entreprenait de s'échapper,

1. Il est peu probable que la mère de Démarate ait été vraiment soupçonnée de s'être donnée à « l'ânier de la maison ». Un mauvais plaisant, je suppose, imagina après coup cette histoire, en réponse à la prétention de Démarate d'avoir pour père un héros. L'irrévérencieuse facétie a pu être suggérée par le nom même du héros Astrabacos, apparenté au mot ἀστράβη, qui désigne le bât. C'est Démarate qui en fut blessé au vif, et c'est à son courroux personnel qu'il donnait libre cours quand, présentant les choses à sa façon, il mettait dans la bouche de sa mère des protestations indignées.

2. Cette « confession » même de la mère de Démarate laissait subsister un doute quant à sa filiation véritable. Peut-être Démarate, en son for intérieur, ne fut-il jamais bien convaincu de n'être pas simplement le fils d'Agétos. Un fait certain, c'est qu'après la découverte de la fraude de la Pythie il ne réclama pas son rétablissement sur le trône. Il est vrai que, de toute façon, en s'enfuyant de Sparte pour se réfugier chez les Mèdes, il avait « brûlé ses vaisseaux ».

τοῦ ἡρωίου τοῦ παρὰ τῇσι θύρῃσι τῇσι αὐλείῃσι ἱδρυμένου, τὸ καλέουτι Ἀστραβάκου, τοῦτο δὲ οἱ μάντιες τὸν αὐτὸν τοῦτον ἥρωα ἀναίρεον εἶναι. Οὕτω, ὦ παῖ, ἔχεις πᾶν ὅσον τι καὶ βούλεαι πυθέσθαι· ἢ γὰρ ἐκ τοῦ ἥρωος τούτου γέγονας καί τοι πατήρ ἐστι Ἀστράβακος ὁ ἥρως, ἢ Ἀρίστων· ἐν γάρ σε τῇ νυκτὶ ταύτῃ ἀναιρέομαι. Τῇ δέ σεο μάλιστα κατάπτονται οἱ ἐχθροί, λέγοντες ὡς αὐτὸς ὁ Ἀρίστων, ὅτε αὐτῷ σὺ ἠγγέλθης γεγενημένος, πολλῶν ἀκουόντων οὐ φήσειέ σε ἑωυτοῦ εἶναι (τὸν χρόνον γάρ, τοὺς δέκα μῆνας, οὐδέκω ἐξήκειν), ἀϊδρείῃ τῶν τοιούτων κεῖνος τοῦτο ἀπέρριψε τὸ ἔπος. Τίκτουσι γὰρ γυναῖκες καὶ ἐννεάμηνα καὶ ἑπτάμηνα, καὶ οὐ πᾶσαι δέκα μῆνας ἐκτελέσασαι· ἐγὼ δὲ σέ, ὦ παῖ, ἑπτάμηνον ἔτεκον. Ἔγνω δὲ καὶ αὐτὸς ὁ Ἀρίστων οὐ μετὰ πολλὸν χρόνον ὡς ἀγνοίῃ τὸ ἔπος ἐκβάλοι τοῦτο. Λόγους δὲ ἄλλους περὶ γενέσιος τῆς σεωυτοῦ μὴ δέκεο· τὰ γὰρ ἀληθέστατα πάντα ἀκήκοας. Ἐκ δὲ ὀνοφορβῶν αὐτῷ τε Λευτυχίδῃ καὶ τοῖσι ταῦτα λέγουσι τίκτοιεν αἱ γυναῖκες παῖδας. »

Ἡ μὲν δὴ ταῦτα ἔλεγε, ὁ δὲ πυθόμενός τε τὰ ἐβούλετο καὶ ἐπόδια λαβὼν ἐπορεύετο ἐς Ἦλιν, τῷ λόγῳ φὰς ὡς ἐς Δελφοὺς χρησόμενος τῷ χρηστηρίῳ πορεύεται. Λακεδαιμόνιοι δὲ ὑποτοπηθέντες Δημάρητον δρησμῷ ἐπι- 70

**69** 15 ἡρωίου : ἡρώου codd. || αὐλείῃσι ABCP : -λίῃσι D -λῇσιν RSV || 16 Ἀστραβάκου DRSV : Ἀστρο- ABCP || 17 ἀναίρεον ABCPD : -ρετο RV -ρέατο S || 18 βούλεαι ABCP : ἐβούλεο DRSV || 19 τοι PDRSV : σοι ABC || Ἀστράβακος DRSV : Ἀστρό- ABCP || 20 τῇ codd. pl. : τι D || σεο : σευ codd. || 21 αὐτὸς ὁ om. DRSV || 22 αὐτῷ codd. pl. : -ῶν R || σὺ om. PDRSV || γεγενημένος ABC : γενόμενος PDRSV || 23 φήσειε ABCPD[1] : φησί D[2]RSV || σε om. D[1] || ἑωυτοῦ codd. pl. : αὐτοῦ D || 24 οὐδέκω codd. pl. : οὔκω B || 25 γὰρ codd. pl. : γὰρ καὶ R || 27 καὶ om. SV || 28 ὁ om. PDRSV || πολλὸν codd. pl. : πολὺν AB || ἀγνοίῃ Valckenaer : ἀνοίῃ codd. || τὸ PDRSV : τοῦτο τὸ ABC || 29 ἐκβάλοι codd. pl. : -βάλλοι R || τοῦτο om. ABC || σεωυτοῦ ACPD : ἑωυτοῦ BRSV || 30 δέκεο codd. pl. : δέτο C || πάντα om. ABC || 32 αἱ om. RSV.

**70** 2 φὰς ABCP : φήσας DRSV || 3 πορεύεται ABCP : -εύεσθαι DRSV || 4 δρησμῷ codd. pl. : -μὸν D.

se mirent à sa poursuite[1]. Il réussit, les devançant, à passer d'Élide à Zakynthos[2] ; les Lacédémoniens y passèrent après lui, lui mirent la main dessus, lui enlevèrent ses gens. Mais ensuite, comme les Zakynthiens n'accordaient pas son extradition, il passa de chez eux en Asie et se rendit auprès du Roi Darius ; celui-ci le reçut magnifiquement, et lui fit don d'un territoire et de villes[3]. Voilà comment Démarate arriva en Asie et après quelles mésaventures ; il s'était en maintes circonstances illustré à l'avantage des Lacédémoniens par ses actes et ses conseils ; en particulier, il leur avait procuré l'honneur d'une victoire olympique remportée par lui à la course des quadriges, ce qu'il est le seul à avoir fait de tous les rois qui régnèrent à Sparte.

71 Démarate détrôné, Leutychidès fils de Ménarès lui succéda comme roi ; il eut pour fils Zeuxidamos, que certains Spartiates appelaient Kyniscos. Ce Zeuxidamos ne régna pas à Sparte ; il mourut avant Leutychidès, laissant un fils, Archidamos. Leutychidès, quand il eut perdu Zeuxidamos, prit une seconde femme, Eurydamé, qui était sœur de Ménios et fille de Diactoridès ; de cette femme il n'eut pas d'enfant mâle, mais une fille, Lampito, laquelle épousa le fils de Zeuxidamos, Archidamos[4], à qui Leutychidès l'avait donnée[5].

72 Il ne fut pas non plus[6] accordé à Leutychidès de passer sa vieillesse à Sparte, mais il expia en quelque sorte, et voici comment, ce qu'il avait fait à Démarate. Commandant pour

1. Ils connaissaient assez le caractère de Démarate pour tout craindre de son orgueil blessé ; et son attitude dans l'affaire d'Égine avait pu le faire soupçonner de « médisme ».

2. L'île de Zante.

3. Pergame, Teuthrania et Halisarna. D'après Xénophon (*Hell.*, III 1 6), Démarate n'aurait reçu ces villes que plus tard, de Xerxès, en récompense de sa participation à l'expédition contre la Grèce ; on conçoit qu'à Teuthrania on ait préféré une autre version.

4. Née d'un mariage tardif de Leutychidès, Lampito était plus jeune que son neveu, dont elle devint la femme.

5. Probablement par disposition testamentaire.

6. Οὐδέ. Pas plus que d'avoir un fils pour successeur.

χειρέειν ἐδίωκον. Καί κως ἔφθη ἐς Ζάκυνθον διαβὰς ὁ Δημάρητος ἐκ τῆς Ἤλιδος· ἐπιδιαβάντες δὲ οἱ Λακεδαιμόνιοι αὐτοῦ τε ἅπτοντο καὶ τοὺς θεράποντας αὐτὸν ἀπαιρέονται. Μετὰ δέ, οὐ γὰρ ἐξεδίδοσαν αὐτὸν οἱ Ζακύνθιοι, ἐνθεῦτεν διαβαίνει ἐς τὴν Ἀσίην παρὰ βασιλέα Δαρεῖον· ὁ δὲ ὑπεδέξατό τε αὐτὸν μεγαλωστὶ καὶ γῆν τε καὶ πόλις ἔδωκε. Οὕτω ἀπίκετο ἐς τὴν Ἀσίην Δημάρητος καὶ τοιαύτῃ χρησάμενος τύχῃ, ἄλλα τε Λακεδαιμονίοισι συχνὰ ἔργοισί τε καὶ γνώμῃσι ἀπολαμπρυνθείς, ἐν δὲ δὴ καὶ Ὀλυμπιάδα σφι ἀνελόμενος τεθρίππῳ προσέβαλε, μοῦνος τοῦτο πάντων δὴ τῶν γενομένων βασιλέων ἐν Σπάρτῃ ποιήσας.

71 Λευτυχίδης δὲ ὁ Μενάρεος Δημαρήτου καταπαυσθέντος διεδέξατο τὴν βασιληίην· καί οἱ γίνεται παῖς Ζευξίδημος, τὸν δὴ Κυνίσκον μετεξέτεροι Σπαρτιητέων ἐκάλεον. Οὗτος ὁ Ζευξίδημος οὐκ ἐβασίλευσε Σπάρτης· πρὸ Λευτυχίδεω γὰρ τελευτᾷ, λιπὼν παῖδα Ἀρχίδημον. Λευτυχίδης δὲ στερηθεὶς Ζευξιδήμου γαμέει δευτέρην γυναῖκα Εὐρυδάμην, ἐοῦσαν Μενίου μὲν ἀδελφεήν, Διεκτορίδεω δὲ θυγατέρα, ἐκ τῆς οἱ ἔρσεν μὲν γίνεται οὐδέν, θυγάτηρ δὲ Λαμπιτώ, τὴν Ἀρχίδημος ὁ Ζευξιδήμου γαμέει δόντος αὐτῷ Λευτυχίδεω.

72 Οὐ μὲν οὐδὲ Λευτυχίδης κατεγήρα ἐν Σπάρτῃ, ἀλλὰ τίσιν τοιήνδε τινὰ Δημαρήτῳ ἐξέτεισε. Ἐστρατήγησε Λακεδαιμονίοισι ἐς Θεσσαλίην,

**70** 6 ἐπιδιαβάντες PDRSV : ἐπιβάντες ABC || 7 ἅπτοντο ABC : -νται PURSV || αὐτοῦ ABCP : -τόν DRSV || 8 ἀπαιρέονται codd. pl. : -οντο Laur. LXX 6 C inc. || 9 Ζακύνθιοι codd. pl. : Ζακίν- D || 10 τε om. DRSV || μεγαλωστὶ ABCP : -γάλως DRSV || 11 πόλις S : -εις DRV -ιας ABCP || 14 Ὀλυμπιάδα codd. pl. : -άδαι D -άδας R || προσέβαλε AB¹CP² : -έλαβε B²P¹DRSV || 15 γεν. βασ. codd. pl. : γεν. βασ. γεν. R || ἐν om. B.

**71** 5 Λευτυχίδεω... Ἀρχίδημον om. R || λιπὼν AB¹CP : καταλιπὼν B²DSV || 7 Μενίου B²PDRSV : τὴν Μενίου AB¹C || μὲν om. AB¹C || 7-8 Διακτορίδεω ABCPD : -τορίω RV -τορίεω S.

**72** 2 Δημαρήτῳ codd. pl. : -του S Vinc. || 3 ἐξέτεισε : -τισε(ν) codd. pl. : -τησεν R.

Lacédémone en Thessalie [1], et étant à même de soumettre tout le pays, il se laissa corrompre par le don d'une grosse somme d'argent ; on le surprit en flagrant délit dans son camp même, assis sur une manche [2] pleine d'argent ; traduit devant un tribunal, il fut exilé de Sparte, et sa maison abattue ; il alla
73 vivre en exil à Tégée et y mourut. Cela n'arriva que plus tard [3]. Pour lors, aussitôt que l'entreprise contre Démarate eut réussi [4] au gré de Cléomène, celui-ci prit avec lui Leutychidès et se disposa à attaquer les Éginètes, auxquels il en voulait très fort de l'affront qu'ils lui avaient fait. Les Éginètes, quand ils virent venir contre eux les deux rois, ne jugèrent pas à propos de résister davantage ; et ceux-ci choisirent et emmenèrent dix citoyens d'Égine, des plus en vue par leur richesse et leur naissance, entre autres Crios fils de Polycritos et Casambos fils d'Aristocratès, qui avaient le plus d'autorité ; ils les emmenèrent en territoire attique et les remirent à la garde des pires ennemis d'Égine, les Athéniens [5].

74 Ensuite, les coupables manœuvres de Cléomène contre Démarate étant devenues de notoriété publique, il prit peur des Spartiates, et se retira furtivement en Thessalie. De là, il vint en Arcadie, où il chercha à provoquer des troubles, coalisant les Arcadiens contre Sparte, leur faisant promettre sous la foi de serments de le suivre partout où il les condui-

1. Pour châtier les Thessaliens qui avaient pris le parti de Xerxès ; probablement en 476.

2. Ἐπικατήμενος χειρίδι. Le mot χειρίς désigne une longue manche telle qu'en comportait le costume barbare (Xén., *Hell.*, II 1 8 ; *Cyr.*, VIII 3 14). Désignait-il aussi une sorte de sac semblable à une manche étranglée aux deux bouts ? Ou Leutychidès se servait-il d'une manche comme « bas de laine » ?

3. Leutychidès mourut en 469.

4. Ὠρθώθη est donné par le seul manuscrit S. Il est employé ici comme l. I ch. 208 l. 8. Ὡδώθη, que donnent la plupart des manuscrits, signifierait « était mise en bonne voie » ; mais l'entreprise était d'ores et déjà menée à bonne fin.

5. Pourquoi pas à Sparte ? La conduite de Cléomène, pressé d'assouvir une vengeance personnelle, n'y était sans doute pas du goût de tout le monde (ch. 85).

παρεὸν δέ οἱ πάντα ὑποχείρια ποιήσασθαι ἐδωροδόκησε ἀργύριον πολλόν· ἐπ' αὐτοφώρῳ δὲ ἁλοὺς αὐτοῦ ἐν τῷ στρατοπέδῳ ἐπικατήμενος χειρίδι πλέῃ ἀργυρίου, ἔφυγε ἐκ Σπάρτης ὑπὸ δικαστήριον ὑπαχθείς, καὶ τὰ οἰκία οἱ κατεσκάφη· ἔφυγε δὲ ἐς Τεγέην καὶ ἐτελεύτησε ἐν ταύτῃ. Ταῦτα μὲν δὴ ἐγένετο χρόνῳ ὕστερον. Τότε δὲ ὡς τῷ 73
Κλεομένεϊ ὠρθώθη τὸ ἐς τὸν Δημάρητον πρῆγμα, αὐτίκα παραλαβὼν Λευτυχίδην ἤιε ἐπὶ τοὺς Αἰγινήτας, δεινόν τινά σφι ἔγκοτον διὰ τὸν προπηλακισμὸν ἔχων. Οὕτω δὴ οὔτε οἱ Αἰγινῆται, ἀμφοτέρων τῶν βασιλέων ἡκόντων ἐπ' αὐτούς, ἐδικαίουν ἔτι ἀντιβαίνειν, ἐκεῖνοί τε ἐπιλεξάμενοι ἄνδρας δέκα Αἰγινητέων τοὺς πλείστου ἀξίους καὶ πλούτῳ καὶ γένεϊ ἦγον, καὶ ἄλλους καὶ δὴ καὶ Κριόν τε τὸν Πολυκρίτου καὶ Κάσαμβον τὸν Ἀριστοκράτεος, οἵ περ εἶχον μέγιστον κράτος· ἀγαγόντες δέ σφεας ἐς γῆν τὴν Ἀττικὴν παραθήκην κατατίθενται ἐς τοὺς ἐχθίστους Αἰγινήτῃσι Ἀθηναίους.

Μετὰ δὲ ταῦτα Κλεομένεα ἐπάϊστον γενόμενον κακοτε- 74
χνήσαντα ἐς Δημάρητον δεῖμα ἔλαβε Σπαρτιητέων καὶ ὑπεξέσχε ἐς Θεσσαλίην. Ἐνθεῦτεν δὲ ἀπικόμενος ἐς τὴν Ἀρκαδίην νεώτερα ἔπρησσε πρήγματα, συνιστὰς τοὺς Ἀρκάδας ἐπὶ τῇ Σπάρτῃ, ἄλλους τε ὅρκους προσάγων σφι ἦ μὲν ἕψεσθαί σφεας αὐτῷ τῇ ἂν ἐξηγέηται, καὶ δὴ καὶ ἐς

**72** 4 πάντα ὑποχείρια ABC : ὑποχ. πάντα PDRSV || ἐδωροδόκησε codd. pl. : -κισε D[1] || 5 πολλόν : πολύ codd. || αὐτοῦ cod. pl. : -τῷ C || 6 χειρίδι πλέῃ Wesseling : χειρὶ διπλῇ codd. || 7 οἱ codd. pl. : οὐ CSV || 8 ἐς Τεγέην ABCP : ἐν Τεγέῃ DRSV.

**73** 2 ὠρθώθη S : ὠδώθη codd. pl. εὐωδ- C[1]P εὐοδ- C[2] || 3 Λευτυχίδην PDRS : -δεα ABC Vinc. || 6 ἐδικαίουν : -καίευν ABCPD : -δίκευν RSV || 7 καὶ om. DRSV || 10 γῆν (cf. 102 l. 3) : om. SV || 11 κατατίθενται PDRSV : παρατ- ABC Thomas Mag. 313 || 12 Ἀθηναίους codd. pl. : -αίων D.

**74** 2 καὶ om. C || 3 ὑπεξέσχε codd. pl. : -έχει SV (?) || δὲ om. Suidas s. v. ὑπεξέσχεν || 6 μὲν B[2]PDRSV (cf. Bechtel *Ion. Dial.* 224) : μὴν AC Const. μιν B[1] || τῇ PDRSV : ᾗ ABC Const. || ἐξεγέηται : -γῆται codd. || καὶ (post δὴ) om. C.

rait ; en particulier, il tenait fort à faire venir à la ville de Nonacris[1] ceux qui étaient à la tête du pays pour qu'ils y jurassent par l'eau du Styx[2]. Car sur le territoire de cette ville, au dire des Arcadiens, est l'eau du Styx, et, en fait, voici ce qu'il y a[3] : un filet d'eau apparaît, sortant d'une roche ; il tombe goutte à goutte[4] dans une combe ; tout autour de cette combe court, en cercle, une muraille de pierres brutes. Nonacris, où se trouve cette source, est une ville
75 d'Arcadie voisine de Phénée. Quand les Spartiates apprirent ce que tramait Cléomène, ils furent effrayés[5] ; ils le rappelèrent à Sparte pour y avoir la même autorité qu'auparavant. Mais, aussitôt après son retour, il fut pris, lui qui avait d'avance l'esprit quelque peu dérangé[6], d'une maladie furieuse ; à tous les Spartiates qu'il rencontrait, il assénait son bâton[7] sur la figure. Ses proches, qui le voyaient agir de la sorte et déraisonner, le firent attacher dans des entraves de bois. Ainsi attaché, un jour qu'il vit l'homme qui le gardait isolé de ses compagnons, il lui demanda un couteau ; l'homme de garde refusa d'abord de le donner ; Cléomène le menaça alors du traitement qu'il lui ferait subir quand il serait détaché ; tant et si bien que le garde, effrayé de ces menaces (car c'était un hilote), lui donna un couteau. En possession

1. Dans le Nord de l'Arcadie, au N.-O. de Phénée, non loin du Crathis, où aboutissait « l'eau du Styx ».

2. Un serment prêté par l'eau du Styx arcadien, à laquelle on attribuait des propriétés redoutables (Paus., VIII 18 2), passait probablement dans le pays pour lier plus que tout autre celui qui le prêtait, comme c'était le cas chez les dieux pour un serment prêté par l'eau du Styx infernal (*Il.*, XV 37).

3. Sur cette description, cf. Notice, p. 63, n. 3.

4. Même expression chez Pausanias VIII 18 2.

5. Le voisinage d'une ligue fortement organisée des cités arcadiennes eût constitué pour Sparte un danger permanent.

6. Cf. V 42 (ἦν οὐ φρενήρης ἀκρομανής τε) et la note *ad l.* Ὑπομαργότερος, épithète appliquée ailleurs (III 29, 145) à Cambyze et au frère de Maiandrios, équivaut à ἀκρομανής.

7. Σκῆπτρον ; son bâton, sa « canne » (cf. I 195). Si les rois de Sparte avaient un « sceptre » pour insigne, Cléomène ne devait pas prendre le sien pour se promener dans les rues.

Νώνακριν πόλιν πρόθυμος ἦν τῶν Ἀρκάδων τοὺς προ-
εστεῶτας ἀγινέων ἐξορκοῦν τὸ Στυγὸς ὕδωρ. Ἐν δὲ ταύτῃ
τῇ πόλι λέγεται εἶναι ὑπ' Ἀρκάδων τὸ Στυγὸς ὕδωρ, καὶ
δὴ καὶ ἔστι τοιόνδε τι· ὕδωρ ὀλίγον φαινόμενον ἐκ πέτρης
στάζει ἐς ἄγκος, τὸ δὲ ἄγκος αἱμασιῆς τις περιθέει
κύκλος. Ἡ δὲ Νώνακρις, ἐν τῇ ἡ πηγὴ αὕτη τυγχάνει
ἐοῦσα, πόλις ἐστὶ τῆς Ἀρκαδίης πρὸς Φενεῷ. Μαθόντες δὲ 75
Κλεομένεα Λακεδαιμόνιοι ταῦτα πρήσσοντα κατῆγον αὐτὸν
δείσαντες ἐπὶ τοῖσι αὐτοῖσι ἐς Σπάρτην τοῖσι καὶ πρότερον
ἦρχε. Κατελθόντα δὲ αὐτὸν αὐτίκα ὑπέλαβε μανίη νοῦσος,
ἐόντα καὶ πρότερον ὑπομαργότερον· ὅκως γάρ τεῳ ἐντύχοι
Σπαρτιητέων, ἐνέχραυε ἐς τὸ πρόσωπον τὸ σκῆπτρον.
Ποιεῦντα δὲ αὐτὸν ταῦτα καὶ παραφρονήσαντα ἔδησαν οἱ
προσήκοντες ἐν ξύλῳ. Ὁ δὲ δεθεὶς τὸν φύλακον μουνω-
θέντα ἰδὼν τῶν ἄλλων αἰτέει μάχαιραν· οὐ βουλομένου δὲ
τὰ πρῶτα τοῦ φυλάκου διδόναι, ἀπείλεε τά μιν λυθεὶς
ποιήσει, ἐς ὃ δείσας τὰς ἀπειλὰς ὁ φύλακος (ἦν γὰρ τῶν
τις εἱλωτέων) διδοῖ οἱ μάχαιραν. Κλεομένης δὲ παραλαβὼν
τὸν σίδηρον ἄρχετο ἐκ τῶν κνημέων ἑωυτὸν λωβώμενος·

**74** 7 Νώνακριν ABCP$^{2}$S : -άκρην D$^{1}$RV || πρόθυμος codd. pl. : -θύμως R || 7-8 προεστεῶτας ABCPS : -εστῶτας DRV Const., Porph. apud Stob. *Phys.* I 41, 51. || 8 ἀγινέων codd. : -νεῖν Porph. || ἐξορκοῦν A$^{2}$ : -κου A$^{1}$B$^{1}$C Const. -κῶν B$^{1}$PDRSV Porph. || 8-9 ἐν δὲ... ὕδωρ om. C || 9 πόλι : -ει codd. pl. : V inc. || λέγεται codd. pl. : λέγεταί τε B$^{2}$ || ὑπ' codd. pl. : τῶν AB$^{1}$(?)P(?) || 9-10 καὶ δὴ... ὕδωρ om. B || 11 ἄγκος (bis) ABCPD : ἄγγος RSV.

**75** 2 Κλεομ. Λακεδ. ABC : Λακεδ. Κλεομ. PDRSV Const. || post αὐτὸν in S ἐν Σπάρτῃ legitur || 3 ἐς Σπάρτην om. S. An post αὐτόν (l. 2) transferendum? || 4 αὐτὸν om. DRSV || μανίη AB$^{1}$ : -ίῃ C -ίης B$^{2}$PDRSV || 5 καὶ πρότερον om. Suidas s. v. ἐνέχραυε || τεῳ om. Suidas || ἐντύχοι codd. pl. : -χῃ C || 6 ἐς τὸ πρόσωπον τὸ σκῆπτρον codd. : τὸ πρόσ. τῷ σκήπτρῳ Suidas || 7 ποιεῦντα DRSV : -έοντα ABCP || δὲ ABCPS : δὴ DRV || 9 αἰτέει ABC : αἴτεε PDRSV || 10 τὰ codd. pl. : τοῦ RV || τοῦ φυλάκου ante τὰ ABC || λυθεὶς B$^{2}$ : αὖθις (vel αὖτις) cett || 11 ποιήσει Schweighäuser : -σειε(ν) codd. || 12 οἱ (post διδοῖ) om. AB$^{1}$C || 13 ἑωυτὸν ABCP : -τῷ DRSV || λωβώμενος codd. pl. : λαβό- V.

de cette arme, Cléomène se mit à se déchirer; en commençant par les jambes ; tailladant les chairs en lanières, il passa des jambes aux cuisses, des cuisses aux hanches et aux flancs, et continua jusqu'au ventre, qu'il découpa de même ; et il périt de la sorte ; à ce que disent la plupart des Grecs, ce fut parce qu'il avait persuadé à la Pythie de dire ce qu'elle avait dit au sujet de Démarate ; d'après les Athéniens, seuls, parce que, ayant fait invasion à Éleusis, il avait coupé les arbres dans l'enceinte consacrée aux Déesses ; au dire des Argiens, parce que, après avoir fait sortir d'un sanctuaire de leur héros Argos ceux des leurs qui s'y étaient réfugiés à la suite de la bataille, il les avait massacrés, et, dans un transport de démence, avait incendié le bois sacré lui-même.

76 Un jour en effet que Cléomène consultait l'oracle de Delphes, il lui avait été répondu qu'il s'emparerait d'Argos. A la tête des Spartiates, il avança jusqu'au bord du fleuve Érasinos[1], qui, dit-on, vient du lac de Stymphale (les eaux de ce lac se déverseraient dans un gouffre caché pour reparaître au pays d'Argos, et seraient ce que les Argiens, à partir de ce point, appellent Érasinos) ; parvenu donc au bord de ce fleuve, Cléomène lui offrit des sacrifices. Comme les présages fournis par les victimes s'opposaient nettement à ce qu'il le traversât, il déclara qu'il approuvait l'Érasinos de ne pas trahir ses concitoyens, mais que, même dans ces conditions, les Argiens n'auraient pas lieu de se réjouir[2] ; puis il battit en retraite et ramena l'armée en Thyréatide[3] ; là, après avoir sacrifié un taureau à la mer[4], il embarqua ses troupes[5] et les
77 conduisit dans la région de Tirynthe et Nauplie. Informés de

1. Ce fleuve côtier formait la frontière entre la Laconie et l'Argolide, et barrait le chemin d'Argos.

2. Peu respectueux en d'autres cas des prescriptions religieuses (V 72, VI 81), Cléomène n'en tient compte qu'à contre-cœur, et il se dédommage par une boutade ironique.

3. Sur la Thyréatide, cf. I 82 et la note *ad l.*

4. A la mer, ou à une divinité marine ?

5. Sur des vaisseaux demandés aux Éginètes et aux Sicyoniens (ch. 92). Cela n'avait pas dû se faire à l'insu des Argiens ; mais ils ne savaient pas où Cléomène débarquerait.

ἐπιτάμνων γὰρ κατὰ μῆκος τὰς σάρκας προέβαινε ἐκ τῶν
κνημέων ἐς τοὺς μηρούς, ἐκ δὲ τῶν μηρῶν ἔς τε τὰ ἰσχία
καὶ τὰς λαπάρας, ἐς ὃ ἐς τὴν γαστέρα ἀπίκετο καὶ ταύτην
καταχορδεύων ἀπέθανε τρόπῳ τοιούτῳ, ὡς μὲν οἱ πολλοὶ
λέγουσι Ἑλλήνων, ὅτι τὴν Πυθίην ἀνέγνωσε τὰ περὶ
Δημαρήτου [γενόμενα] λέγειν, ὡς δὲ Ἀθηναῖοι μοῦνοι
λέγουσι, διότι ἐς Ἐλευσῖνα ἐσβαλὼν ἔκειρε τὸ τέμενος τῶν
θεῶν, ὡς δὲ Ἀργεῖοι, ὅτι ἐξ ἱροῦ αὐτῶν τοῦ Ἄργου
Ἀργείων τοὺς καταφυγόντας ἐκ τῆς μάχης καταγινέων
κατέκοπτε καὶ αὐτὸ τὸ ἄλσος ἐν ἀλογίῃ ἔχων ἐνέπρησε.

Κλεομένεϊ γὰρ μαντευομένῳ ἐν Δελφοῖσι ἐχρήσθη Ἄργος 76
αἱρήσειν. Ἐπείτε δὲ Σπαρτιήτας ἄγων ἀπίκετο ἐπὶ ποταμὸν Ἐρασῖνον, ὃς λέγεται ῥέειν ἐκ τῆς Στυμφηλίδος
λίμνης (τὴν γὰρ δὴ λίμνην ταύτην ἐς χάσμα ἀφανὲς ἐκδι-
δοῦσαν ἀναφαίνεσθαι ἐν Ἄργεϊ, τὸ ἐνθεῦτεν δὲ τὸ ὕδωρ
ἤδη τοῦτο ὑπ' Ἀργείων Ἐρασῖνον καλέεσθαι), ἀπικόμενος
ὦν ὁ Κλεομένης ἐπὶ τὸν ποταμὸν τοῦτον ἐσφαγιάζετο
αὐτῷ. Καί, οὐ γὰρ ἐκαλλιέρεε οὐδαμῶς διαβαίνειν μιν,
ἄγασθαι μὲν ἔφη τοῦ Ἐρασίνου οὐ προδιδόντος τοὺς
πολιήτας, Ἀργείους μέντοι οὐδ' ὣς χαιρήσειν. Μετὰ δὲ
ταῦτα ἐξαναχωρήσας τὴν στρατιὴν κατήγαγε ἐς Θυρέην,
σφαγιασάμενος δὲ τῇ θαλάσσῃ ταῦρον πλοίοισί σφεας ἤγαγε
ἔς τε τὴν Τιρυνθίην χώρην καὶ Ναυπλίην. Ἀργεῖοι δὲ 77

**75** 14 προέβαινε PDRSV : προύβαινε(ν) ABC || 15 τε om. PDRSV || 18 ὅτι ABCP : διότι DRSV || ἀνέγνωσε ABC : ἀνέγνω ἐς DRSV ἀνέγνωσε ἐς P || 19 Δημαρήτου AB$^1$ (-ίτου B$^2$)C : -άρητον PDRSV || [γενόμενα] codd. pl. : γιν- C. Delevit Gomperz || γ. λέγειν PDRSV : λέγειν γ. ABC || μοῦνοι om. ABC || 20 ἐς om. R || 23 ἀλογίῃ ἔχων AB$^1$CP : ἀπορίῃ σχὼν B$^1$DRSV.

**76** 2 δὲ B$^2$PRSV : δὴ AB$^1$C om. D || 3 Στυμφηλίδος : Στυμφα... AB (ubi Συμ-) CP -φηλίης DRSV || 5 ἐνθεῦτεν δὲ codd. pl. : δὲ ἐνθ. δὲ R || 6 Ἐρασῖνον codd. pl. : -σεῖνον B$^2$ || 7 ὦν PDRSV : δ' ὦν ABC || 9 ἄγασθαι codd. pl. : ἀγᾶσθαι R || Ἐρασίνου codd. pl. : -σείνου B$^2$ || 10-11 δὲ ταῦτα ABCP : ταῦτα δὲ DRSV || 11 κατήγαγε codd. pl. : κατῆγε CP || Θυρέην codd. pl. : -αίην D || 13 ἔς codd. pl. : εἴς V || τε om. DRSV || Τιρυνθίην codd. pl. : Τυριν- AB.

ce mouvement, les Argiens se portèrent à la rescousse sur les bords de la mer ; et, quand ils furent à proximité de Tirynthe, au lieu qui a nom Sépeia, ils s'établirent en face des Lacédémoniens, laissant peu d'espace entre les deux armées. Dans cette position, les Argiens ne redoutaient pas le combat livré ouvertement, mais craignaient qu'on ne triomphât d'eux par ruse. Car c'était à cela que faisait allusion l'oracle rendu par la Pythie en commun à eux et aux gens de Milet[1], où était dit ceci : « Mais quand la femelle victorieuse repoussera le mâle et gagnera de la gloire chez les Argiens, alors elle sera cause que beaucoup d'Argiennes se déchireront le visage, en sorte qu'on dira même chez les hommes à venir : « Le terrible serpent aux trois replis a péri dompté par la lame. » Le concours de toutes ces circonstances[2] effrayait les Argiens. Ils résolurent en conséquence de se régler sur le héraut des ennemis ; et, cette résolution prise, ils agirent ainsi : chaque fois que le héraut spartiate donnait aux Lacédémoniens le signal de faire telle ou telle chose, eux aussi en
78 faisaient autant. Mais Cléomène observa qu'ils se conformaient aux signaux donnés par le héraut des Lacédémoniens ; il enjoignit à ses hommes, quand le héraut donnerait le signal du repas, de prendre les armes et de marcher sus aux Argiens. Les Lacédémoniens exécutèrent cet ordre ; ils

1. Cf. ch. 19 et la note *ad l.* L'oracle dut être rendu aux Argiens quand ils furent menacés par Cléomène. On a pensé que la victoire « de la femelle sur le mâle » était celle de Télésilla (Paus., II 20 8), auquel cas l'oracle aurait été inventé *post eventum* ; mais cette victoire est présentée ici comme l'annonce d'un désastre, tandis que l'exploit de Télésilla suivit la bataille de Sépeia. Les Argiens ont pu voir dans les deux premiers vers le conseil de se défier de la ruse, qui fait triompher même la faiblesse de la force ; je doute que les prêtres de Delphes aient eu une intention aussi précise ; ils devaient tenir pour probable la victoire des Spartiates, et voulaient la saluer. A cela près, Ils parlaient au hasard, s'en remettant à la piété des fidèles, non moins ingénieuse que l'exégèse moderne (cf. Macan *ad l.*), de trouver dans ce qui arriverait une justification de leurs paroles.

2. Y compris le fait que l'action se passait à Sépeia. Dans les mots δεινὸς ὄφις désignant le parti voué à la défaite, les Argiens

ἐβοήθεον πυνθανόμενοι ταῦτα ἐπὶ θάλασσαν· ὡς δὲ ἀγχοῦ μὲν ἐγίνοντο τῆς Τίρυνθος, χώρῳ δὲ ἐν τούτῳ τῷ κεῖται Σήπεια οὔνομα, μεταίχμιον οὐ μέγα ἀπολιπόντες ἵζοντο ἀντίοι τοῖσι Λακεδαιμονίοισι. Ἐνθαῦτα δὴ οἱ Ἀργεῖοι τὴν μὲν ἐκ τοῦ φανεροῦ μάχην οὐκ ἐφοβέοντο, ἀλλὰ μὴ δόλῳ αἱρεθέωσι. Καὶ γὰρ δή σφι ἐς τοῦτο τὸ πρῆγμα εἶχε τὸ χρηστήριον, τὸ ἐπίκοινα ἔχρησε ἡ Πυθίη τούτοισί τε καὶ Μιλησίοισι λέγον ὧδε·

« Ἀλλ' ὅταν ἡ θήλεια τὸν ἄρσενα νικήσασα
ἐξελάσῃ καὶ κῦδος ἐν Ἀργείοισιν ἄρηται,
πολλὰς Ἀργείων ἀμφιδρυφέας τότε θήσει.
Ὥς ποτέ τις ἐρέει καὶ ἐπεσσομένων ἀνθρώπων·
« Δεινὸς ὄφις τριέλικτος ἀπώλετο δουρὶ δαμασθείς. »

Ταῦτα δὴ πάντα συνελθόντα τοῖσι Ἀργείοισι φόβον παρεῖχε. Καὶ δή σφι πρὸς ταῦτα ἔδοξε τῷ κήρυκι τῶν πολεμίων χρᾶσθαι, δόξαν δέ σφι ἐποίευν τοιόνδε· ὅκως ὁ Σπαρτιήτης κῆρυξ προσημαίνοι τι Λακεδαιμονίοισι, ἐποίευν καὶ οἱ Ἀργεῖοι τὠυτὸ τοῦτο. Μαθὼν δὲ ὁ Κλεομένης 78 ποιεῦντας τοὺς Ἀργείους ὁκοῖόν τι ὁ σφέτερος κῆρυξ σημήνειε, παραγγέλλει σφι, ὅταν σημήνῃ ὁ κῆρυξ ποιέεσθαι ἄριστον, τότε ἀναλαβόντας τὰ ὅπλα χωρέειν ἐς τοὺς Ἀργείους. Ταῦτα καὶ ἐγένετο ἐπιτελέα ἐκ τῶν Λακεδαιμονίων· ἄριστον γὰρ ποιευμένοισι τοῖσι Ἀργείοισι ἐκ τοῦ κηρύγματος ἐπεκέατο, καὶ πολλοὺς μὲν ἐφόνευσαν αὐτῶν, πολλῷ δέ τι πλέονας ἐς τὸ ἄλσος τοῦ Ἄργου καταφυ-

**77** 3 κεῖται : κέεται codd. || 4 Σήπεια B²RSV : ἡ Σίπεια CP Σίππεια D ἡ σίππεια AB¹ || 5 ἀντίοι B²PDRSV : -ίον ABC || 7 αἱρεθέωσι ABCP : -θῶσι DRSV || 8 ἐπίκοινα ABCP : ἐπὶ κοινῇ DRSV || 9 λέγον codd. pl. : λέγοντα D || 13 ἐπεσσομένων codd. pl. : ἐπ' ἐσσ- P || 14 τριέλικτος B²PD : -έληκτος RSV ἀέλικτος AB¹C || 18 προσημαίνοι ABCP : -νῃ D -νει RSV || 19 οἱ om. C.

**78** 3 ποιέεσθαι codd. pl. : ποιέσθε (sic) R || 4 χωρέειν codd. pl. : χωρεύειν P¹(?)R χορεύειν V || 5 ἐγένετο AB¹CP : ἐγί- B²DRSV || 8 δέ τι DRSV : δ' ἔτι P δὲ ABC || πλέονας : πλεῦ- codd.

assaillirent les Argiens pendant que, au signal du héraut, ils prenaient leur repas et en tuèrent un grand nombre ; un bien plus grand nombre, qui s'était réfugié dans le bois sacré
79 d'Argos, fut cerné et gardé à vue. Et voici ce que fit ensuite Cléomène. Informé par des transfuges qu'il avait près de lui, il envoya un héraut et invita à sortir du lieu saint, en les appelant par leurs noms, ceux des Argiens qui y étaient enfermés ; il les fit inviter à sortir en affirmant qu'il avait leur rançon ; la somme à verser comme rançon est fixée chez les Péloponnésiens à deux mines par tête de prisonnier. Une cinquantaine d'Argiens sortirent donc un à un à l'appel de Cléomène, et il les fit périr. Apparemment, ceux qui restaient dans l'enceinte sacrée ne s'apercevaient pas de la chose ; le bois étant épais, ceux qui étaient dedans ne voyaient pas quel sort subissaient ceux qui étaient dehors ; cela dura jusqu'à ce que l'un d'eux, étant monté sur un arbre, découvrit ce qui se faisait. A partir de ce moment, bien qu'on les
80 appelât, ils ne sortirent plus. Cléomène ordonna alors à tous les hilotes d'entasser tout autour du bois du combustible ; et, quand ils eurent obéi, il y mit le feu. Tandis que le bois était déjà en flammes, il demanda à l'un des transfuges à quel dieu il était consacré ; l'homme répondit : « A Argos. » Quand il eut entendu cette réponse, Cléomène poussa un profond soupir : « O Apollon », dit-il, « dieu des oracles, tu m'as grandement trompé, en me disant que je prendrais Argos ; je pense que, pour moi, l'oracle est accompli. »
81 Ensuite, Cléomène congédia pour qu'elle retournât à Sparte la plus grande partie de l'armée ; lui, avec mille hommes qui composaient l'élite, se rendit au temple d'Héra pour offrir un sacrifice. Comme il voulait sacrifier lui-même sur l'autel, le prêtre[1] le lui défendit, alléguant qu'il n'était point permis

devaient voir une allusion au héros Argos, ἄργος étant chez eux équivalent d'ὄφις (Bekker, *An.*, 442), ou au blason d'Adraste, autre héros national (Eur., *Phén.*, 1137). Sépeia, dont le nom s'apparente à σήπειν, allait-il voir « se pourrir », comme Pytho dont le nom s'apparente à πύθειν, le cadavre d'un serpent vaincu ?

1. Un membre du clergé subordonné à la prêtresse.

γόντας περιιζόμενοι ἐφύλασσον. Ἐνθεῦτεν δὲ ὁ Κλεομένης 79
ἐποίεε τοιόνδε· ἔχων αὐτομόλους ἄνδρας καὶ πυνθανόμενος
τούτων ἐξεκάλεε, πέμπων κήρυκα, ὀνομαστὶ λέγων τῶν
Ἀργείων τοὺς ἐν τῷ ἱρῷ ἀπεργμένους, ἐξεκάλεε δὲ φὰς
αὐτῶν ἔχειν τὰ ἄποινα· ἄποινα δέ ἐστι Πελοποννησίοισι
δύο μνέαι τεταγμέναι κατ᾽ ἄνδρα αἰχμάλωτον ἐκτίνειν.
Κατὰ πεντήκοντα δὴ ὦν τῶν Ἀργείων ὡς ἑκάστους ἐκκα-
λεόμενος ὁ Κλεομένης ἔκτεινε. Ταῦτα δέ κως γινόμενα
ἐλελήθεε τοὺς λοιποὺς τοὺς ἐν τῷ τεμένεϊ· ἅτε γὰρ πυκνοῦ
ἐόντος τοῦ ἄλσεος οὐκ ὥρων οἱ ἐντὸς τοὺς ἐκτὸς ὅ τι
ἔπρησσον, πρίν γε δὴ αὐτῶν τις ἀναβὰς ἐπὶ δένδρος
κατεῖδε τὸ ποιεύμενον. Οὐκ ὦν δὴ ἔτι καλεόμενοι ἐξήισαν.
Ἐνθαῦτα δὴ ὁ Κλεομένης ἐκέλευε πάντα τινὰ τῶν εἱλω- 80
τέων περινέειν ὕλῃ τὸ ἄλσος· τῶν δὲ πιθομένων ἐνέπρησε
τὸ ἄλσος. Καιομένου δὲ ἤδη ἐπείρετο τῶν τινα αὐτο-
μόλων τίνος εἴη θεῶν τὸ ἄλσος· ὁ δὲ ἔφη Ἄργου εἶναι.
Ὁ δὲ ὡς ἤκουσε, ἀναστενάξας μέγα εἶπε· « Ὦ Ἄπολλον
χρηστήριε, ἦ μεγάλως με ἠπάτηκας φάμενος Ἄργος
αἱρήσειν. Συμβάλλομαι δ᾽ ἐξήκειν μοι τὸ χρηστήριον. »
Μετὰ δὲ ταῦτα ὁ Κλεομένης τὴν μὲν πλέω στρατιὴν 81
ἀπῆκε ἀπιέναι ἐς Σπάρτην, χιλίους δὲ αὐτὸς λαβὼν τοὺς
ἀριστέας ἤιε ἐς τὸ Ἡραῖον θύσων. Βουλομένου δὲ αὐτοῦ
θύειν ἐπὶ τοῦ βωμοῦ ὁ ἱρεὺς ἀπηγόρευε, φὰς οὐκ ὅσιον

**78** 9 περιιζόμενοι B$^{2}$PDRSV : περιεζ- AB$^{1}$C.

**79** 1 δὲ codd. pl. : δὴ S || 2 πυνθανόμενος codd. pl. : -ένους B$^{1}$C || 3 τούτων PDRSV : -έων ABC || 4 ἱρῷ codd. pl. : ἱερῷ A || φὰς ABCP : σφέας DRSV || 6 ἐκτίνειν codd. pl. : κτίνειν R || 7 ἑκάστους ACP : -του cett. || 7-8 ἐκκαλεόμενος PDRSV : -καλεύ- ABC || 8 ὁ Κλεομένης om. SV || 11 δένδρος codd. pl. : -ου SV || 12 κατεῖδε PDRSV : -ῖδε ABC || ἐξήισαν : -ήιεσαν P -ήεσαν cett.

**80** 2 περινέειν ABCP : -νεῖν DRSV || ὕλῃ codd. pl. : -ην S || 2-3 τῶν... ἄλσος om. B || 2 τῶν om. SV || 2 πιθομένων Cobet : πειθ. codd. pl. πυθ- RV B inc. || 6 ἦ om. ABC || 7 συμβάλλομαι codd. pl. : ξυμβ- P.

**81** 2 ἐς ABCP : ἐν DRSV || Σπάρτην ABCP : Σπάρτῃ DRS V inc. || 3 βουλομένου δὲ αὐτοῦ van Herwerden : βουλόμενον δὲ αὐτὸν codd. || 4 ἱρεὺς codd. pl. : ἱερεὺς A$^{1}$D$^{1}$ || φὰς ABCP : φάσκων DRSV.

aux étrangers de sacrifier en ce lieu. Mais Cléomène ordonna aux hilotes d'éloigner le prêtre de l'autel et de le fustiger ; et il offrit lui-même le sacrifice. Après quoi il retourna à Sparte.

82 Quand il fut de retour, ses ennemis le traduisirent devant les éphores, soutenant qu'il s'était laissé corrompre pour ne pas prendre Argos[1], alors qu'il avait la possibilité de s'en emparer aisément. Lui, leur fit cette réponse, — mentait-il ou disait-il vrai, je ne saurais le dire avec certitude, toujours est-il qu'il fit cette réponse : — il déclara qu'après la prise du sanctuaire d'Argos il avait cru l'oracle accompli[2] ; qu'en conséquence il n'avait pas estimé opportun de s'attaquer à la ville avant d'avoir tout au moins consulté par des sacrifices et appris si le dieu[3] la lui livrait ou s'il s'opposait à l'entreprise ; qu'au cours des sacrifices qu'il avait offerts dans le temple d'Héra pour obtenir des présages il avait vu une flamme éclatante sortir de la poitrine de la statue divine ; que, par ce signe, il avait à lui seul[4] appris la vérité, à savoir qu'il ne prendrait pas Argos ; car, si la flamme était sortie de la tête de la statue, il aurait pris la ville « de haut en bas »[5] ; mais, dès lors qu'elle sortait de la poitrine, c'était qu'il avait accompli tout ce que le dieu voulait voir faire. Ces allégations parurent aux Spartiates dignes de foi et conformes à la vraisemblance ; Cléomène fut absous à une grande majo-
83 rité. Quant à la cité d'Argos, elle fut à tel point vidée d'hommes, que les esclaves s'emparèrent de toute l'administration publique, occupèrent les magistratures et exercèrent

1. Ce qui, peut-être, était vrai (cf. Notice, p. 61).
2. Il inventa cela, je pense, à ce moment, pour sa défense.
3. Le dieu suprême, dont Héra serait l'interprète.
4. Αὐτός. Sans en parler à personne. On ne pourrait donc contrôler son affirmation.
5. Κατ' ἄκρης αἱρεῖν, expression inverse du français « de fond en comble », exprimant la prise de possession, la destruction totale d'une ville, y compris l'acropole. La flamme jaillissant *du haut* de la statue aurait, d'après Cléomène, promis ce succès ; jaillissant d'ailleurs, elle signifiait un refus.

εἶναι ξείνῳ αὐτόθι θύειν. Ὁ δὲ Κλεομένης τὸν ἱρέα ἐκέλευε τοὺς εἵλωτας ἀπὸ τοῦ βωμοῦ ἀπαγαγόντας μαστιγῶσαι, καὶ αὐτὸς ἔθυσε. Ποιήσας δὲ ταῦτα ἀπήιε ἐς τὴν Σπάρτην.

Νοστήσαντα δέ μιν ὑπῆγον οἱ ἐχθροὶ ὑπὸ τοὺς ἐφόρους, 82 φάμενοί μιν δωροδοκήσαντα οὐκ ἑλεῖν τὸ Ἄργος, παρεὸν εὐπετέως μιν ἑλεῖν. Ὁ δέ σφι ἔλεξε, — οὔτε εἰ ψευδόμενος οὔτε εἰ ἀληθέα λέγων, ἔχω σαφηνέως εἶπαι, ἔλεξε δ' ὦν φάμενος, — ἐπείτε δὴ τὸ τοῦ Ἄργου ἱερὸν εἷλε, δοκέειν οἱ ἐξεληλυθέναι τὸν τοῦ θεοῦ χρησμόν· πρὸς ὦν ταῦτα οὐ δικαιοῦν πειρᾶν τῆς πόλιος, πρίν γε δὴ ἱροῖσι χρήσηται καὶ μάθῃ εἴτε οἱ ὁ θεὸς παραδιδοῖ εἴτε [οἱ] ἐμποδὼν ἕστηκε· καλλιερεομένῳ δὲ ἐν τῷ Ἡραίῳ ἐκ τοῦ ἀγάλματος τῶν στηθέων φλόγα πυρὸς ἐκλάμψαι, μαθεῖν δὲ αὐτὸς οὕτω τὴν ἀτρεκείην, ὅτι οὐκ αἱρέει τὸ Ἄργος· εἰ μὲν γὰρ ἐκ τῆς κεφαλῆς τοῦ ἀγάλματος ἐξέλαμψε, αἱρέειν ἂν κατ' ἄκρης τὴν πόλιν, ἐκ τῶν στηθέων δὲ ἐκλάμψαντος πᾶν οἱ πεποιῆσθαι ὅσον ὁ θεὸς ἐβούλετο γενέσθαι. Ταῦτα λέγων πιστά τε καὶ οἰκότα ἐδόκεε Σπαρτιήτῃσι λέγειν καὶ διέφυγε πολλὸν τοὺς διώκοντας. Ἄργος δὲ ἀνδρῶν ἐχηρώθη οὕτω ὥστε 83 οἱ δοῦλοι αὐτῶν ἔσχον πάντα τὰ πρήγματα ἄρχοντές τε καὶ διέποντες, ἐς ὃ ἐπήβησαν οἱ τῶν ἀπολομένων παῖδες. Ἔπειτέ σφεας οὗτοι ἀνακτώμενοι ὀπίσω ἐς ἑωυτοὺς τὸ

**81** 5 ἱρέα codd. pl. : ἱερέα A[1]D[1] || ἐκέλευε ABCP : -ευσε DRSV || 6 ἀπαγαγόντες CP : ἀπάγοντας cett.

**82** 2 ἑλεῖν DRSV : ἑλέειν ABCP || 4 σαφηνέως codd. pl. : -νέω RV || εἶπαι AB : εἶπε C εἰπεῖν PDRSV || 5 εἷλε P[2]DRSV : εἷλον ABCP[1] || 6 τοῦ θεοῦ χρησμόν codd. pl. : χρ. τοῦ θεοῦ P || ταῦτα codd. pl. : τὰ SV || 8 οἱ om. ABCV[1] || 10 αὐτὸς ABCP : -οὺς DRSV || 11 ἀτρεκείην CPRSV : -κίην ABD || ὅτι ABC : ὡς PDRSV || 13 στηθέων δὲ PDRSV : δὲ στηθέων ABC || ἐκλάμψαντος PDRSV : λάμψ- ABC || 14 ταῦτα ABC : ταῦτα δὲ cett. || 15 διέφυγε ABC : ἀπέφ- PDRSV.

**83** 1 ἐχηρώθη ABPD[1] : ἐχει- CD[2]RSV || 2 αὐτῶν ABCPD[1]S : -έων D[2]RV || ἔσχον codd. pl. : ἔχον SV || τε om. ABC || 3 ἐπήβησαν : ἐπέβ- codd. || 4 ἔπειτέ (cf. Hoffmann *Ion. Dial.* 253-254, Bechtel *Ion. Dial.* 230) : ἐπείτε DRSV ἔπειτά ABCP || οὗτοι P : οὕτω ABC αὐτοὶ DRSV.

le gouvernement[1], jusqu'au jour où les fils des citoyens tués atteignirent l'âge viril. Ceux-ci alors reprirent Argos en leur pouvoir et chassèrent les esclaves, qui, expulsés, s'emparèrent de Tirynthe par les armes. Les deux partis vécurent pendant un temps en bonne intelligence ; vint ensuite chez les esclaves un devin, Cléandros, originaire de Phigalie d'Arcadie ; cet homme leur persuada d'attaquer leurs maîtres. De là naquit une guerre qui fut de longue durée[2] ; finalement, les Argiens, non sans peine, eurent le dessus.

84 Donc, les Argiens voient dans ces événements la cause de la folie de Cléomène et de sa fin misérable. Quant aux Spartiates eux-mêmes, ils affirment que sa folie ne fut aucunement due aux dieux, mais que Cléomène, ayant fréquenté des Scythes, était devenu grand buveur et que c'est pour cela qu'il devint fou. Les Scythes nomades, disent-ils, après que Darius eut envahi leur pays, désiraient se venger de lui ; ils auraient envoyé à Sparte pour y conclure une alliance aux termes de laquelle eux-mêmes, les Scythes, devraient, en remontant le Phase, tenter de pénétrer dans le pays des Mèdes, tandis qu'eux, les Spartiates, étaient invités, partant d'Éphèse, à s'avancer dans la haute Asie, et ensuite à opérer avec eux leur jonction[3]. Cléomène, disent les Spartiates, quand les Scythes vinrent pour cette affaire, les fréquenta à l'excès ; et, dans cette fréquentation poussée plus loin qu'il n'aurait fallu, il apprit d'eux l'usage du vin pur ; c'est pourquoi, d'après eux, il devint fou. Et depuis lors, disent-ils eux-mêmes, quand ils veulent boire plus que de raison, ils recommandent : « A la mode des Scythes ![4] » Voilà comment les Spartiates présentent ce qui arriva à Cléomène ; mais, pour

1. Plutarque dit (d'après Socratès d'Argos ?) que, pour relever l'effectif des citoyens, on accorda le droit de cité aux « meilleurs des périèques » (*Mulierum virtutes*, 4), ce que confirme Aristote (*Pol.*, V 3 7). Ces périèques n'étaient pas des esclaves.

2. Tirynthe existait encore comme cité en 468 ; un olympionique de cette année était un Τιρύνθιος (Pap. Ox., t. II, p. 89 et 93 n.).

3. Projet encore plus hardi que celui d'Aristagoras !

4. Pour connaître l'ivrognerie des Scythes, proverbiale chez les

Ἄργος ἐξέβαλον· ἐξωθεόμενοι δὲ οἱ δοῦλοι μάχῃ ἔσχον Τίρυνθα. Τέως μὲν δή σφι ἦν ἄρθμια ἐς ἀλλήλους, ἔπειτε δὲ ἐς τοὺς δούλους ἦλθε ἀνὴρ μάντις Κλέανδρος, γένος ἐὼν Φιγαλεὺς ἀπ' Ἀρκαδίης· οὗτος τοὺς δούλους ἀνέγνωσε ἐπιθέσθαι τοῖσι δεσπότῃσι. Ἐκ τούτου δὲ πόλεμός σφι ἦν ἐπὶ χρόνον συχνόν, ἐς ὃ δὴ μόγις οἱ Ἀργεῖοι ἐπεκράτησαν.

84 Ἀργεῖοι μέν νυν διὰ ταῦτα Κλεομένεά φασι μανέντα ἀπολέσθαι κακῶς. Αὐτοὶ δὲ Σπαρτιῆταί φασι ἐκ δαιμονίου μὲν οὐδενὸς μανῆναι Κλεομένεα, Σκύθῃσι δὲ ὁμιλήσαντά μιν ἀκρητοπότην γενέσθαι καὶ ἐκ τούτου μανῆναι. Σκύθας γὰρ τοὺς νομάδας, ἐπείτε σφι Δαρεῖον ἐσβαλεῖν ἐς τὴν χώρην, μετὰ ταῦτα μεμονέναι μιν τείσασθαι, πέμψαντας δὲ ἐς Σπάρτην συμμαχίην τε ποιέεσθαι καὶ συντίθεσθαι ὡς χρεὸν εἴη αὐτοὺς μὲν τοὺς Σκύθας παρὰ Φᾶσιν ποταμὸν πειρᾶν ἐς τὴν Μηδικὴν ἐσβάλλειν, σφέας δὲ τοὺς Σπαρτιήτας κελεύειν ἐξ Ἐφέσου ὁρμωμένους ἀναβαίνειν καὶ ἔπειτα ἐς τὠυτὸ ἀπαντᾶν. Κλεομένεα δὲ λέγουσι ἡκόντων τῶν Σκυθέων ἐπὶ ταῦτα ὁμιλέειν σφι μεζόνως, ὁμιλέοντα δὲ μᾶλλον τοῦ ἱκνεομένου μαθεῖν τὴν ἀκρητοποσίην παρ' αὐτῶν· ἐκ τούτου δὲ μανῆναί μιν νομίζουσι Σπαρτιῆται. Ἔκ τε τόσου, ὡς αὐτοὶ λέγουσι, ἐπεὰν ζωρότερον βούλωνται πιεῖν, « Ἐπισκύθισον » λέγουσι. Οὕτω δὴ Σπαρτιῆται τὰ περὶ

**83** 5 ἐξωθεόμενοι : -θεύμενοι ABCP ἔξω θεώμενοι DRSV || 6 ἔπειτε : ἐπείτε S ἔπειτα cett. || 7 ἐς codd. pl. : εἰς AB || 8 Φιγαλεὺς B²DRSV : -σεὺς AB¹CP || 9 δὲ DRSV : δὴ ABCP.

**84** 4 ἀκρηπότην codd. pl. : -πώτην AB || 5 ἐσβαλεῖν Laurent. LXX 6 : ἐμβ- codd. pl. : ἐκβ- C || 6 μεμονέναι A²B²PDRSV : μεμη- A¹B¹C || τείσασθαι : τίσ- codd. || 9 ἐσβάλλειν AB¹CP : -βαλεῖν B²PDRSV || 10 ὁρμωμένους codd. pl. : -μεωμένους C -μεομένους P || 12 μεζόνως CP : μειζ- cett. || 13 ἱχνεομένου ABCP : ἱχνευ- DRSV || 14 μανῆναι om. C || μιν om. ABC || Σπαρτιῆται ABCP : καὶ Σπ. DRSV || τε om. DRSV || 15 τόσου ABCPD : τοσούτου RSV || ἐπεὰν codd. : ἐπὰν Eust. *ad Il.* 746 || 16 πιεῖν Eust. : πιέειν ABC πίνειν PDRSV Ath. 427 b || ἐπισκύθισον codd. pl. : σκυθήσων V -σκυθίσαι Ath. -σκυθῆσαι S.

moi, je crois que ce fut une expiation de sa conduite envers Démarate.

85 Dès que les Éginètes eurent appris la mort de Cléomène[1], ils envoyèrent des députés à Sparte pour récriminer contre Leutychidès au sujet des otages détenus à Athènes. Les Lacédémoniens réunirent un tribunal, ils décidèrent que Leutychidès avait agi indignement à l'égard des Éginètes, et ils le condamnèrent à être livré pour être emmené à Égine à la place des hommes qui étaient détenus à Athènes[2]. Les Éginètes se disposaient à l'emmener, lorsque Théasidès fils de Léoprépès, personnage considéré à Sparte, leur dit : « Que pensez-vous faire, hommes d'Égine ? emmener le roi des Spartiates, livré par ses concitoyens ? Si, dans un moment de colère, les Spartiates ont pris cette décision, craignez que par la suite, au cas où vous aurez agi de la sorte, ils ne déchaînent contre votre pays un malheur qui causera votre ruine. » Ayant entendu ces paroles, les Éginètes renoncèrent à emmener Leutychidès ; un accord fut conclu à cette condition, qu'il les accompagnerait à Athènes et leur restituerait leurs citoyens.

86 Mais, quand Leutychidès, arrivé à Athènes, réclama ceux qu'il y avait mis en dépôt, les Athéniens, qui ne voulaient pas les rendre, alléguèrent des prétextes et traînèrent les choses en longueur ; les rois, disaient-ils, avaient été deux

Grecs dès le temps d'Anacréon (Ath., 427 b), les Spartiates n'avaient pas eu besoin d'en recevoir à Sparte ; et Cléomène, pour devenir ivrogne, n'avait pas eu besoin d'instituteurs.

1. Bien qu'il ne soit pas question de Cléomène dans les chapitres 105 et suiv., il est invraisemblable qu'il soit mort avant Marathon, comme pourrait le faire croire l'ordre du récit d'Hérodote. Tout ce ce qui est raconté de lui dans les chapitres 65-66 et 73-75 n'a pu trouver place dans le bref intervalle qui sépare la visite des hérauts et l'affront infligé au roi par les Éginètes (49-50) de l'entrée en campagne de Datis (95) ; cela dut occuper plusieurs années. Hérodote prolonge l'histoire de Cléomène, — comme il a fait pour Leutychidès (ch. 71-72), — et celle des relations entre Égine et Athènes au delà du point où nous en sommes du récit des conflits gréco-barbares.

2. Par cet empressement des Éginètes, par ce déchaînement des Spartiates contre le protégé de Cléomène, on peut juger de la crainte qu'il avait inspirée jusqu'à sa mort.

Κλεομένεα λέγουσι· ἐμοὶ δὲ δοκέει τίσιν ταύτην ὁ Κλεομένης
Δημαρήτῳ ἐκτεῖσαι.
Τελευτήσαντος δὲ Κλεομένεος ὡς ἐπύθοντο Αἰγινῆται, 85
ἔπεμπον ἐς Σπάρτην ἀγγέλους καταβωσομένους Λευτυχίδεω περὶ τῶν ἐν Ἀθήνῃσι ὁμήρων ἐχομένων. Λακεδαιμόνιοι δὲ δικαστήριον συναγαγόντες ἔγνωσαν περιυβρίσθαι
Αἰγινήτας ὑπὸ Λευτυχίδεω, καί μιν κατέκριναν ἔκδοτον
ἄγεσθαι ἐς Αἴγιναν ἀντὶ τῶν ἐν Ἀθήνῃσι ἐχομένων ἀνδρῶν.
Μελλόντων δὲ ἄγειν τῶν Αἰγινητέων τὸν Λευτυχίδεα,
εἶπέ σφι Θεασίδης ὁ Λεωπρέπεος, ἐὼν ἐν Σπάρτῃ ἀνὴρ
δόκιμος· « Τί βουλεύεσθε ποιέειν, ἄνδρες Αἰγινῆται ; τὸν
βασιλέα τῶν Σπαρτιητέων ἔκδοτον γενόμενον ὑπὸ τῶν
πολιητέων ἄγειν ; Εἰ νῦν ὀργῇ χρεώμενοι ἔγνωσαν οὕτω
Σπαρτιῆται, ὅκως ἐξ ὑστέρης μή τι ὑμῖν, ἢν ταῦτα
ποιήσητε, πανώλεθρον κακὸν ἐς τὴν χώρην ἐσβάλωσι. »
Ταῦτα ἀκούσαντες οἱ Αἰγινῆται ἔσχοντο τῆς ἀγωγῆς,
ὁμολογίῃ δὲ ἐχρήσαντο τοιῇδε, ἐπισπόμενον Λευτυχίδεα
ἐς Ἀθήνας ἀποδοῦναι Αἰγινήτῃσι τοὺς ἄνδρας. Ὡς δὲ 86
ἀπικόμενος Λευτυχίδης ἐς τὰς Ἀθήνας ἀπαίτεε τὴν παρακαταθήκην, οἱ Ἀθηναῖοι προφάσις εἷλκον οὐ βουλόμενοι
ἀποδοῦναι, φάντες δύο σφέας ἐόντας βασιλέας παραθέσθαι
καὶ οὐ δικαιοῦν τῷ ἑτέρῳ ἄνευ τοῦ ἑτέρου ἀποδιδόναι.
Οὐ φαμένων δὲ ἀποδώσειν τῶν Ἀθηναίων ἔλεξέ σφι α
Λευτυχίδης τάδε· « Ὦ Ἀθηναῖοι, ποιέετε μὲν ὁκότερα

**84** 17 δὲ om. C || ὁ om. DRSV || 18 ἐκτεῖσαι : -τῖσαι codd.

**85** 5 κατέκριναν ABCPS : -έκρινον DRV || 8 Θεασίδης codd. pl. : -ρίδης B[2] -σίης C || ἐν codd. pl. : ἐν τῇ P || 8-9 ἀνὴρ δόκιμος DRSV : δόκ. ἀν. ABCP || 9 βουλεύεσθε codd. pl. (-εσθαι B) : βούλεσθε CP || ποιέειν ABCP : ποιήσειν DRSV || π., ἄνδρες Αἰγ. ABCP : ὦ ἄνδρες Αἰγ., π. DRSV || 11 χρεώμενοι codd. pl. : χρεό- P || 12 ὅκως ABCP : τὴν ὅκως DRSV || 13 ποιήσητε DRSV : πρήσσητε ABCP || πανώλεθρον codd. pl. : πανόλ- SV || ἐσβάλωσι PDR : ἐμβ- AB ἐκβ- CSV || 15 ἐπισπόμενον codd. pl. : -μενοι C.

**86** 2 Λευτυχίδης ABCP : ὁ Λ. DRSV || 2-3 παρακαταθήκην AB[1]CP : παραθ- B[2]DRSV || 3 οἱ Ἀθηναῖοι PDRSV : οἱ δ' Ἀθ. ABC || προφάσις : -σιας codd. || 5 δικαιοῦν ABCP : δίκαιον DRSV.

pour confier les otages à leur garde ; ils ne croyaient pas juste de les rendre à un seul en l'absence de l'autre[1].

α Devant ce refus des Athéniens, Leutychidès leur dit[2] : « Athéniens, prenez des deux partis celui que vous voulez : en rendant les otages, le parti conforme à la loi divine ; en ne les rendant pas, le parti contraire ; je veux toutefois vous dire ce qui est arrivé à Sparte au sujet d'un dépôt. On raconte chez nous autres Spartiates que, deux générations avant moi[3], vivait à Lacédémone Glaucos fils d'Épikydès ; cet homme avait atteint en tout le premier rang ; il avait en particulier la réputation d'être l'homme le plus probe de tous ceux qui habitaient en ce temps à Lacédémone. Or voici, raconte-t-on chez nous, ce qui, lorsque l'heure en arriva, lui advint : un homme de Milet vint à Sparte, qui voulut conférer avec lui et lui fit cette proposition : « Je suis Milésien, « et je suis venu, Glaucos, pour jouir de ta probité. Comme « dans tout le reste de la Grèce, on en parle beaucoup en « Ionie ; et je réfléchissais que, l'Ionie étant de tout temps « exposée aux dangers tandis que le Péloponnèse vit dans « une stable sécurité, on n'y voit jamais les fortunes rester « entre les mains des mêmes possesseurs. J'ai donc réfléchi « là-dessus, je me suis consulté, et j'ai pris la résolution de « convertir en monnaie la moitié de mes biens, et de la « déposer chez toi, bien convaincu que, déposée chez toi, « elle sera pour moi en sûreté. Reçois donc à mon compte « cet argent ; prends ces marques[4] et conserve-les ; et si « quelqu'un, porteur de marques pareilles, te réclame

1. C'était rétorquer ironiquement à l'adresse des Éginètes ce qu'ils avaient opposé à Cléomène (ch. 50).

2. Sur la vraisemblance de ce discours, cf. Notice, p.

3. Leutychidès, à qui Démarate avait ravi sa fiancée (ch. 65), devait être à peu près du même âge que le ravisseur, lequel régnait déjà en 506 (V 75) ; il mourut en 469. Un recul de deux générations en amont de la sienne conduit vers le milieu du vi<sup>e</sup> siècle, époque où l'Ionie était en butte aux entreprises des Lydiens et où Milet souffrit de troubles intérieurs (V 28).

4. Jetons, moitiés de pièces de monnaie rompues en deux parties susceptibles de se raccorder.

βούλεσθε αὐτοί· καὶ γὰρ ἀποδιδόντες ποιέετε ὅσια καὶ μὴ ἀποδιδόντες τὰ ἐναντία τούτων· ὁκοῖον μέντοι τι ἐν τῇ Σπάρτῃ συνηνείχθη γενέσθαι περὶ παρακαταθήκης, βούλομαι ὑμῖν εἶπαι. Λέγομεν ἡμεῖς οἱ Σπαρτιῆται γενέσθαι ἐν τῇ Λακεδαίμονι κατὰ τρίτην γενεὴν τὴν ἀπ' ἐμέο Γλαῦκον Ἐπικύδεος παῖδα. Τοῦτον τὸν ἄνδρα φαμὲν τά τε ἄλλα πάντα περιήκειν τὰ πρῶτα καὶ δὴ καὶ ἀκούειν ἄριστα δικαιοσύνης πέρι πάντων ὅσοι τὴν Λακεδαίμονα τοῦτον τὸν χρόνον οἴκεον. Συνενειχθῆναι δέ οἱ ἐν χρόνῳ ἱκνεομένῳ τάδε λέγομεν· ἄνδρα Μιλήσιον ἀπικόμενον ἐς Σπάρτην βούλεσθαί οἱ ἐλθεῖν ἐς λόγους, προϊσχόμενον τοιάδε· « Εἰμὶ μὲν Μιλήσιος, ἥκω δὲ τῆς σῆς, Γλαῦκε, δικαιοσύνης βουλόμενος ἀπολαῦσαι. Ὡς γὰρ δὴ ἀνὰ πᾶσαν μὲν τὴν ἄλλην Ἑλλάδα, ἐν δὲ καὶ περὶ Ἰωνίην τῆς σῆς δικαιοσύνης ἦν λόγος πολλός, ἐμεωυτῷ λόγους ἐδίδουν καὶ ὅτι ἐπικίνδυνός ἐστι αἰεί κοτε ἡ Ἰωνίη, ἡ δὲ Πελοπόννησος ἀσφαλέως ἱδρυμένη, καὶ διότι χρήματα οὐδαμὰ τοὺς αὐτοὺς ἔστι ὁρᾶν ἔχοντας. Ταῦτά τε ὦν ἐπιλεγομένῳ καὶ βουλευομένῳ ἔδοξέ μοι τὰ ἡμίσεα πάσης τῆς οὐσίης ἐξαργυρώσαντα θέσθαι παρὰ σέ, εὖ ἐξεπισταμένῳ ὥς μοι κείμενα ἔσται παρὰ σοὶ σόα. Σὺ δή μοι καὶ τὰ χρήματα δέξαι καὶ τάδε τὰ σύμβολα

**86** 8 ποιέετε... ἀποδιδόντες om. RSV || 9 μέντοι codd. pl. : μὲν C || 10 συνηνείχθη codd. pl. : -νέχθη SV || παρακαταθήκης AB¹CP : παραθ- B²DRSV Stob. *Flor.* XXVII 14 || 11 εἶπαι codd. (εἶπε C) : εἰπεῖν Stob. || 12 τῇ om. Stob. || γενεὴν codd. pl. : -νεὰν V || 14 alt. καὶ om. RV Stob. || 15 πέρι ABPD²S : περὶ CD¹RV || τὴν Λακεδαίμονα codd. : παρὰ Λακεδαίμονας Stob. || 16 συνενειχθῆναι codd. pl. : -εχθῆναι AB¹ Stob. || ἐν om. Stob. || ἱκνεομένῳ : ἰκνευ- B²PDRSV ἰκνευο- AB¹C || 17 λέγομεν codd. pl. : -γόμενα C || Μιλήσιον codd. pl. : Μηλί- D¹ || 18 οἱ om. ABC || 19-20 δικαιοσύνης βουλόμενος PDRSV Stob. : βουλ. δικ. ABC || 21 καὶ om. C || 23 αἰεὶ CPS : ἀεὶ cett. || ἀσφαλέως codd. pl. : -έος R || 24 διότι codd. pl. : ὅτι SV || 26 πάσης om. Stob. || πάσης τῆς οὐσίης ἐξαργ. codd. pl. : ἐξαργ. π. τῆς οὐσίης D || 27 σέ DRSV Stob. : σοί ABCP || ἐξεπισταμένῳ ABCP : ἐπιστ- DRSV || κείμενα ἔσται ABCP : ἔσται κ. DRSV || 28 σόα codd. pl. : σῶα CPS || δὴ codd. pl. : δὲ SV || μοι om. DRSV || τάδε τὰ ABCP : τάδε DRSV.

β « l'argent, rends-le lui. » Ainsi parla l'étranger venu de Milet ; et Glaucos reçut l'argent aux conditions susdites. Après que beaucoup de temps se fut écoulé, les fils de celui qui avait fait le dépôt vinrent à Sparte ; ils se mirent en rapport avec Glaucos, lui montrèrent les marques et réclamèrent l'argent. Mais lui repoussa leur demande et leur opposa cette réponse : « Je ne me rappelle pas cette affaire, et rien de ce « que vous dites n'en réveille chez moi la connaissance. Je « veux bien, si la chose me revient en mémoire, faire tout « ce qui est juste, c'est-à-dire, si j'ai reçu l'argent, le « restituer honnêtement ; si je n'ai rien reçu du tout, j'en « userai avec vous suivant les lois des Grecs [1]. Je remets donc « au quatrième mois à partir de celui où nous sommes de
γ « vous donner ma décision sur ce point. » Les Milésiens repartirent affligés, tenant leur argent pour perdu ; et Glaucos se rendit à Delphes pour y consulter l'oracle. Comme il demandait si, au moyen d'un serment, il s'emparerait de cet argent, la Pythie l'apostropha en ces termes : « Glaucos « fils d'Épikydès, sur le moment ce que tu dis offre des « avantages : remporter la victoire, s'emparer de richesses « par un serment. Jure, puisque, aussi bien, la mort atteint « également l'homme dont les serments sont sincères. Mais « du Serment naît un fils, un fils sans nom et qui n'a ni mains « ni pieds ; rapide cependant, il poursuit le coupable jusqu'à « ce qu'il le saisisse et détruise toute sa race, toute sa « maison. De l'homme aux serments sincères, la race est « plus prospère dans la suite des temps. [2] » Ayant entendu ces paroles, Glaucos demanda au dieu de lui pardonner ce qu'il avait dit ; mais la Pythie déclara que mettre le dieu à l'épreuve et commettre l'action projetée étaient fautes égales [3].

1. En jurant n'avoir pas reçu le dépôt réclamé. C'est sur l'opportunité de prêter ce serment que Glaucos va consulter à Delphes.

2. Le dernier vers est emprunté à Hésiode (Ἔργα, 285). Dans son ensemble, le texte de l'oracle se prête à des rapprochements avec plusieurs passages du vieux poème (219, 282 suiv., 321 suiv.).

3. En posant au dieu la question qu'il lui pose, Glaucos lui fait injure, puisqu'il le croit capable d'approuver une indélica-

« σῷζε λαβών· ὃς δ' ἂν ἔχων ταῦτα ἀπαιτέῃ, τούτῳ ἀπο-« δοῦναι. » Ὁ μὲν δὴ ἀπὸ Μιλήτου ἥκων ξεῖνος τοσαῦτα β ἔλεξε, Γλαῦκος δὲ ἐδέξατο τὴν παρακαταθήκην ἐπὶ τῷ εἰρημένῳ λόγῳ. Χρόνου δὲ πολλοῦ διελθόντος ἦλθον ἐς Σπάρτην τούτου τοῦ παραθεμένου τὰ χρήματα οἱ παῖδες, ἐλθόντες δὲ ἐς λόγους τῷ Γλαύκῳ καὶ ἀποδεικνύντες τὰ σύμβολα ἀπαίτεον τὰ χρήματα. Ὁ δὲ διωθέετο ἀντυποκρινόμενος τοιάδε· « Οὔτε μέμνημαι τὸ πρῆγμα οὔτε με περι-« φέρει οὐδὲν εἰδέναι τούτων τῶν ὑμεῖς λέγετε· βούλομαι δὲ « ἀναμνησθεὶς ποιέειν πᾶν τὸ δίκαιον, καὶ γὰρ εἰ ἔλαβον, « ὀρθῶς ἀποδοῦναι, καὶ εἴ γε ἀρχὴν μὴ ἔλαβον, νόμοισι τοῖσι « Ἑλλήνων χρήσομαι ἐς ὑμέας. Ταῦτα ὦν ὑμῖν ἀναβάλλομαι « κυρώσειν ἐς τέταρτον μῆνα ἀπὸ τοῦδε. » Οἱ μὲν δὴ γ Μιλήσιοι συμφορὴν ποιεύμενοι ἀπαλλάσσοντο ὡς ἀπεστερημένοι τῶν χρημάτων, Γλαῦκος δὲ ἐπορεύετο ἐς Δελφοὺς χρησόμενος τῷ χρηστηρίῳ. Ἐπειρωτῶντα δὲ αὐτὸν τὸ χρηστήριον εἰ ὅρκῳ τὰ χρήματα ληίσηται, ἡ Πυθίη μετέρχεται τοῖσδε τοῖσι ἔπεσι·

« Γλαῦκ' Ἐπικυδείδη, τὸ μὲν αὐτίκα κέρδιον οὕτω
ὅρκῳ νικῆσαι καὶ χρήματα ληίσσασθαι·
ὄμνυ, ἐπεὶ θάνατός γε καὶ εὔορκον μένει ἄνδρα.
Ἀλλ' Ὅρκου πάϊς ἐστὶν, ἀνώνυμος οὐδ' ἔπι χεῖρες
οὐδὲ πόδες· κραιπνὸς δὲ μετέρχεται, εἰς ὅ κε πᾶσαν

86 29 ταῦτα codd. An ταὐτὰ ? || ἀπαιτέῃ PRS : -τέει cett. || 31 παρακαταθήκην AB¹CP : παραθ. B²DRSV || 32 πολλοῦ om. Stob. || 33 Σπάρτην codd. pl. : τὴν Σπ. CP || τούτου om. Stob. || 34-35 καὶ... σύμβολα om. Stob. || 34 ἀποδεικνύντες ABCP : -δεινκνύοντες DRSV || 37 τῶν DRSV : ὧν ABCP || δὲ Krüger : τε codd. pl. om. R || 42 ποιεύμενοι PDRSV Stob. : ποιησάμενοι ABC || 42-43 ὡς... τῶν χρημάτων om. Stob. || ἀπεστερημένοι ABCPD : ἀποστερημ- R ἀπερημ- V ἀπερριμμ- S || 44 αὐτὸν om. S || 44-45 τὸ χρηστήριον om. Stob. || 45 ληίσηται ABCDR : -σεται PSV Stob. || 46 τοῖσδε τοῖσι ABCP (cf. *Praef.* 220) : τοίσιδε τοῖσι Laur. LXX 6 τοῖσι τοῖσιν D¹R τοῖσι(ν) D²SV || 48 ληίσσασθαι BP : ληίσασθαι cett. || 50 ἀνώνυμος ABCP : ἄνυμος DRV ἀνώμαλος S || 51 κοαιπνὸς ABCPD¹ : -νῶς D²RSV Stob.

8 Glaucos envoya donc chercher les étrangers de Milet et leur restitua leur argent. Et je vais vous dire, Athéniens, pourquoi j'ai entrepris de vous raconter cette histoire : présentement, il n'existe aucune descendance de Glaucos, aucun foyer qu'on estime être sien ; il a été extirpé de Sparte jusqu'à la racine. Ainsi, il est bon de ne pas songer à autre chose, au sujet d'un dépôt, qu'à le rendre quand on vous le réclame. »

87 Ainsi parla Leutychidès ; et, comme, même après ce discours, les Athéniens ne voulaient pas l'écouter[1], il se retira[2]. Quant aux Éginètes, avant même d'avoir été punis des premières injures qu'ils avaient faites aux Athéniens pour complaire aux Thébains[3], voici comme ils se conduisirent. Ils en voulaient aux Athéniens, qui, à leur avis, leur avaient fait injure ; ils prirent leurs dispositions pour tirer d'eux vengeance. Les Athéniens célébraient à Sounion une fête pentétérique[4] ; les Éginètes tendirent une embuscade, s'emparèrent du vaisseau des théores, chargé des citoyens qui étaient les premiers d'Athènes, et mirent aux fers les hommes qu'ils avaient capturés.

88 Les Ahténiens, après avoir souffert cet outrage des Éginètes,

tesse, de conseiller un parjure ; mais l'opposition établie entre πειρηθῆναι τοῦ θεοῦ et ποιῆσαι prouve que ce qui est condamné est surtout autre chose : l'intention de commettre une action criminelle ; car, si Glaucos consulte sur le moyen de s'approprier le bien d'autrui, c'est manifestement parce qu'il a d'ores et déjà l'intention de le faire. La conscience des Grecs du ve siècle était assez éclairée pour ne pas méconnaître la gravité du péché d'intention. Étaient tenus pour également coupables, en droit pénal attique, ὁ βουλεύσας καὶ ὁ τῇ χειρὶ ἐργασάμενος (Andocide, *Myst.*, 90).

1. Contestaient-ils que leur cas fût pareil à celui de Glaucos ? Prétendaient-ils que, Cléomène ayant sévi contre les Éginètes à leur requête, les otages leur appartenaient aussi bien et plutôt qu'aux Spartiates ? Ç'eût été recourir à de bien médiocres arguties.

2. Hérodote ne parlera plus des otages. Furent-ils échangés contre les Athéniens capturés à Sounion ? libérés en 481, quand les Grecs firent trêve à leurs querelles (VII 145) ?

3. Cf. V 81.

4. Probablement en l'honneur de Poseidon qui avait à Sounion un temple. La fête comportait des régates (Lysias, XXI 5).

συμμάρψας ὀλέσῃ γενεὴν καὶ οἶκον ἅπαντα·
ἀνδρὸς δ' εὐόρκου γενεὴ μετόπισθεν ἀμείνων. »

Ταῦτα ἀκούσας ὁ Γλαῦκος συγγνώμην τὸν θεὸν παραιτέετο αὐτῷ ἴσχειν τῶν ῥηθέντων· ἡ δὲ Πυθίη ἔφη τὸ πειρηθῆναι τοῦ θεοῦ καὶ τὸ ποιῆσαι ἴσον δύνασθαι. Γλαῦκος μὲν δὴ μεταπεμψάμενος τοὺς Μιλησίους ξείνους ἀποδιδοῖ σφι τὰ χρήματα. Τοῦ δὲ εἵνεκα ὁ λόγος ὅδε, ὦ Ἀθηναῖοι, ὁρμήθη λέγεσθαι ἐς ὑμέας, εἰρήσεται· Γλαύκου νῦν οὔτε τι ἀπόγονον ἔστι οὐδὲν οὔτ' ἱστίη οὐδεμία νομιζομένη εἶναι Γλαύκου, ἐκτέτριπταί τε πρόρριζος ἐκ Σπάρτης. Οὕτω ἀγαθὸν μηδὲ διανοέεσθαι περὶ παρακαταθήκης ἄλλο γε ἢ ἀπαιτεόντων ἀποδιδόναι. »

Λευτυχίδης μὲν εἴπας ταῦτα, ὥς οἱ οὐδὲ οὕτω ἐσήκουον οἱ Ἀθηναῖοι, ἀπαλλάσσετο· οἱ δὲ Αἰγινῆται, πρὶν τῶν πρότερον ἀδικημάτων δοῦναι δίκας τῶν ἐς Ἀθηναίους ὕβρισαν Θηβαίοισι χαριζόμενοι, ἐποίησαν τοιόνδε. Μεμφόμενοι τοῖσι Ἀθηναίοισι καὶ ἀξιοῦντες ἀδικέεσθαι, ὡς τιμωρησόμενοι τοὺς Ἀθηναίους παρεσκευάζοντο· καί, ἦν γὰρ δὴ τοῖσι Ἀθηναίοισι πεντετηρὶς ἐπὶ Σουνίῳ, λοχήσαντες ὦν τὴν θεωρίδα νέα εἷλον πλήρεα ἀνδρῶν τῶν πρώτων Ἀθηναίων, λαβόντες δὲ τοὺς ἄνδρας ἔδησαν. 87

Ἀθηναῖοι δὲ παθόντες ταῦτα πρὸς Αἰγινητέων οὐκέτι 88

**86** 52 ὀλ. γεν. codd. : γεν. ὀλ. Stob. XXVIII 15 H. || ὀλέσῃ PDR : -σει ABCS V inc. || 53 μετόπισθεν ABCP Stob. XXVIII 15 H. : κατ- DRSV Stob. XXVII 14 H. || ἀμείνων codd. : ἀρείων Paus. VIII 7 8 || 54 παραιτέετο PDRSV : παρῃτ- ABC || 55 ἴσχειν ABC Stob. : σχεῖν PDRSV || τὸ πειρηθῆναι codd. : τό τε ῥησθῆναι Clem. Alex. *Strom.* VII p. 749 || 56 τὸ om. DRSV Stob. || δύνασθαι codd. : δύναται Stob. γενέσθαι Clem. Alex. || 57 ἀποδιδοῖ codd. pl. : -δεῖ RV || 58 ὁρμήθη ABCP : ὡρμ- DRSV || 59 λέγεσθαι codd. pl. : -γεται R || οὔτε τι codd. : οὐκέτι Stob. || 60 ἱστίη codd. pl. : ἑστ- AB || οὐδεμία ABC : -μίη PDRSV || 61 τε om. D || πρόρριζος codd. pl. (πρόριζος A) : -ρίζως S -ροίζως V || 62 διανοέεσθαι PDRSV : -εῖσθαι ABC || παρακαταθήκης $AB^1CP$ : παραθ- $B^2DRSV$ Stob.

**87** 1 οἱ om. S || οὕτω S : -ως cett. || ἐσήκουον $B^2PDRSV$ : ἤκ- $AB^1C$ || 3 ἐς om. R || 6 καὶ om. $AB^1C$ || 7 πεντετηρὶς $B^2DRSV$ : πεντήρης $AB^1CP$

mirent sans différer davantage[1] tout en œuvre contre eux. Il y avait un nommé Nicodromos, fils de Cnoithos, homme de distinction à Égine, qui en voulait à ses concitoyens pour avoir été antérieurement banni de l'île ; ayant alors appris que les Athéniens étaient prêts à faire du mal aux Éginètes, il convint avec eux de leur livrer Égine, fixa le jour où il tenterait son entreprise, le jour pour lequel ils devraient arriver à son aide. Il s'empara ensuite, conformément à l'accord conclu avec les Athéniens, de ce qu'on appelle la vieille ville ; mais les Athéniens ne se présentèrent pas en
89 temps voulu. Il ne s'était pas trouvé en leur possession des forces navales suffisantes pour lutter contre celles des Éginètes ; et, pendant qu'ils demandaient aux Corinthiens de leur prêter des vaisseaux, la situation se gâta. Les Corinthiens, qui avaient à cette époque la plus grande amitié pour les Athéniens, leur donnèrent sur leur demande vingt vaisseaux ; ils les leur donnèrent en les leur vendant sur le pied de cinq drachmes ; car un don tout à fait gratuit était interdit par la loi. Avec ces vaisseaux et les leurs, soixante-dix en tout qu'ils équipèrent, les Athéniens firent voile pour Égine, où ils
90 arrivèrent en retard d'un jour sur la date convenue. Nicodromos, ne voyant pas les Athéniens se présenter à temps,

1. Comme ils avaient été obligés de le faire en 506 par des événements imprévus (V 89). Immédiatement consécutif à la mort de Cléomène, ce qui est raconté ici peut dater de 487, trente ans avant le triomphe définitif d'Athènes, qui eut lieu en 457. Sur le doute que peut faire naître le rapprochement de ces dates quant à l'authenticité d'un oracle mentionné ailleurs par Hérodote, sur le soupçon qu'Hérodote en le mentionnant ait commis un anachronisme, et sur ce qu'on peut essayer d'opposer à ce doute et à ce soupçon, voir la note au l. V ch. 89. Sur les relations d'Athènes et d'Égine entre 506 et 487, Hérodote ne dit rien de précis ; une seule phrase du ch. 49 prouve qu'en 491 les Athéniens tenaient une agression des Éginètes pour une chose toujours à craindre ; et peut-être est-ce la crainte d'une telle agression qui les rendait sourds aux appels d'Aristagoras (V 103). On a supposé que la « guerre de Nicodromos », placée par Hérodote après la mort de Cléomène, aurait eu lieu cinq ou six ans plus tôt, peu après le désastre argien de Sépeia (Andrews, dans l'*Annual of the British School at Athens,* XXXVII, p. 4, 6-7).

ἀνεβάλλοντο μὴ οὐ τὸ πᾶν μηχανήσασθαι ἐπ' Αἰγινήτῃσι. Καί, ἦν γὰρ Νικόδρομος Κνοίθου καλεόμενος ἐν τῇ Αἰγίνῃ ἀνὴρ δόκιμος, οὗτος μεμφόμενος μὲν τοῖσι Αἰγινήτῃσι προτέρην ἑωυτοῦ ἐξέλασιν ἐκ τῆς νήσου, μαθὼν δὲ τότε τοὺς Ἀθηναίους ἀναρτημένους ἔρδειν Αἰγινήτας κακῶς, συντίθεται Ἀθηναίοισι προδοσίην Αἰγίνης, φράσας ἐν τῇ τε ἡμέρῃ ἐπιχειρήσει καὶ ἐκείνους ἐς τὴν ἥκειν δεήσει βοηθέοντας. Μετὰ ταῦτα καταλαμβάνει μὲν κατὰ [τὰ] συνεθήκατο Ἀθηναίοισι ὁ Νικόδρομος τὴν παλαιὴν καλεομένην πόλιν, Ἀθηναῖοι δὲ οὐ παραγίνονται ἐς δέον. Οὐ 89
γὰρ ἔτυχον ἐοῦσαι νέες σφι ἀξιόμαχοι τῇσι Αἰγινητέων συμβαλεῖν· ἐν ᾧ ὦν Κορινθίων ἐδέοντο χρῆσαι σφίσι νέας, ἐν τούτῳ διεφθάρη τὰ πρήγματα. Οἱ δὲ Κορίνθιοι, ἦσαν γάρ σφι τοῦτον τὸν χρόνον φίλοι ἐς τὰ μάλιστα Ἀθηναίοισι, διδοῦσι δεομένοισι εἴκοσι νέας, διδοῦσι δὲ πενταδράχμους ἀποδόμενοι· δωτίνην γὰρ ἐν τῷ νόμῳ οὐκ ἐξῆν δοῦναι. Ταύτας τε δὴ λαβόντες οἱ Ἀθηναῖοι καὶ τὰς σφετέρας, πληρώσαντες ἑβδομήκοντα νέας τὰς ἁπάσας, ἔπλεον ἐπὶ τὴν Αἴγιναν καὶ ὑστέρησαν ἡμέρῃ μιῇ τῆς
συγκειμένης. Νικόδρομος δέ, ὡς οἱ Ἀθηναῖοι ἐς τὸν καιρὸν 90
οὐ παρεγίνοντο, ἐς πλοῖον ἐσβὰς ἐκδιδρήσκει ἐκ τῆς Αἰγίνης· σὺν δέ οἱ καὶ ἄλλοι ἐκ τῶν Αἰγινητέων εἵποντο, τοῖσι Ἀθηναῖοι Σούνιον οἰκῆσαι ἔδοσαν. Ἐνθεῦτεν δὲ οὗτοι

**88** 2 ἀνεβάλλοντο ABC : -βάλοντο PDRSV || μηχανήσασθαι AB¹CP : -νᾶσθαι B²DRSV || 3 Κνοίθου AB¹CP : Κνου- B²DRSV || καλεόμενος ABCPS : αλεό- D¹RV αλεώ- D² || 4 μὲν om. DRSV || 5 ἐξέλασιν ABCP¹R : -σεν P²DSV || 6 ἀναρτημένους ABCP : ἀνηρτ- DRS || 7 τῇ : ᾗ codd. || 8 τὴν : ἣν codd. || ἥκειν codd. pl. : εἰήκειν SV || 9 [τὰ] om. Laur. LXX 6.

**89** 3 συμβαλεῖν ABC : -έειν PDRSV || σφίσι Stein : σφι codd. || 7 ἀποδόμενοι codd. pl. : -διδόμενα D¹ Laur. LXX 6 || δωτίνην DRSV : δωρέην ABCP || ἐν om. DRSV || 8 ταύτας codd. pl. : ταῦτα C || 10 ὑστέρησαν PDSV : -ισαν ABCR.

**90** 2 ἐκδιδρήσκει ABCP : -δράσκει DRSV || 3 οἱ καὶ ABCPD : καὶ οἱ RSV || ἐκ om. PDRSV || εἵποντο ABCP : ἕσπ- DRSV. || 4 οἰκῆσαι PDRSV : -ίσαι ABC.

monta sur un bateau et s'enfuit d'Égine ; d'autres Éginètes l'accompagnaient ; les Athéniens leur concédèrent de s'établir à Sounion ; de ce point, faisant la course, ils pillaient et
91 enlevaient[1] les Éginètes de l'île. Cela se passa plus tard. A Égine, les gros[2], contre qui le peuple s'était soulevé en même temps que Nicodromos, eurent le dessus ; s'étant rendus maîtres de leurs adversaires, ils les emmenaient hors de la ville pour les faire périr. Et, à cette occasion, ils contractèrent une telle souillure, qu'ils ne purent l'effacer par des sacrifices, quoi qu'ils imaginassent, et furent expulsés de leur île[3] avant d'avoir apaisé la déesse[4]. Sept cents hommes du parti populaire, pris vivants, étaient conduits hors de la ville pour être mis à mort ; l'un d'eux s'échappa de ses liens, se réfugia à l'entrée du temple de Déméter Thesmophoros, saisit les anneaux des portes et s'y cramponna ; comme on ne pouvait l'arracher malgré qu'on le tirât, on lui trancha les mains ; et on l'emmena en cet état, tandis que ses mains coupées
92 restaient attachées aux anneaux. Voilà comment les Éginètes se traitèrent entre eux.

Lorsque les Athéniens furent arrivés, ils leur livrèrent bataille avec soixante-dix vaisseaux[5] ; vaincus sur mer, ils appelèrent à l'aide les mêmes que précédemment[6], les Argiens. Ceux-ci ne voulurent plus leur porter secours, leur reprochant que des vaisseaux d'Égine, — qui avaient été saisis de force par Cléomène, — avaient abordé en territoire argien[7] et

1. Ἄγειν καὶ φέρειν est une locution consacrée pour désigner ce genre d'opérations.

2. Les riches (cf. V 30, 77). Nicodromos devait être un chef du parti populaire, ce qui n'était pas pour lui nuire à Athènes.

3. Par les Athéniens, au début de la guerre du Péloponnèse, en 431 (Thuc., II 27).

4. Déméter, qui va être nommée.

5. Il y aurait donc eu entre les deux flottes opposées une parfaite égalité de forces, ce qui est peu vraisemblable.

6. Au temps de l'affaire des statues (V 86).

7. Lorsque Cléomène avait fait transporter des troupes par mer de la Thyréatide à Nauplie (ch. 76).

δρμώμενοι ἔφερόν τε καὶ ἦγον τοὺς ἐν τῇ νήσῳ Αἰγινήτας.
Ταῦτα μὲν δὴ ὕστερον ἐγίνετο. Αἰγινητέων δὲ οἱ παχέες 91
ἐπαναστάντος σφι τοῦ δήμου ἅμα Νικοδρόμῳ ἐπεκράτησαν, καὶ ἔπειτέ σφεας χειρωσάμενοι ἐξῆγον ἀπολέοντες.
Ἀπὸ τούτου δὲ καὶ ἄγος σφι ἐγένετο, τὸ ἐκθύσασθαι
οὐκ οἷοί τε ἐγένοντο ἐπιμηχανώμενοι, ἀλλ' ἔφθησαν
ἐκπεσόντες πρότερον ἐκ τῆς νήσου ἤ σφι ἵλεον γενέσθαι
τὴν θεόν. Ἑπτακοσίους γὰρ δὴ τοῦ δήμου ζωγρήσαντες
ἐξῆγον ὡς ἀπολέοντες, εἷς δέ τις τούτων ἐκφυγὼν τὰ
δεσμὰ καταφεύγει πρὸς πρόθυρα Δήμητρος Θεσμοφόρου,
ἐπιλαβόμενος δὲ τῶν ἐπισπαστήρων εἴχετο· οἱ δὲ ἐπείτε
μιν ἀποσπάσαι οὐκ οἷοί τε ἀπέλκοντες ἐγίνοντο, ἀπο-
κόψαντες αὐτοῦ τὰς χεῖρας ἦγον οὕτω, αἱ χεῖρες δὲ ἐκεῖναι
ἐμπεφυκυῖαι ἦσαν τοῖσι ἐπισπαστῆρσι. Ταῦτα μέν νυν 92
σφέας αὐτοὺς οἱ Αἰγινῆται ἐργάσαντο.

Ἀθηναίοισι δὲ ἥκουσι ἐναυμάχησαν νηυσὶ ἑβδομήκοντα,
ἑσσωθέντες δὲ τῇ ναυμαχίῃ ἐπεκαλέοντο τοὺς αὐτοὺς τοὺς
καὶ πρότερον, Ἀργείους. Καὶ δή σφι οὗτοι μὲν οὐκέτι
βοηθέουσι, μεμφόμενοι ὅτι Αἰγιναῖαι νέες ἀνάγκῃ λαμφθεῖσαι ὑπὸ Κλεομένεος ἔσχον τε ἐς τὴν Ἀργολίδα χώρην καὶ

**90** 5 ὁρμώμενοι codd. pl. : -εώμενοι C -εόμενοι P || τε om. Eust. *ad Il.* 573.

**91** 2 σφι τοῦ δήμου DRSV : τοῦ δ. σφι ABCP || 3 ἔπειτέ : ἐπείτε AB$^1$C ἔπειτά B$^2$PDRSV || 5 ἐγένοντο codd. pl. : ἐγί- C || 6 ἵλεον codd. pl. : -εων CPD$^2$ || γενέσθαι codd. pl. : γινέσθαι (sic) C || 7 τὴν ABCP : τὸν DRSV || δὴ om. CP || 8 ὡς om. DRSV || 10 ἐπιλαβόμενος PDRSV Pollux X 23, Eust. *ad Od.* 1429 : -λαμβανόμενος ABC || ἐπισπαστήρων codd. pl. : ἐπιπασ- D || 11 ἐγίνοντο B$^2$PDRSV : ἐγέ- AB$^1$C || 12 αἱ om. B$^2$DRSV || δὲ ἐκεῖναι AB$^1$C : δ' ἐκεῖναι DSV δὲ κεῖναι B$^2$PR || 13 ἐπισπαστῆρσι B$^2$PR : -σπαρτῆρσι D -σπαρτῆσι SV -σπάστροισι AB$^1$ C.

**92** 2 αὐτοὺς om. PDRSV || 4 ἐπεκαλέοντο ABCPD$^1$S : -εκάλεον D$^2$RV || τοὺς (ante αὐτούς) DRSV : τούτους ABCP || τοὺς conieci coll. 102 l. 3 ταὐτὰ... τὰ καὶ) : οὓς ABCP om. DRSV || 6 Αἰγιν. ABCP : αἱ Αἰγιν. DRSV || Αἰγιναῖαι PDRSV : -νεαι ABC || νέες PDRSV : νῆες ABC || ἀνάγκῃ codd. pl. : -και P || λαμφθεῖσαι codd. pl. : λα/φθεῖσαι B || 7 ἔσχον τε codd. pl. : ἔσχοντες R || ἐς om. D.

que les équipages y avaient fait une descente avec les Lacédémoniens. A cette descente avaient également participé, lors de la même invasion, des hommes débarqués de vaisseaux de Sicyone ; et les Argiens avaient infligé aux deux peuples une amende de mille talents, cinq cents talents à chacun. Les Sicyoniens s'étaient reconnus coupables, et avaient accepté de payer cent talents pour être quittes de l'amende ; les Éginètes n'avaient pas reconnu leur tort et s'étaient montrés arrogants. C'est pourquoi, quand ils demandèrent du secours, il ne vint plus à leur aide un seul Argien envoyé par l'État [1] ; mais il vint des volontaires au nombre d'un millier [2] ; ils avaient à leur tête comme chef Eurybatès, un homme qui avait pratiqué le pentathle. La plupart de ces hommes ne retournèrent pas dans leur pays ; ils périrent à Égine sous les coups des Athéniens ; leur chef Eurybatès lui-même livra des combats singuliers, tua ainsi trois ennemis, mais mourut de la main du quatrième, Sophanès de Décélie [3].

93 Les Éginètes attaquèrent avec leur flotte les Athéniens, dans un moment où ceux-ci étaient en désordre, les vainquirent et leur prirent quatre vaisseaux, avec les hommes qui les montaient [4].

94 Tandis que les Athéniens étaient en guerre [5] avec

1. L'affaiblissement d'Argos après le désastre de Sépeia (ch. 83), que les Argiens, en 481, alléguaient encore pour rester neutres (VII 148), leur eût fourni alors une meilleure excuse.

2. Probablement des aristocrates, écœurés de vivre sous la loi de nouveaux citoyens qu'ils méprisaient, et que ceux-ci virent partir d'Argos sans déplaisir.

3. Cela se passait pendant le siège d'Égine (IX 75).

4. Ce chapitre se rattache mal à ce qui précède : faut-il croire que la flotte d'Égine, reconstituée en secret, attaqua par surprise la flotte d'Athènes laissée sans bonne garde pendant les opérations sur terre ? La victoire navale des Athéniens aurait été alors une victoire sans lendemain ; et le député corinthien qui la rappelle chez Thucydide (I 41) ne parlerait pas à ce propos d'une Αἰγινητῶν ἐπικράτησις. Le récit des guerres d'Égine est, chez Hérodote, fragmentaire ; l'épisode du chapitre 93 appartient peut-être à une autre guerre que les épisodes précédents, à une guerre de date indéterminée.

5. Πόλεμος. Un état d'hostilité latente ou déclarée.

συναπέβησαν Λακεδαιμονίοισι· συναπέβησαν δὲ καὶ ἀπὸ Σικυωνιέων νεῶν ἄνδρες τῇ αὐτῇ ταύτῃ ἐσβολῇ. Καί σφι ὑπ᾽ Ἀργείων ἐπεβλήθη ζημίη χίλια τάλαντα ἐκτεῖσαι, πεντακόσια ἑκατέρους. Σικυώνιοι μέν νυν συγγνόντες ἀδικῆσαι ὡμολόγησαν ἑκατὸν τάλαντα ἐκτείσαντες ἀζήμιοι εἶναι, Αἰγινῆται δὲ οὔτε συνεγινώσκοντο ἦσάν τε αὐθαδέστεροι. Διὰ δὴ ὦν ταῦτά σφι δεομένοισι ἀπὸ μὲν τοῦ δημοσίου οὐδεὶς Ἀργείων ἔτι ἐβοήθεε, ἐθελονταὶ δὲ ἐς χιλίους· ἦγε δὲ αὐτοὺς στρατηγὸς Εὐρυβάτης, ἀνὴρ πεντάεθλον ἐπασκήσας. Τούτων οἱ πλέονες οὐκ ἀπενόστησαν ὀπίσω, ἀλλ᾽ ἐτελεύτησαν ὑπ᾽ Ἀθηναίων ἐν Αἰγίνῃ· αὐτὸς δὲ ὁ στρατηγὸς Εὐρυβάτης μουνομαχίην ἐπασκέων τρεῖς μὲν ἄνδρας τρόπῳ τοιούτῳ κτείνει, ὑπὸ δὲ τοῦ τετάρτου Σωφάνεος τοῦ Δεκελέος ἀποθνῄσκει.

Αἰγινῆται δὲ ἐοῦσι ἀτάκτοισι τοῖσι Ἀθηναίοισι συμβαλόντες τῇσι νηυσὶ ἐνίκησαν καί σφεων νέας τέσσερας αὐτοῖσι τοῖσι ἀνδράσι εἷλον. 93

Ἀθηναίοισι μὲν δὴ πόλεμος συνῆπτο πρὸς Αἰγινήτας, ὁ δὲ Πέρσης τὸ ἑωυτοῦ ἐποίεε, ὥστε ἀναμιμνῄσκοντός τε αἰεὶ τοῦ θεράποντος μεμνῆσθαί μιν τῶν Ἀθηναίων καὶ Πεισιστρατιδέων προσκατημένων καὶ διαβαλλόντων Ἀθηναίους, ἅμα δὲ βουλόμενος ὁ Δαρεῖος ταύτης ἐχόμενος τῆς προφάσιος καταστρέφεσθαι τῆς Ἑλλάδος τοὺς 94

**92** 9 Σικυωνιέων : -νίων codd. pl. Σικυων P || νεῶν om. S || 10 ἐπεβλήθη ABCP : ὑπ- DRSV || ἐκτεῖσαι : -τῖσαι codd. || 11 ἑκατέρους ABCP : ἑτέρους DRSV || συγγνόντες codd. pl. : ξυγγν- CP || 12 ἐκτείσαντες : -τίσαντες codd. || 14 δὴ ὦν ταῦτά σφι conieci (cf. 104, l. 1 : οὗτος δὴ ὦν) : δὴ ὦν σφι ταῦτα ABC ὦν σφι om. PDRSV || 15 ἐθελονταὶ ABCP : θελ- DRSV || 16 στρατηγὸς Εὐρυβάτης PDRSV : στρ. ἀνὴρ ᾧ οὔνομα Εὐρ. ABC || ἀνὴρ D : om. cett. || 16-17 πεντάεθλον ABCPD[1] : πένταθλον D[2]RSV || 17 πλέονες : πλεῦ- codd. || 19 μουνομαχίην codd. pl. : μουναρχίην D || 20 τρόπῳ τ. κτείνει codd. pl. : κτείνει τρόπῳ τ. D || τοιούτῳ ABCP : τοιῷδε DRSV.

**93** 1 τοῖσι om. PDRSV || 2 τέσσερας ABPR : τέσσα- CDSV || 3 τοῖσι om. PDRSV.

**94** 3 αἰεὶ codd. pl. : ἀεὶ AB.

les Éginètes[1], le Perse mettait son dessein à exécution ; son serviteur ne cessait de rappeler Athènes à sa mémoire[2], les Pisistratides étaient assidus auprès de lui et déblatéraient contre les Athéniens ; et Darius voulait, saisissant ce prétexte, subjuguer ceux des Grecs qui lui auraient refusé la terre et l'eau. Il releva de son commandement Mardonios, dont l'expédition avait mal réussi, et désigna pour les envoyer contre Érétrie et Athènes d'autres généraux, Datis, qui était Mède de race, et Artaphernès fils d'Artaphernès, son propre neveu ; il les fit partir avec mission de réduire en esclavage Athènes et Érétrie et d'amener sous ses yeux les esclaves.
95 Ces généraux désignés prirent congé du Roi et se rendirent en Cilicie dans la plaine Aléenne[3], menant avec eux des troupes de terre nombreuses et bien équipées ; pendant qu'ils campaient en ce lieu, vint les rejoindre toute l'armée navale que les différents peuples avaient reçu l'ordre de former ; arrivèrent aussi les navires pour le transport des chevaux que Darius, l'année précédente, avait prescrit à ses tributaires de préparer. Ils chargèrent les chevaux sur ces transports, embarquèrent l'armée de terre sur les vaisseaux de la flotte, et mirent à la voile pour l'Ionie avec six cents trières[4].

De là, ils ne longèrent pas le continent dans la direction de l'Hellespont et de la Thrace ; mais, partant de Samos, ils rangèrent Icaros[5] et naviguèrent au milieu des îles ; ils avaient, je pense, grand peur de contourner l'Athos, parce que, l'année précédente, passant par là, ils avaient subi de graves pertes ; et, d'autre part, Naxos, qui n'avait pas été conquise auparavant, leur créait une obligation de suivre cette route[6].

1. Pour revenir au récit principal, interrompu depuis le chapitre 49, Hérodote remonte de plusieurs années en arrière.

2. Cf. V 105.

3. Sur cette plaine, que traversait la route allant de l'Euphrate à Tarse, cf. Arrien, *An.*, II 5 ; Strabon, XIV 5 17.

4. Chiffre qui reparaît trop souvent (par exemple IV 87, VI 9) pour être toujours exact.

5. Aujourd'hui Nicaria, la Sporade la plus voisine de Samos.

6. Pour réparer l'insuccès d'Aristagoras (V 34).

μὴ δόντας αὐτῷ γῆν τε καὶ ὕδωρ. Μαρδόνιον μὲν δὴ φλαύρως πρήξαντα τῷ στόλῳ παραλύει τῆς στρατηγίης, ἄλλους δὲ στρατηγοὺς ἀποδέξας ἀπέστειλε ἐπί τε Ἐρέτριαν καὶ Ἀθήνας, Δᾶτίν τε, ἐόντα Μῆδον γένος, καὶ Ἀρταφρένεα τὸν Ἀρταφρένεος παῖδα, ἀδελφιδέον ἑωυτοῦ· ἐντειλάμενος δὲ ἀπέπεμπε ἐξανδραποδίσαντας Ἀθήνας καὶ Ἐρέτριαν ἀνάγειν ἑωυτῷ ἐς ὄψιν τὰ ἀνδράποδα. Ὡς δὲ οἱ 95
στρατηγοὶ οὗτοι οἱ ἀποδεχθέντες πορευόμενοι παρὰ βασιλέος ἀπίκοντο τῆς Κιλικίης ἐς τὸ Ἀλήιον πεδίον, ἅμα ἀγόμενοι πεζὸν στρατὸν πολλόν τε καὶ εὖ ἐσκευασμένον, ἐνθαῦτα στρατοπεδευομένοισι ἐπῆλθε μὲν ὁ ναυτικὸς πᾶς στρατὸς ὁ ἐπιταχθεὶς ἑκάστοισι, παρεγένοντο δὲ καὶ αἱ ἱππαγωγοὶ νέες, τὰς τῷ προτέρῳ ἔτεϊ προεῖπε τοῖσι ἑωυτοῦ δασμοφόροισι Δαρεῖος ἑτοιμάζειν. Ἐσβαλόμενοι δὲ τοὺς ἵππους ἐς ταύτας καὶ τὸν πεζὸν στρατὸν ἐσβιβάσαντες ἐς τὰς νέας ἔπλεον ἑξακοσίῃσι τριήρεσι ἐς τὴν Ἰωνίην.

Ἐνθεῦτεν δὲ οὐ παρὰ τὴν ἤπειρον εἶχον τὰς νέας ἰθὺ τοῦ τε Ἑλλησπόντου καὶ τῆς Θρηίκης, ἀλλ' ἐκ Σάμου ὁρμώμενοι παρά τε Ἴκαρον καὶ διὰ νήσων τὸν πλόον ἐποιεῦντο, ὡς μὲν ἐμοὶ δοκέειν, δείσαντες μάλιστα τὸν περίπλοον τοῦ Ἄθω, ὅτι τῷ προτέρῳ ἔτεϊ ποιεύμενοι ταύτῃ τὴν κομιδὴν μεγάλως προσέπταισαν· πρὸς δὲ καὶ ἡ Νάξος σφέας ἠνάγκαζε πρότερον οὐκ ἁλοῦσα. Ἐπεὶ δὲ ἐκ τοῦ 96

**94** 9 ἀπέστειλε ABP : -έστελε C -έστελλε(ν) DRSV || ἐπὶ codd. pl. : ἐπεὶ D || Ἐρέτριαν PD²RSV : -ειαν ABCD¹ || 10 Μῆδον codd. pl. : Μήδων SV || 11 ἀδελφιδέον (vel. -δεόν) ABPRV : ἀδελφεὸν CS ἀδελφεὸν δὲ D || 13 Ἐρέτριαν PD²RSV : -ειαν ABCD¹ || ἀνάγειν A : ἀγαγεῖν DRSV ἄγειν BCP.

**95** 1 δὲ codd. pl. : δὲ καὶ R || 2 οἱ om. DRSV || 3 Ἀλήιον codd. pl. : ἀλήνιον B² ἀλην/ήιον D || ἅμα om. B¹ || 4 τε om. AB¹C || 5 μὲν om. C || 6 ὁ om. DRSV || αἱ om. BDRSV || 7 τὰς PDRSV : ἃς ABC || 8 ἐσβαλόμενοι codd. pl. : -βαλλόμενοι DS || 9-10 ἐς τὰς νέας om. DRSV || 10 ἑξακοσίῃσι codd. pl. : -ίοισι S || 11 ἐνθεῦτεν codd. pl. : ἐνθέντες AB¹D || 13 ὁρμώμενοι codd. pl. : -εώμενοι C -εόμενοι P || Ἴκαρον Gebhardt : Ἰκάριον codd. || 14 μάλιστα om. P¹DRSV || 15 Ἄθω codd. pl. : -ου D.

96 Au sortir de la mer Icarienne, ils se portèrent sur Naxos et y abordèrent (car cette île était le premier but que les Perses proposaient à leur expédition) ; se souvenant de ce qui s'était passé précédemment, les Naxiens s'enfuirent dans les montagnes sans attendre le choc ; les Perses réduisirent en esclavage ceux d'entre eux qu'ils saisirent, incendièrent les temples et la ville, et, cela fait, reprirent la mer pour les autres îles [1].

97 Pendant cette opération, les Déliens avaient quitté eux aussi leur pays, et s'étaient réfugiés à Ténos. Comme la flotte approchait du rivage, Datis, prenant les devants, interdit aux vaisseaux de mouiller près de Délos et ordonna de le faire en face, à Rhénée ; et, quand il sut où étaient les Déliens, il envoya vers eux un héraut, et leur fit dire ceci : « Hommes sacrés, pourquoi fuyez-vous ? Pourquoi vous faites-vous de moi une opinion défavorable ? Je suis assez sage à moi seul, — et j'ai reçu du Roi des ordres en ce sens, — pour ne faire aucun mal dans le pays où naquit le couple divin, ni au pays lui-même ni à ses habitants. Revenez donc maintenant à vos affaires et habitez votre île. » Telle fut la communication que Datis fit faire aux Déliens par un héraut [2] ; ensuite il entassa sur l'autel trois cents talents d'en-
98 cens et il les y brûla. Cela fait, Datis prit la mer avec l'armée pour Érétrie d'abord, emmenant avec lui des Ioniens et des Éoliens ; et, après qu'il eut quitté les eaux de Délos, l'île fut

1. Plutarque prétend, d'après des chroniqueurs naxiens, qu'ils auraient été chassés par les habitants du pays (*De Her. mal.*, 36). Peut-être le patriotisme local avait-il transformé en une victoire une simple bagarre, au cours de laquelle des Naxiens, au cours du réembarquement des troupes de Datis, auraient houspillé quelques soldats attardés.

2. Lorsqu'ils n'avaient pas à venger des injures faites à des divinités ou à des sanctuaires de leur empire, les Perses paraissent avoir été ordinairement respectueux des dieux et des sanctuaires de peuples étrangers. Dans le « couple divin » né à Délos, ils pouvaient reconnaître le Soleil et la Lune, qu'ils adoraient (I 131). Et, d'autre part, Datis, qui avait des Ioniens dans son armée (ch. 98), pouvait juger prudent de ménager une île qu'ils tenaient pour sacrée.

Ἰκαρίου πελάγεος προσφερόμενοι προσέμειξαν τῇ Νάξῳ (ἐπὶ ταύτην γὰρ δὴ πρώτην ἐπεῖχον στρατεύεσθαι οἱ Πέρσαι), μεμνημένοι τῶν πρότερον οἱ Νάξιοι πρὸς τὰ ὄρεα οἴχοντο φεύγοντες οὐδὲ ὑπέμειναν· οἱ δὲ Πέρσαι ἀνδραποδισάμενοι τοὺς κατέλαβον αὐτῶν, ἐνέπρησαν καὶ τὰ ἱρὰ καὶ τὴν πόλιν. Ταῦτα δὲ ποιήσαντες ἐπὶ τὰς ἄλλας νήσους ἀνάγοντο.

Ἐν ᾧ δὲ οὗτοι ταῦτα ἐποίευν, οἱ Δήλιοι ἐκλιπόντες καὶ 97
αὐτοὶ τὴν Δῆλον οἴχοντο φεύγοντες ἐς Τῆνον. Τῆς δὲ στρατιῆς καταπλεούσης ὁ Δᾶτις προπλώσας οὐκ ἔα τὰς νέας πρὸς τὴν Δῆλον προσορμίζεσθαι, ἀλλὰ πέρην ἐν τῇ Ῥηναίῃ· αὐτὸς δὲ πυθόμενος ἵνα ἦσαν οἱ Δήλιοι, πέμπων κήρυκα ἠγόρευέ σφι τάδε· « Ἄνδρες ἱροί, τί φεύγοντες οἴχεσθε, οὐκ ἐπιτήδεα καταγνόντες κατ' ἐμέο; Ἐγὼ γὰρ καὶ αὐτὸς ἐπὶ τοσοῦτό γε φρονέω καί μοι ἐκ βασιλέος ὧδε ἐπέσταλται, ἐν τῇ χώρῃ οἱ δύο θεοὶ ἐγένοντο, ταύτην μηδὲν σίνεσθαι, μήτε αὐτὴν τὴν χώρην μήτε τοὺς οἰκήτορας αὐτῆς. Νῦν ὦν καὶ ἄπιτε ἐπὶ τὰ ὑμέτερα αὐτῶν καὶ τὴν νῆσον νέμεσθε. » Ταῦτα μὲν ἐπεκηρυκεύσατο τοῖσι Δηλίοισι· μετὰ δὲ λιβανωτοῦ τριηκόσια τάλαντα κατανήσας ἐπὶ τοῦ βωμοῦ ἐθυμίησε. Δᾶτις μὲν δὴ ταῦτα ποιήσας ἔπλεε ἅμα 98
τῷ στρατῷ ἐπὶ τὴν Ἐρέτριαν πρῶτα, ἅμα ἀγόμενος καὶ Ἴωνας καὶ Αἰολέας· μετὰ δὲ τοῦτον ἐνθεῦτεν ἐξαναχθέντα Δῆλος ἐκινήθη, ὡς ἔλεγον οἱ Δήλιοι, καὶ πρῶτα καὶ ὕστατα μέχρι ἐμέο σεισθεῖσα. Καὶ τοῦτο μέν κου τέρας ἀνθρώποισι

**96** 2 προσέμειξαν codd. pl. : -έμιξαν R || 3 πρώτην ABCP : πρῶτον DRSV || 4 πρότερον ABCPD : -έρων RSV || 5 ὄρεα codd. pl. : οὔρ- CP || 7 ἐπὶ codd. pl. : ἐς C.

**97** 3 προπλώσας PDRV : προσπλ- ABCS || 4 Δῆλον B$^2$PDRSV : νῆσον AB$^1$C || 5 Ῥηναίῃ ABCPD : -έῃ RSV || 7 ἐμέο : ἐμεῦ codd. pl. : ἐμοῦ AB || 8 ἐπὶ B$^2$FDRSV : ἔτι AB$^1$C || τοσοῦτό B$^2$P : -τόν S τοσούτω DRV τοσαῦτά AB$^1$ om. C || καὶ codd. pl. : τάδε καὶ C || 9 τῇ : ᾗ codd. || 12 νέμεσθε codd. pl. : -σθαι B || 14 ἐθυμίησε codd. pl. : -ίασε D.

**98** 2 Ἐρέτριαν PD$^2$RSV : -ειαν ABCD$^1$ || 4 οἱ om. AB CP || 5 μέχρι AB : τὰ μέχρι P μέχρις R τὰ μέχρις DSV om. C || ἐμέο : ἐμέο οὐ B$^2$PDRSV ἐμεῦ AC ἐμεῦ μηδέποτε B$^1$.

secouée par un tremblement de terre, au dire des Déliens, pour la première fois et la dernière jusqu'à mon temps [1]. C'était, je pense, un présage envoyé par la divinité pour annoncer aux hommes les malheurs qui allaient arriver ; car, sous Darius fils d'Hystaspe, Xerxès fils de Darius et Artaxerxès fils de Xerxès, c'est-à-dire pendant trois générations successives, plus de maux ont frappé la Grèce qu'en l'espace de vingt autres générations qui avaient précédé Darius, les uns lui venant des Perses, les autres des principaux d'entre les Grecs eux-mêmes, luttant pour la suprématie. Dans ces conditions, rien d'étrange que Délos ait été ébranlée, elle qui auparavant était inébranlable. [Dans un oracle aussi il était écrit au sujet de Délos : « J'ébranlerai Délos même, encore qu'inébranlable [2]. »] Traduits en grec, ces noms signifient : Darius, « le Répresseur [3] » ; Xerxès, « le Guerrier » ; Artaxerxès, « le Grand Guerrier ; » les Grecs pourraient sans se tromper appeler ainsi ces princes dans leur langue [4].

99 Les Barbares, partis de Délos, abordèrent dans les îles, où ils levèrent des troupes et prirent comme otages des fils des habitants. Au cours de cette navigation d'île en île ils abordèrent aussi à Carystos [5] ; les Carystiens refusant de leur

1. Hérodote ignorait donc alors le tremblement de terre dont parle Thucydide II 8. Ou bien, fort du témoignage des Déliens, il n'ajoutait pas foi à une rumeur dont, de son côté, Thucydide, dédaigneux des présages, n'avait pas vérifié l'exactitude.

2. Omis dans de bons manuscrits, ce rappel d'une prophétie est une interpolation, suggérée par l'identité de l'expression ἐοῦσαν ἀκίνητον et de la fin de vers ἀκίνητόν περ ἐοῦσαν.

3. 'Ερξίης, de ἔργω : celui qui écarte, qui repousse.

4. Sur la valeur de ces traductions, cf. *Introduction*, p. 75, note. Une erreur flagrante de celui qui les imagina est d'avoir considéré 'Αρταξέρξης comme un composé de Ξέρξης, alors que les deux noms Khshaya-Arshan et Arta-khshathra sont formés d'éléments différents. Cette erreur a du moins l'avantage de mettre en garde contre la tentation de rapprocher ἀρήιος de Δαρεῖος, ἐρξίης de Ξέρξης, et d'écrire, comme on l'a suggéré : Δύναται... Δαρεῖος ἀρήιος, Ξέρξης ἐρξίης ; car, à ce compte, il faudrait continuer : 'Αρταξέρξης μέγας ἐρξίης, ce qui serait trop hardi.

5. Au Sud de l'Eubée.

τῶν μελλόντων ἔσεσθαι κακῶν ἔφηνε ὁ θεός· ἐπὶ γὰρ Δαρείου τοῦ Ὑστάσπεος καὶ Ξέρξεω τοῦ Δαρείου καὶ Ἀρτοξέρξεω τοῦ Ξέρξεω, τριῶν τουτέων ἐπεξῆς γενέων, ἐγένετο πλέω κακὰ τῇ Ἑλλάδι ἢ ἐπὶ εἴκοσι ἄλλας γενεὰς τὰς πρὸ Δαρείου γενομένας, τὰ μὲν ἀπὸ τῶν Περσέων αὐτῇ γενόμενα, τὰ δὲ ἀπ' αὐτῶν τῶν κορυφαίων περὶ τῆς ἀρχῆς πολεμεόντων. Οὕτω οὐδὲν ἦν ἀεικὲς κινηθῆναι Δῆλον τὸ πρὶν ἐοῦσαν ἀκίνητον. [Καὶ ἐν χρησμῷ ἦν γεγραμμένον περὶ αὐτῆς ὧδε·

κινήσω καὶ Δῆλον ἀκίνητόν περ ἐοῦσαν.]

Δύναται δὲ κατὰ Ἑλλάδα γλῶσσαν ταῦτα τὰ οὐνόματα, Δαρεῖος ἐρξίης, Ξέρξης ἀρήιος, Ἀρτοξέρξης μέγας ἀρήιος. Τούτους μὲν δὴ τοὺς βασιλέας ὧδε ἂν ὀρθῶς κατὰ γλῶσσαν τὴν σφετέρην Ἕλληνες καλέοιεν.

99 Οἱ δὲ βάρβαροι ὡς ἀπῆραν ἐκ τῆς Δήλου, προσίσχον πρὸς τὰς νήσους, ἐνθεῦτεν δὲ στρατιήν τε παρελάμβανον καὶ ὁμήρους τῶν νησιωτέων παῖδας ἐλάμβανον. Ὡς δὲ περιπλέοντες τὰς νήσους προσίσχον καὶ ἐς Κάρυστον (οὐ γὰρ δή σφι οἱ Καρύστιοι οὔτε ὁμήρους ἐδίδοσαν οὔτε ἔφασαν ἐπὶ πόλις ἀστυγείτονας στρατεύσεσθαι, λέγοντες

**98** 6 ἔφηνε PDRSV : ἔφαινε ABC || 7 Ξέρξεω codd. pl. : -εος V || 7-8 Ἀρτοξέρξεω codd. pl. : Ἀρτα- RS || 8 τριῶν codd. pl. : τρίτων D || γενέων (cf. *Praef.*, p. 208) : -εέων codd. || 9 εἴκοσι codd. pl. : εἴκο/σι D || 10-11 γενόμενα ABCP : γιν- DRSV || 11 αὐτῶν codd. pl. : -τῶ RV || 12 πολεμεόντων DR : -μούντων ABCP -μόντων V -μίζοντων S || οὕτω codd. pl. : -ως AB || 13-15 καὶ... ἐοῦσαν om. AB¹C || 16-19 Haec verba, ubi ipsa regum nomina bellum redolere videntur, a Wesseling aliisque damnata, retinenda censeo || 17 Δαρεῖος ἐρξίης (-είης, -ήεις), Ξέρξης ἀρήιος codd. Δ. ἀρήιος, Ξέρξης ἐρξίης coniecit Cook, *Class. Review*, XXI, 169, ita ut nominibus similia verba respondeant ; sed videas quae ad versionem gallicam adnotavi || ἐρξίης DRSV : ἐρξείης AB ἐρξήεις CP || Ἀρτοξέρξης... ἀρήιος om. D || Ἀρτοξέρξης codd. pl. : Ἀρτα- RV || 19 καλέοιεν codd. pl. : -έουσιν SV.

**99** 1 Δήλου PDRSV : νήσου ABC || προσίσχον Aldus : -ίσχοντο ABCP προίσχοντο DRSV || 2 δὲ ABCPS : τε DRV || 6 πόλις PS : -εις DR Vinc. -ιας ABC || στρατεύσεσθαι Dobree : -εύεσθαι codd.

donner des otages et de marcher contre des cités voisines, — ils voulaient parler d'Érétrie et d'Athènes[1], — les Perses les assiégèrent et ravagèrent leur territoire, jusqu'à ce que les Carystiens se furent eux aussi rendus à la volonté des Perses.

100 Les Érétriens, informés que la flotte des Perses se dirigeait vers eux, prièrent les Athéniens de leur venir en aide. Les Athéniens ne refusèrent pas le secours demandé ; ils donnèrent comme défenseurs aux Érétriens les quatre mille hommes établis en qualité de « clerouques » sur les terres des « hippobotes » de Chalcis[2]. Mais les Érétriens n'avaient pas pris de saine résolution ; ils faisaient venir les Athéniens, et ils étaient divisés d'opinion ; les uns pensaient à quitter la ville pour les lieux hauts de l'Eubée ; d'autres, dans l'espoir de recevoir des Perses des avantages personnels, se préparaient à trahir. Connaissant ces deux dispositions, Aischinès fils de Nothon, qui était au premier rang chez les Érétriens, révéla aux Athéniens venus à Érétrie l'état des choses chez ses concitoyens, et les engagea vivement à retourner dans leur propre pays[3] pour ne pas se perdre avec eux. Et les
101 Athéniens suivirent le conseil d'Aischinès. Pendant qu'ils passaient à Oropos et se mettaient en sûreté, les Perses, arrivant par mer, abordèrent sur le territoire d'Érétrie, à Tamynai, Choireai et Aigilia[4] ; et, aussitôt qu'ils eurent abordé en ces lieux, ils débarquèrent les chevaux et firent leurs préparatifs pour attaquer les ennemis. Mais les Érétriens n'avaient pas le projet de faire une sortie pour se porter à leur rencontre ni de livrer combat ; ils ne songeaient qu'à assurer, si possible, la garde de leurs murailles ; car l'avis

1. Ils étaient voisins d'Érétrie sur terre et n'étaient séparés de l'Attique que par un étroit bras de mer.

2. Cf. V 77.

3. En Attique. Les clérouques restaient citoyens d'Athènes, inscrits sur les rôles des tribus.

4. De ces trois noms, le premier est restitué par conjecture (cf. l'apparat) ; les deux autres sont inconnus par ailleurs ; Αἴγιλια est à distinguer de l'île Αἰγιλίη nommée ch. 107.

Ἐρέτριάν τε καὶ Ἀθήνας), ἐνθαῦτα τούτους ἐπολιόρκεόν
τε καὶ τὴν γῆν σφέων ἔκειρον, ἐς ὃ καὶ οἱ Καρύστιοι παρέστησαν ἐς τῶν Περσέων τὴν γνώμην.
Ἐρετριέες δὲ πυνθανόμενοι τὴν στρατιὴν τὴν Περσικὴν 100
ἐπὶ σφεας ἐπιπλέουσαν Ἀθηναίων ἐδεήθησαν σφίσι βοηθοὺς
γενέσθαι. Ἀθηναῖοι δὲ οὐκ ἀπείπαντο τὴν ἐπικουρίην,
ἀλλὰ τοὺς τετρακισχιλίους κληρουχέοντας τῶν ἱπποβοτέων
Χαλκιδέων τὴν χώρην, τούτους σφι διδοῦσι τιμωρούς.
Τῶν δὲ Ἐρετριέων ἦν ἄρα οὐδὲν ὑγιὲς βούλευμα, οἳ μετε-
πέμποντο μὲν Ἀθηναίους, ἐφρόνεον δὲ διφασίας ἰδέας·
οἱ μὲν γὰρ αὐτῶν ἐβουλεύοντο ἐκλιπεῖν τὴν πόλιν ἐς τὰ
ἄκρα τῆς Εὐβοίης, ἄλλοι δὲ αὐτῶν ἴδια κέρδεα προσδε-
κόμενοι παρὰ τοῦ Πέρσεω οἴσεσθαι προδοσίην ἐσκευάζοντο.
Μαθὼν δὲ τούτων ἑκάτερα ὡς εἶχε Αἰσχίνης ὁ Νόθωνος,
ἐὼν τῶν Ἐρετριέων τὰ πρῶτα, φράζει τοῖσι ἥκουσι Ἀθηναίων πάντα τὰ παρεόντα σφίσι πρήγματα, προσεδέετό τε
ἀπαλλάσσεσθαί σφεας ἐς τὴν σφετέρην, ἵνα μὴ προσαπό-
λωνται. Οἱ δὲ Ἀθηναῖοι ταῦτα Αἰσχίνῃ συμβουλεύσαντι
πείθονται. Καὶ οὗτοι μὲν διαβάντες ἐς Ὠρωπὸν ἔσῳζον 101
σφέας αὐτούς· οἱ δὲ Πέρσαι πλέοντες κατέσχον τὰς νέας
τῆς Ἐρετρικῆς χώρης κατὰ Ταμύνας καὶ Χοιρέας καὶ
Αἰγίλια, κατασχόντες δὲ ἐς ταῦτα τὰ χωρία αὐτίκα ἵππους
τε ἐξεβάλλοντο καὶ παρεσκευάζοντο ὡς προσοισόμενοι
τοῖσι ἐχθροῖσι. Οἱ δὲ Ἐρετριέες ἐπεξελθεῖν μὲν καὶ μαχέ-
σασθαι οὐκ ἐποιεῦντο βουλήν, εἴ κως δὲ διαφυλάξαιεν τὰ

**99** 7 Ἐρέτριαν PD$^{2}$RSV : -ειαν ABCD$^{1}$ || 8 ἔκειρον ABCP : -ραν DRSV.

**100** 4 ἱπποβοτέων ABCP$^{2}$ : -βότων P$^{1}$DRSV || 8 αὐτῶν codd. pl. : -έων C || 10 οἴσεσθαι om. DRSV || 11 τούτων ABCPS : -έων DRV || ὁ om. ABC || 12 Ἐρετριέων codd. pl. : -ιῶν R || 13 παρεόντα codd. pl. : παρόντα D || σφίσι BC : σφι APDRSV.

**101** 3 Ἐρετρικῆς codd. pl. : -ιῆς B$^{1}$ || Ταμύνας coniecit Valckenaer coll. Strab. X 1 10 : ἐν δὲ τῇ Ἐρετρικῇ πόλις ἦν Ταμύναι πλησίον τοῦ Πορθμοῦ : τέμενος codd. || 4 Αἰγίλια PDRSV : -λεα ABC || ἐς om. ABC || 6 ἐπεξελθεῖν codd. pl. : ἐξ- D || 6-7 μαχέσασθαι PDRSV : μάχεσθαι ABC.

avait prévalu de ne pas abandonner la ville. L'assaut fut donné aux murs avec violence ; six jours durant beaucoup d'hommes tombèrent de l'un et l'autre côté ; le septième jour, Euphorbos fils d'Alkimachos et Philagros fils de Kynéas, citoyens de marque, livrèrent la ville aux Perses. Ceux-ci, quand ils y furent entrés, pillèrent les temples et y mirent le feu, en représailles de l'incendie des sanctuaires de Sardes, conformément aux ordres de Darius.

102 Après la prise d'Érétrie et quelques jours d'arrêt, ils cinglèrent vers l'Attique ; ils étaient tout bouillants[1] et pensaient qu'ils allaient traiter les Athéniens comme ils avaient fait des Érétriens. Marathon étant le lieu d'Attique le plus favorable aux évolutions des cavaliers et le plus proche d'Érétrie[2], c'est vers ce point que les dirigea Hippias fils de
103 Pisistrate. Les Athéniens, à cette nouvelle, se portèrent eux aussi à Marathon à la défense de leur pays[3].

Ils étaient commandés par dix stratèges, l'un des dix étant

1. Κατοργῶντες est une conjecture (cf. l'apparat). D'après Photius, κατοργᾶν serait équivalent de κατεπείγειν « se hâter ». Mais Hérodote vient de dire qu'après le sac d'Érétrie les Perses prirent du repos. « Se hâter » est, pour κατοργᾶν, un sens dérivé. Composé de ὀργή, ce mot doit s'entendre de l'état d'âme de gens gonflés d'une ardeur présomptueuse et brutale.

2. Deux affirmations contestables. La cavalerie (qui ne joua aucun rôle à Marathon) aurait eu un terrain plus favorable à Phalère ou à Éleusis ; et Oropos ou Rhamnonte était, sur la côte, aussi proche d'Érétrie que Marathon. Ce lieu, qui présentait une baie, une plage et une plaine, fut choisi, semble-t-il, comme base d'opérations plutôt que comme futur champ de bataille. Datis a pu vouloir attirer et retenir les Athéniens loin d'Athènes pour surprendre, avec une partie de sa flotte, la ville laissée sans défense et où il savait avoir des partisans. Ajoutons qu'Hippias, superstitieux, crut peut-être qu'en prenant pour rentrer à Athènes le même chemin qu'avait suivi son père, qui venait aussi d'Érétrie (I 62), il aurait chance de marcher à un pareil succès.

3. A noter qu'Hérodote ne dit rien du fameux décret que Miltiade aurait fait voter, ordonnant qu'on irait au devant de l'ennemi au lieu de l'attendre entre les murs d'Athènes (Sch. Démosthène, *Ambassade*. 303 ; Aristote, *Rhét.* III 10 ; Plutarque, *Quaest. Conv.*, I 10 3).

τείχεα, τούτου σφι πέρι ἔμελε, ἐπείτε ἐνίκα μὴ ἐκλιπεῖν τὴν πόλιν. Προσβολῆς δὲ γινομένης καρτερῆς πρὸς τὸ τεῖχος ἔπιπτον ἐπὶ ἓξ ἡμέρας πολλοὶ μὲν ἀμφοτέρων· τῇ δὲ ἑβδόμῃ Εὔφορβός τε ὁ Ἀλκιμάχου καὶ Φίλαγρος ὁ Κυνέω ἄνδρες τῶν ἀστῶν δόκιμοι προδιδοῦσι τοῖσι Πέρσῃσι. Οἱ δὲ ἐσελθόντες ἐς τὴν πόλιν τοῦτο μὲν τὰ ἱρὰ συλήσαντες ἐνέπρησαν, ἀποτινύμενοι τῶν ἐν Σάρδισι κατακαυθέντων ἱρῶν, τοῦτο δὲ τοὺς ἀνθρώπους ἠνδραποδίσαντο κατὰ τὰς Δαρείου ἐντολάς.

Χειρωσάμενοι δὲ τὴν Ἐρέτριαν καὶ ἐπισχόντες ὀλίγας 102
ἡμέρας ἔπλεον ἐς γῆν τὴν Ἀττικήν, κατοργῶντές τε
πολλὸν καὶ δοκέοντες ταὐτὰ τοὺς Ἀθηναίους ποιήσειν τὰ
καὶ τοὺς Ἐρετριέας ἐποίησαν. Καί, ἦν γὰρ Μαραθὼν
ἐπιτηδεότατον χωρίον τῆς Ἀττικῆς ἐνιππεῦσαι καὶ ἀγχο-
τάτω τῆς Ἐρετρίης, ἐς τοῦτό σφι κατηγέετο Ἱππίης ὁ
Πεισιστράτου. Ἀθηναῖοι δὲ ὡς ἐπύθοντο ταῦτα, ἐβοήθεον 103
καὶ αὐτοὶ ἐς τὸν Μαραθῶνα.

Ἦγον δέ σφεας στρατηγοὶ δέκα, τῶν ὁ δέκατος ἦν Μιλτιάδης, τοῦ τὸν πατέρα Κίμωνα τὸν Στησαγόρεω κατέλαβε φυγεῖν ἐξ Ἀθηνέων Πεισίστρατον τὸν Ἱπποκράτεος. Καὶ αὐτῷ φεύγοντι Ὀλυμπιάδα ἀνελέσθαι τεθρίππῳ συνέβη,

**101** 8 πέρι ἔμελε codd. pl. : περιέμελλε C || 9 γινομένης codd. pl. : γε- $P^{2}$ || 10 ἐπὶ codd. pl. : μὲν ἐπὶ CP || 11 prius ὁ om. SV || Κυνέω Bredow : -έου codd. || 13 ἐσελθόντες codd. pl. : ἐλθ- C || ἱρὰ PDRSV : ἱερὰ ABC || 14 ἀποτινύμενοι ABCP : -τιννύ- DRSV || Σάρδισι codd. pl. : -δεσι D Vinc. || κατακαυθέντων codd. pl. : -καφθ- C -καυσθ- P.

**102** 1 Ἐρέτριαν codd. pl. : -ειαν $CD^{1}$ || ὀλίγας ἡμέρας ABCP : ἡμ. ὀλ. DRSV || 2 ἔπλεον codd. pl. : -εεν R || ἐς codd. pl. : εἰς R || γῆν AB (cf. 73 l. 10) : om. cett. || κατοργῶντες (-έοντες Dietsch ; cf. Photius *Lex.* 343, 6 : ὀργᾶν τὸ ἐπείγεσθαι· καὶ κατοργᾶν το κατεπείγειν) : κατεργωντες $C^{2}$ -έργοντες $AB^{1}C^{1}P$ -εργάζοντες $B^{2}DRSV$ || 3 ταὐτὰ $P^{1}RSV$ : ταῦτα $ABCP^{2}D$ || 4 Μαραθὼν DRSV : ἡ Μαρ. $ABCP^{1}$ : ὁ Μαραθὼν $P^{2}$ || 5 ἐπιτηδεότατον DRSV : -δεώτατον CP -δειότατον A -διότατον B || 6 Ἐρετρίης codd. pl. : -είης $D^{1}$ || κατηγέετο codd. pl. : -ήγετο C.

**103** 5 Ἀθηνέων AB : -ναίων cett.

Miltiade[1], dont le père, Kimon fils de Stésagoras[2], avait du fuir hors d'Athènes la tyrannie de Pisistrate fils d'Hippocratès. A ce Kimon il était arrivé, pendant son exil, de remporter le prix à Olympie dans la course des quadriges, victoire qui lui valut la même gloire qu'avait gagnée son frère utérin Miltiades[3]. Plus tard, dans l'olympiade suivante, il avait triomphé avec les mêmes cavales, cédé à Pisistrate l'honneur d'être proclamé, et, en lui abandonnant sa victoire, obtenu de rentrer chez lui sous le couvert d'un accord. Dans une autre olympiade encore, il avait gagné le prix avec les mêmes cavales[4] ; et il avait péri victime des fils de Pisistrate, alors que celui-ci n'existait plus lui-même ; ils l'avaient fait assassiner auprès du prytanée, la nuit, par des hommes qu'ils avaient apostés. Kimon est enterré en avant de la ville, au delà du chemin qui traverse le faubourg appelé Koilé ; en face de lui sont enterrées ses cavales, celles qui gagnèrent trois victoires olympiques ; autant en avaient fait déjà d'autres cavales, celles d'Évagoras de Laconie[5] ; mais il n'y en a point qui aient fait davantage. A cette époque, l'aîné des fils de Kimon, Stésagoras, était auprès de son oncle maternel Miltiade, qui l'élevait en Chersonèse[6] ; le cadet, à Athènes, auprès de Kimon lui-même ; il s'appelait Miltiade, du nom
104 de Miltiade le colonisateur de la Chersonèse. C'est ce Mil-
tiade qui, revenu de la Chersonèse, était alors stratège des Athéniens ; il avait par deux fois échappé à la mort : et lorsque les Phéniciens qui le poursuivirent jusqu'à Imbros[7] avaient attaché un si grand prix à le capturer et à le mener au Grand Roi ; et, après qu'il leur eut échappé et fut arrivé

1. Τῶν ὁ δέκατος ἦν Μιλτιάδης. A rapprocher de ὁ δεῖνα τρίτος (πέμπτος, δέκατος) αὐτός, locution fréquente chez Thucydide pour signaler à la fois le nombre des membres d'un collège et le plus notable et influent d'entre eux.

2. Et frère utérin de Miltiade l'Ancien (ch. 38).

3. Ch. 36.

4. Ces victoires semblent dater de 532, 528, 524.

5. Dont Hérodote put voir l'ex-voto à Olympie (Paus., VI 10 8).

6. Et à qui il succéda comme tyran (ch. 38)

7. Ch. 41.

καὶ ταύτην μὲν τὴν νίκην ἀνελόμενόν μιν τὠυτὸ ἐξενείκασθαι τῷ ὁμομητρίῳ ἀδελφεῷ Μιλτιάδῃ. Μετὰ δὲ τῇ ὑστέρῃ Ὀλυμπιάδι τῇσι αὐτῇσι ἵπποισι νικῶν παραδιδοῖ Πεισιστράτῳ ἀνακηρυχθῆναι, καὶ τὴν νίκην παρεὶς τούτῳ κατῆλθε ἐπὶ τὰ ἑωυτοῦ ὑπόσπονδος. Καί μιν ἀνελόμενον τῇσι αὐτῇσι ἵπποισι ἄλλην Ὀλυμπιάδα κατέλαβε ἀποθανεῖν ὑπὸ τῶν Πεισιστράτου παίδων, οὐκέτι περιεόντος αὐτοῦ Πεισιστράτου· κτείνουσι δέ οὗτοί μιν κατὰ τὸ πρυτανήιον νυκτὸς ὑπείσαντες ἄνδρας. Τέθαπται δὲ Κίμων πρὸ τοῦ ἄστεος, πέρην τῆς διὰ Κοίλης καλεομένης ὁδοῦ· καταντίον δ' αὐτοῦ αἱ ἵπποι τετάφαται αὗται αἱ τρεῖς Ὀλυμπιάδας ἀνελόμεναι. Ἐποίησαν δὲ καὶ ἄλλαι ἵπποι ἤδη τὠυτὸ τοῦτο Εὐαγόρεω Λάκωνος, πλέω δὲ τουτέων οὐδαμαί. Ὁ μὲν δὴ πρεσβύτερος τῶν παίδων τῷ Κίμωνι Στησαγόρης ἦν τηνικαῦτα παρὰ τῷ πάτρῳ Μιλτιάδῃ τρεφόμενος ἐν τῇ Χερσονήσῳ, ὁ δὲ νεώτερος παρ' αὐτῷ Κίμωνι ἐν Ἀθήνῃσι, οὔνομα ἔχων ἀπὸ τοῦ οἰκιστέω τῆς Χερσονήσου Μιλτιάδεω
Μιλτιάδης. Οὗτος δὴ ὢν τότε ὁ Μιλτιάδης ἥκων ἐκ τῆς 104
Χερσονήσου καὶ ἐκπεφευγὼς διπλόον θάνατον ἐστρατήγεε Ἀθηναίων· ἅμα μὲν γὰρ οἱ Φοίνικες αὐτὸν οἱ ἐπιδιώξαντες μέχρι Ἴμβρου περὶ πολλοῦ ἐποιεῦντο λαβεῖν τε καὶ ἀναγαγεῖν παρὰ βασιλέα, ἅμα δὲ ἐκφυγόντα τε τούτους καὶ ἀπικόμενον ἐς τὴν ἑωυτοῦ δοκέοντά τε εἶναι ἐν

**103** 7 ἀνελόμενον $B^{2}$PDRSV : -ομένῳ A$B^{1}$C || 8 ὁμομητρίῳ ABCP : -μήτορι DRSV || 11 ἀνελόμενον ABCPS : -ος DRV || 13 περιεόντος ABCP : παρ- DRSV || 14 τὸ om. DRV || 15 τέθαπται codd. pl. : τέθραπται D || 17 αἱ ABCP$D^{2}$S : οἱ $D^{1}$RV || τετάφαται DRSV : τεθάφ- ABCP || τρεῖς codd. pl. : τρὶς $D^{2}$ || Ὀλυμπιάδας ABCPS : -άδα D -άδες RV || 20 τῷ (ante Κίμωνι) om. DRSV || 21-22 Χερσονήσῳ codd. pl. : Χερο- C || 22 ἐν ABC : om. cett. || 23 οὔνομα codd. pl. : τοὔνομα $C^{1}$P || 24 Μιλτιάδης ABC$P^{2}$S : -άδην $P^{1}$DR Vinc.

**104** 1 δὴ PDRSV : δ' ABC || 2 καὶ om. CP || διπλόον ABCP : -οῦν DRSV || 4 μέχρι ABCPS Suidas s. v. Μιλτιάδης : -ις DRV || 5 τε om. Suidas.

dans son pays, où il croyait être dès lors à l'abri, lorsque ses ennemis l'avaient accueilli en le traduisant devant un tribunal et l'avaient accusé d'avoir agi dans la Chersonèse en tyran.
105 Mais il avait échappé aussi à ces ennemis, et, tiré d'affaire, avait été désigné comme stratège des Athéniens, élu par les suffrages populaires.

Alors qu'ils étaient encore dans la ville[1], les stratèges avaient commencé par envoyer à Sparte, en qualité de héraut, Philippidès[2] ; c'était un citoyen athénien ; c'était aussi un « hémérodrome », et il en faisait profession. Cet homme, d'après ce qu'il raconta lui-même et rapporta aux Athéniens, fit dans la région du mont Parthénion[3], au-dessus de Tégée, la rencontre de Pan ; Pan l'appela à haute voix par son nom, Philippidès, et il lui ordonna de demander de sa part aux Athéniens pourquoi ils ne prenaient de lui aucun soin, alors qu'il leur voulait du bien, qu'il leur avait rendu déjà des services en maintes circonstances et leur en rendrait encore[4]. Les Athéniens, quand leurs affaires furent mises sur un bon pied,
106 convaincus de la véracité de ce récit, établirent au bas de l'Acropole un sanctuaire de Pan, et, depuis le message qu'ils ont reçu, ils se rendent le dieu propice par des sacrifices annuels et une course aux flambeaux. Pour lors, ce Philippidès, envoyé par les stratèges, dans le même voyage où il dit que Pan lui était apparu, fut à Sparte le lendemain du jour où il était parti d'Athènes ; il se présenta devant les magistrats et leur dit : « Lacédémoniens, les Athéniens vous

1. Probablement dès que les Barbares eurent mis le pied en Attique, sinon auparavant ; cf. le début du ch. 107.

2. « Pheidippidès » est une variante inspirée des *Nuées* ; un scribe a pu juger que ce nom, composé de φείδω, convenait à un coureur à pied, qui permettait d'économiser les chevaux.

3. Entre l'Argolide et l'Arcadie. Pan y avait un sanctuaire (Paus., VIII 54 6) et passait sans doute pour hanter ces lieux.

4. Une prétendue dédicace de Miltiade à Pan (Hauvette, *Épigrammes de Simonide*, 61) mérite peu de créance. Hérodote ne dit pas que les Perses, à Marathon, aient été pris d'une terreur « panique », et Pan ne figurait pas dans les peintures de la Stoa Poikilé parmi les dieux ou héros prenant part au combat.

σωτηρίῃ ἤδη, τὸ ἐνθεῦτέν μιν οἱ ἐχθροὶ ὑποδεξάμενοι [καὶ] ὑπὸ δικαστήριον αὐτὸν ἀγαγόντες ἐδίωξαν τυραννίδος τῆς ἐν Χερσονήσῳ. Ἀποφυγὼν δὲ καὶ τούτους στρατηγὸς οὕτω Ἀθηναίων ἀπεδέχθη, αἱρεθεὶς ὑπὸ τοῦ δήμου.

105 Καὶ πρῶτα μὲν ἐόντες ἔτι ἐν τῷ ἄστεϊ οἱ στρατηγοὶ ἀποπέμπουσι ἐς Σπάρτην κήρυκα Φιλιππίδην, Ἀθηναῖον μὲν ἄνδρα, ἄλλως δὲ ἡμεροδρόμην τε καὶ τοῦτο μελετῶντα. Τῷ δή, ὡς αὐτός τε ἔλεγε Φιλιππίδης καὶ Ἀθηναίοισι ἀπήγγελλε, περὶ τὸ Παρθένιον ὄρος τὸ ὑπὲρ Τεγέης ὁ Πὰν περιπίπτει· βώσαντα δὲ τὸ οὔνομα τοῦ Φιλιππίδεω τὸν Πᾶνα Ἀθηναίοισι κελεῦσαι ἀπαγγεῖλαι δι' ὅ τι ἑωυτοῦ οὐδεμίαν ἐπιμελείην ποιεῦνται, ἐόντος εὐνόου Ἀθηναίοισι καὶ πολλαχῇ γενομένου σφι ἤδη χρησίμου, τὰ δ' ἔτι καὶ ἐσομένου. Καὶ ταῦτα μὲν Ἀθηναῖοι, καταστάντων σφι εὖ ἤδη τῶν πρηγμάτων, πιστεύσαντες εἶναι ἀληθέα ἱδρύσαντο ὑπὸ τῇ Ἀκροπόλι Πανὸς ἱρόν, καὶ αὐτὸν ἀπὸ ταύτης τῆς ἀγγελίης θυσίῃσί τε ἐπετείοισι καὶ λαμπάδι ἱλάσκονται.

106 Τότε δὲ πεμφθεὶς ὑπὸ τῶν στρατηγῶν ὁ Φιλιππίδης οὗτος, ὅτε πέρ οἱ ἔφη καὶ τὸν Πᾶνα φανῆναι, δευτεραῖος ἐκ τοῦ Ἀθηναίων ἄστεος ἦν ἐν Σπάρτῃ, ἀπικόμενος δὲ ἐπὶ τοὺς ἄρχοντας ἔλεγε· « Ὦ Λακεδαιμόνιοι, Ἀθηναῖοι ὑμέων δέονται σφίσι βοηθῆσαι καὶ μὴ περιιδεῖν πόλιν

**104** 8 [καὶ] om. ABCP Suidas || ὑπὸ codd. pl. Suidas : ἐπὶ C || αὐτὸν om. DRSV Suidas || 9 Χερσονήσῳ codd.: Χερρο- Suidas || 10 οὕτω codd. pl. : -ως AB Suidas || ἀπεδέχθη codd. : -δείχθη Suidas.

**105** 1 ἐόντες ἔτι ABP : ἔτι ἐόντες DRSV ἐόντες C || 2 Φιλιππίδην DRSV (cf. Plut. *De Her. mal.*, 26) ; Φειδιππίδην ABCP || 3 ἡμεροδρόμην codd. pl. : -μει C[1] -μον S || τε om. ABC || 4 τῷ codd. pl. : τό SV || 4 — **106** 6 ἔλεγε... ἐν τοῖσι om. RSV || 4, 6 Φιλιππίδης, -δεω D Plut. : Φειδιππίδης, -δεω ABCP || 5 ὄρος ABD : οὖρ- CP || 8 οὐδεμίαν ἐπιμελ. ABCP : ἐπιμελ. οὐδεμίαν D || ἐπιμελείην : -ειαν codd. || εὐνόου : εὔνοον D -νου ABCP || 9 σφι ἤδη D (coniecerat Stein) : σφίσι ἤδη AB ἤδη σφίσι CP || χρησίμου ABCP : χρηστοῦ D || δ' ἔτι ABD : δέ τι CP || 10 σφι D (coniecerat Stein) : σφίσι ABCP || 11 ἤδη om. D || 12 ἀκροπόλι B : -ει ACPD || 13 τε D : om. cett.

**106** 1 Φιλιππίδης ; cf. 105 l. 4, 6 || 5 δέονται σφίσι ABCP : σφ. δ. D.

prient de leur porter secours et de ne point voir avec indifférence une cité, des plus antiques chez les Grecs[1], réduite en servitude par les Barbares ; dès maintenant Érétrie est esclave, et la Grèce est diminuée d'une importante cité. » Il fit ainsi aux Lacédémoniens la communication dont il était chargé ; et eux furent d'avis de porter secours aux Athéniens ; mais il leur était impossible de le faire sur-le-champ parce qu'ils ne voulaient pas enfreindre la loi ; on était en effet au neuvième jour du mois, et ils déclarèrent qu'ils ne se mettraient pas en campagne le neuf, tant que la lune ne serait pas pleine[2].

Pendant qu'ils attendaient la pleine lune, Hippias fils de
107 Pisistrate conduisait les Barbares à Marathon ; la nuit précédente, il avait eu pendant son sommeil un rêve, un rêve où Hippias se figurait coucher avec sa propre mère. Il avait conjecturé d'après ce songe qu'il rentrerait à Athènes, qu'il recouvrerait le pouvoir et qu'il mourrait de vieillesse dans son pays. Telles sont les conjectures qu'il avait formées d'après son rêve ; pour le moment, dirigeant les opérations, il avait débarqué les esclaves emmenés d'Érétrie dans l'île dépendante de Styra[3] qui a nom Aigilia, mettait au mouillage les vaisseaux à mesure qu'ils abordaient à Marathon, et, quand les Barbares étaient descendus à terre, il les rangeait en ordre[4]. Pendant qu'il était ainsi occupé, il lui arriva d'éternuer et de tousser plus fort que d'ordinaire ; en raison de son âge avancé[5], la plupart de ses dents étaient branlantes ;

1. Sinon la plus antique (τὴν ἀρχαιοτάτην, cf. l'apparat) ; les Athéniens se prétendaient autochtones.

2. Μὴ οὐ πλήρεος ἐόντος τοῦ κύκλου. Ces mots élargissent l'interdiction, signalée d'abord pour le seul jour de l'arrivée de Philippidès, qui se trouvait être le neuf : les Spartiates ne partiraient pas à moins que la lune fût pleine, c'est à dire tant qu'elle ne le serait pas. Hérodote ne dit point, comme l'entend Plutarque (*De Her. mal.*, 26), qu'il en aurait été de même tous les mois ; il ne songe qu'au mois où se passaient les événements qu'il raconte : le mois Carneios, pendant lequel on célébrait à Sparte la grande fête des Carnéennes.

3. Petite ville voisine d'Érétrie.

4. Dans leurs cantonnements.

5. Adulte plus d'un demi-siècle auparavant (I 61, 63), il devait avoir alors plus de soixante-dix ans.

ἀρχαιοτάτην ἐν τοῖσι Ἕλλησι δουλοσύνῃ περιπεσοῦσαν πρὸς ἀνδρῶν βαρβάρων· καὶ γὰρ νῦν Ἐρέτριά τε ἠνδραπόδισται καὶ πόλι λογίμῳ ἡ Ἑλλὰς γέγονε ἀσθενεστέρη. » Ὁ μὲν δή σφι τὰ ἐντεταλμένα ἀπήγγελλε, τοῖσι δὲ ἕαδε μὲν βοηθέειν Ἀθηναίοισι, ἀδύνατα δέ σφι ἦν τὸ παραυτίκα ποιέειν ταῦτα οὐ βουλομένοισι λύειν τὸν νόμον· ἦν γὰρ ἱσταμένου τοῦ μηνὸς εἰνάτη, εἰνάτῃ δὲ οὐκ ἐξελεύσεσθαι ἔφασαν μὴ οὐ πλήρεος ἐόντος τοῦ κύκλου.

Οὗτοι μέν νυν τὴν πανσέληνον ἔμενον, τοῖσι δὲ βαρ- 107
βάροισι κατηγέετο Ἱππίης ὁ Πεισιστράτου ἐς τὸν Μαραθῶνα, τῆς παροιχομένης νυκτὸς ὄψιν ἰδὼν ἐν τῷ ὕπνῳ τοιήνδε· ἐδόκεε ὁ Ἱππίης τῇ μητρὶ τῇ ἑωυτοῦ συνευνηθῆναι. Συνεβάλετο ὦν ἐκ τοῦ ὀνείρου κατελθὼν ἐς τὰς Ἀθήνας καὶ ἀνασωσάμενος τὴν ἀρχὴν τελευτήσειν ἐν τῇ ἑωυτοῦ γηραιός. Ἐκ μὲν δὴ τῆς ὄψιος συνεβάλετο ταῦτα, τότε δὲ κατηγεόμενος τοῦτο μὲν τὰ ἀνδράποδα τὰ ἐξ Ἐρετρίης ἀπέβησε ἐς τὴν νῆσον τὴν Στυρέων, καλεομένην δὲ Αἰγιλίην, τοῦτο δὲ καταγομένας ἐς τὸν Μαραθῶνα τὰς νέας ὅρμιζε οὗτος, ἐκβάντας τε ἐς γῆν τοὺς βαρβάρους διέτασσε. Καί οἱ ταῦτα διέποντι ἐπῆλθε πταρεῖν τε καὶ βῆξαι μεζόνως ἢ ὡς ἐώθεε· οἷα δέ οἱ πρεσβυτέρῳ ἐόντι τῶν ὀδόντων οἱ πλέονες ἐσείοντο· τούτων ὦν ἕνα [τῶν ὀδόντων]

**106** 6 ἀρχαιοτάτην ABCP : τὴν ἀρχ. D || 7 νῦν post τε P || Ἐρέτριά codd. pl. : -ειά CD || 8 πόλι ABS : -ει CPDRV || 9 ἀπήγγελλε AB[1]P : -ήγγειλε C -άγγελλε B[2]DRSV || 10 βοηθέειν Ἀθ. codd. pl. : Ἀθ. βοηθ. D || ἦν om. Plut., *o. l.* 26 || 12 ἱσταμένου DRSV Plut. : -μένη ABCP || 13 ἔφασαν om. DRSV || μὴ om. Plut.

**107** 2 κατηγέετο codd. pl. : -ήγετο C || 3 ἐν τῷ ὕπνῳ om. ABC, post τοιήνδε habet P[1] || 4 ὁ P[2]DRSV : οἱ ABCP[1] || 8 δὲ codd. pl. : δὴ C || 9 Ἐρετρίης codd. pl. : -είης D[1] || τὴν (ante Στυρέων) codd. pl. : τῶν C || 10 Αἰγιλίην Bechtel : -ίλειαν B[2]PDRSV Αἰγλείην AB[1]C || 11 ὅρμιζε ABDRSV : ὥρμ- CP || οὗτος codd. pl. : οὕτως V || ἐκβάντας ἐς γῆν incipit E || ἐς γῆν codd. pl. : ἐς τὴν γῆν S || 12 διέτασσε codd. pl. : ἔτασσεν Ἱππίας ὁ Πεισιστράτου E || 13 μεζόνως P : μειζ- AB[1]CE μέζον B[2]DRSV μεῖζον Eust. *ad Od.* 1831 || δὲ codd. pl. : δὴ R || οἱ om. PDRSV || 14 πλέονες : πλεῦ- codd. || ὦν ABC : οὖν E om. PDRSV || [τῶν ὀδόντων], quod in codd. pl. post ἕνα, in E ante ἕνα legitur del. van Herwerden.

l'effort qu'il fit en toussant en fit sortir une de sa bouche. Elle tomba dans le sable ; il se donna beaucoup de peine pour la trouver ; mais, la dent ne se découvrant pas, il dit avec un soupir à ceux qui étaient près de lui : « Cette terre n'est pas nôtre, et nous ne pourrons pas la ranger sous notre autorité ; tout ce qui m'en revenait, ma dent l'occupe. »
108 Voilà comment Hippias conjectura que sa vision était accomplie[1].

Les Athéniens avaient pris position dans une enceinte consacrée à Héraclès[2], lorsque les Platéens arrivèrent à la rescousse avec toutes leurs forces. C'est que les Platéens s'étaient donnés aux Athéniens, et que les Athéniens avaient déjà supporté pour eux bien des fatigues. Voici dans quelles conditions ils s'étaient donnés[3]. Pressés par les Thébains, les Platéens s'étaient offerts d'abord à Cléomène fils d'Anaxandride et à des Lacédémoniens qui se trouvaient là. Mais ceux-ci n'acceptèrent pas leur offre, et leur dirent : « Nous habitons trop loin ; le secours qui vous viendrait de nous serait un secours vain ; vous risqueriez souvent d'être réduits en esclavage avant que personne de nous soit informé ; nous vous conseillons de vous donner aux Athéniens, qui sont vos voisins et bien en état de vous défendre. » Les Lacédémoniens donnaient ce conseil non pas tant par bienveillance pour les Platéens que par désir de voir les Athéniens se fatiguer dans des conflits avec les Béotiens. Les Lacédémoniens

1. Elle se serait accomplie autrement, s'il avait péri à Marathon (Cic., *ad Att.*, IX 10 3 ; Justin, II 9) ; car, en ce cas, il aurait été sans doute enseveli dans le sol de la mère patrie. Mais cette tradition, qu'Hérodote ignore, mérite peu de foi.

2. Qu'on a proposé de situer dans le vallon d'Avlôna, ou sur un éperon montagneux qui domine Vrana, ou sur un contrefort du mont Agriéliki.

3. En 519, si on garde tel quel le texte de Thucydide III 68, en 509 si on admet qu'il s'y est glissé une erreur dans la transcription d'un nombre d'années. Il est douteux qu'en 519 Cléomène ait été déjà roi. En 509, les Athéniens, à peine affranchis, ne devaient pas encore manifester la volonté de puissance dont s'inquiète peu après le roi de Sparte (V 91) ; mais à toute époque un Spartiate avisé

ἐκβάλλει ὑπὸ βίης βήξας. Ἐκπεσόντος δὲ ἐς τὴν ψάμμον αὐτοῦ ἐποιέετο σπουδὴν πολλὴν ἐξευρεῖν· ὡς δὲ οὐκ ἐφαίνετό οἱ ὁ ὀδών, ἀναστενάξας εἶπε πρὸς τοὺς παραστάτας· « Ἡ γῆ ἥδε οὐκ ἡμετέρη ἐστὶ οὐδέ μιν δυνησόμεθα ὑποχειρίην ποιήσασθαι· ὁκόσον δέ τί μοι μέρος μετῆν, ὁ ὀδὼν μετέχει. » Ἱππίης μὲν δὴ ταύτῃ τὴν ὄψιν συνε-
108 βάλετο ἐξεληλυθέναι.

Ἀθηναίοισι δὲ τεταγμένοισι ἐν τεμένεϊ Ἡρακλέος ἐπῆλθον βοηθέοντες Πλαταιέες πανδημεί· καὶ γὰρ καὶ ἐδεδώκεσαν σφέας αὐτοὺς τοῖσι Ἀθηναίοισι οἱ Πλαταιέες, καὶ πόνους ὑπὲρ αὐτῶν οἱ Ἀθηναῖοι συχνοὺς ἤδη ἀναραιρέατο. Ἔδοσαν δὲ ὧδε. Πιεζόμενοι ὑπὸ Θηβαίων οἱ Πλαταιέες ἐδίδοσαν πρῶτα παρατυχοῦσι Κλεομένεΐ τε τῷ Ἀναξανδρίδεω καὶ Λακεδαιμονίοισι σφέας αὐτούς. Οἱ δὲ οὐ δεκόμενοι ἔλεγόν σφι τάδε· « Ἡμεῖς μὲν ἑκαστέρω τε οἰκέομεν καὶ ὑμῖν τοιήδε τις γίνοιτ' ἂν ἐπικουρίη ψυχρή· φθαίητε γὰρ ἂν πολλάκις ἐξανδραποδισθέντες ἤ τινα πυθέσθαι ἡμέων. Συμβουλεύομεν δὲ ὑμῖν δοῦναι ὑμέας αὐτοὺς Ἀθηναίοισι, πλησιοχώροισί τε ἀνδράσι καὶ τιμωρέειν ἐοῦσι οὐ κακοῖσι. » Ταῦτα συνεβούλευον οἱ Λακεδαιμόνιοι οὐ κατὰ εὐνοίην οὕτω τῶν Πλαταιέων ὡς βουλόμενοι τοὺς Ἀθη-

**107** 15 Ψάμμον codd. pl. : γῆν SV || 16 σπ. πολλὴν ABC : πολλὴν σπ. PDRSV || 17 ὀδών codd. pl. : ὀδούς P[1] || 17-18 παραστάτας ABCE[2]P : -στάντας C[1] -ιστάντας DRSV || 19 ὁκόσον ABCEP : ὅσον DRDV || 20 Desinit E.

**108** 1 ταύτῃ ABCP : ταῦτα DRSV || 1-2 συνεβάλετο codd. pl. : (ξυν- P) : ξυνεβάλλετο C || 3-4 ἐπῆλθον codd. pl. : ἀπ- R || 5-6 οἱ Πλαταιέες... Ἀθηναῖοι om. B[1] || 6 οἱ om. B[2]DRSV || ἀναραιρέατο Bekker : ἀναιρέατο DRSV ἀνερέατο B[2] ἀναιρέοντο ACP ἀνερέοντο B[1] || 7 πιεζόμενοι C (cf. *Praef.* 212-213) : πιεζευ- cett. || 10 ἑκαστέρω ABPD (ubi litterae duo inter ἑκα et στέρω erasae) : ἑκατέρω CRSV || 11 γίνοιτ' codd. pl. : γέν- CP[1] || φθαίητε codd. pl. : φαίητε D[1] || 13 ἡμέων codd. pl. : ὑμέων C || συμβουλεύομεν codd. pl. : ξυμβ- C || 15 οὐ om. C || ταῦτα codd. pl. : ταῦτα μὲν C || συνεβούλευον codd. pl. : ξυν- CP || κατὰ (vel κατ') B[2]PDRSV Plut. *De Her. mal.*, 25 : κατὰ τὴν AB[1]C. || 16 εὐνοίην PDRSV : εὔνοιαν ABC Plut.

donnaient donc ce conseil aux Platéens ; et ceux-ci ne furent pas indociles ; mais, tandis que les Athéniens offraient un sacrifice aux Douze Dieux, ils allèrent s'asseoir en suppliants près de l'autel et se donnèrent à eux. Quand les Thébains en furent informés, ils marchèrent contre les Platéens ; les Athéniens vinrent à leur secours. On allait engager le combat, mais des Corinthiens intervinrent, qui se trouvaient sur les lieux[1] et qui, pris pour arbitres par l'une et l'autre parties, les mirent d'accord et délimitèrent leurs territoires, étant convenu que les Thébains laisseraient toute liberté à ceux des Béotiens qui ne voudraient pas faire partie de la société béotienne. Après avoir rendu cette sentence, les Corinthiens s'en allèrent ; et, pendant que les Athéniens se retiraient, les Thébains les attaquèrent ; mais, dans le combat qui suivit cette attaque, ils eurent le dessous. Les Athéniens franchirent les frontières que les Corinthiens avaient fixées aux Platéens ; et, les ayant franchies, ils imposèrent comme limite aux Thébains, du côté de Platées et d'Hysiai[2], le cours même de l'Asopos. Les Platéens s'étaient donc donnés aux Athéniens de la façon que nous venons de dire ; et ils vinrent alors à Marathon pour leur porter secours.

109 Les stratèges des Athéniens étaient divisés d'opinion en deux camps[3] ; les uns, alléguant le petit nombre de leurs soldats en face de l'armée des Mèdes, ne voulaient pas qu'on livrât bataille ; les autres, dont était Miltiade, engageaient à

pouvait faire le calcul dont se scandalise le candide Plutarque (*o. l.*, 25) et souhaiter que la discorde régnât entre Athènes et les Béotiens. L'empressement que ceux-ci mirent en 507 à entrer dans une coalition contre Athènes (V 74) était naturel au lendemain des événements qui vont être racontés.

1. Ce pouvait être des hommes venus en Béotie pour des affaires personnelles, qui n'agirent pas au nom de leur cité.

2. Le territoire disputé d'Hysiai fut donc alors annexé par les Athéniens ; les Béotiens l'envahirent peu après (V 74).

3. Δίχα. Sans que les suffrages se soient nécessairement partagés en deux groupes égaux. S'il en avait été ainsi, il n'y aurait pas eu de raison de penser que l'opinion la moins bonne « était en passe de prévaloir » (ἐνίκα).

ναίους ἔχειν πόνους συνεστεῶτας Βοιωτοῖσι. Λακεδαιμόνιοι μέν νυν Πλαταιεῦσι ταῦτα συνεβούλευσαν, οἳ δὲ οὐκ ἠπίστησαν, ἀλλ' Ἀθηναίων ἱρὰ ποιεύντων τοῖσι Δυώδεκα Θεοῖσι ἱκέται ἱζόμενοι ἐπὶ τὸν βωμὸν ἐδίδοσαν σφέας αὐτούς. Θηβαῖοι δὲ πυθόμενοι ταῦτα ἐστράτευον ἐπὶ τοὺς Πλαταιέας· Ἀθηναῖοι δέ σφι ἐβοήθεον. Μελλόντων δὲ συνάπτειν μάχην Κορίνθιοι οὐ περιεῖδον, παρατυχόντες δὲ καὶ καταλλάξαντες ἐπιτρεψάντων ἀμφοτέρων οὔρισαν τὴν χώρην ἐπὶ τοῖσδε, ἐὰν Θηβαίους Βοιωτῶν τοὺς μὴ βουλομένους ἐς Βοιωτοὺς τελέειν. Κορίνθιοι μὲν δὴ ταῦτα γνόντες ἀπαλλάσσοντο, Ἀθηναίοισι δὲ ἀπιοῦσι ἐπεθήκαντο Βοιωτοί, ἐπιθέμενοι δὲ ἑσσώθησαν τῇ μάχῃ. Ὑπερβάντες δὲ οἱ Ἀθηναῖοι τοὺς οἱ Κορίνθιοι ἔθηκαν Πλαταιεῦσι εἶναι οὔρους, τούτους ὑπερβάντες τὸν Ἀσωπὸν αὐτὸν ἐποιήσαντο οὖρον Θηβαίοισι πρὸς Πλαταιέας εἶναι καὶ Ὑσιάς. Ἔδοσαν μὲν δὴ οἱ Πλαταιέες σφέας αὐτοὺς Ἀθηναίοισι τρόπῳ τῷ εἰρημένῳ, ἧκον δὲ τότε ἐς Μαραθῶνα βοηθέοντες.

109 Τοῖσι δὲ Ἀθηναίων στρατηγοῖσι ἐγίνοντο δίχα αἱ γνῶμαι, τῶν μὲν οὐκ ἐώντων συμβαλεῖν (ὀλίγους γὰρ εἶναι στρατιῇ τῇ Μήδων συμβαλεῖν), τῶν δὲ καὶ Μιλτιάδεω κελευόντων. Ὡς δὲ δίχα τε ἐγίνοντο καὶ ἐνίκα ἡ χείρων

**108** 17 πόνους codd. : πόνον Plut. || συνεστεῶτας codd. pl. : -τῶτας B² || 18 Πλαταιεῦσι codd. pl. : -εεῦσι D || ταῦτα ABP : τοῦτο C κατὰ ταῦτα DRSV || συνεβούλευσαν B²DRSV : συνεβούλευον AB¹C ξυν- P || 18-19 ἠπίστησαν codd. pl : ἐπ- R || 19 ποιεύντων PDRSV : -ούντων ABC || δυώδεκα : δώδ- codd. || 21 ἐστράτευον P¹DRSV : -οντο ABCP² || τοὺς codd. pl. : τὰς V || 22 δὲ codd. pl. : δὴ B² || 22-23 συνάπτειν codd. pl. : ξυν- CP || 24 ἐπιτρεψάντων codd. pl. : ἐπιστρ- CSV || 25 τοῖσδε codd. pl. : τῇσδε R || 27 γνόντες ABCP : ἀναγν- DRSV || ἀπαλλάσσοντο ABCP : -ονται DRSV || 28 ἑσσώθησαν codd. pl. : ἑσωθ- CR || 29 ἔθηκαν codd. pl. : ἐπέθηκαν C || 30 αὐτὸν ABCP : -ῶν DRSV || 31 Ὑσιάς CP¹S : -ᾶς ABP² -ίας DRV.

**109** 2 οὐκ ἐώντων ABP : οὐκ ἐόντων CRSV οἰκεόντων D || συμβαλεῖν RV : -βαλέειν S ξυμβαλεῖν C συμβάλλειν ABD ξυμβάλλειν P || 4 τε om. SV.

le faire. Ils étaient divisés et l'opinion la moins bonne était en passe de prévaloir ; mais il y avait un onzième votant, le polémarque, désigné par la fève parmi les Athéniens[1] (car, dans les temps anciens, les Athéniens attribuaient au polémarque un droit de vote égal à celui des stratèges)[2] ; c'était alors Callimachos d'Aphidna ; en ce moment, Miltiade alla le trouver[3] et lui dit : « Il dépend de toi maintenant, Callimachos, ou bien de rendre Athènes esclave ou bien d'assurer sa liberté, et de laisser de toi, pour tout le temps où il y aura des hommes, un souvenir tel que n'en laissent pas même Harmodios et Aristogiton[4]. Les Athéniens courent aujourd'hui le plus grand danger qu'ils aient couru depuis la naissance d'Athènes ; s'ils se soumettent aux Mèdes, ce qu'ils auront à souffrir une fois livrés à Hippias est d'ores et déjà décidé[5] ; si au contraire cette cité triomphe, elle peut devenir la première entre les cités grecques. Eh bien, comment cela peut se réaliser, comment c'est à toi précisément que revient dans la circonstance la décision souveraine, je vais maintenant te l'expliquer. Nous autres les stratèges, qui sommes dix, sommes divisés d'opinion ; les uns veulent que l'on combatte, les autres non. Or, si nous ne combattons pas, je crains qu'un grand vent de discorde ne s'abatte sur les esprits des Athéniens, ne les ébranle et ne les pousse vers les Mèdes ; mais, si nous engageons le combat sans attendre qu'il y ait chez certains Athéniens quelque chose de pourri, nous sommes en état, pourvu que les dieux tiennent la balance égale, d'avoir dans le combat l'avantage. C'est donc à toi présentement que

1. En 490, le polémarque, un des archontes, n'était pas encore un « élu de la fève », ce qui n'arriva qu'à partir de l'archontat de Télésinos, en 488/7 ('Αθ. Πολ., XXII 5).
2. Sur l'ensemble de ce passage, cf. Notice, p. 42, n. 5.
3. Il n'avait donc pas assisté au conseil des stratèges.
4. L'avenir n'a pas ratifié cette promesse. Il y a encore des gens qui savent le nom de Miltiade ; qui connaît celui de Callimachos d'Aphidna ? Il est vrai que Callimachos eut le tort d'être tué à Marathon (ch. 114), sans laisser derrière lui, faut-il le croire, de zélateur de sa gloire.
5. On ne pouvait ignorer les intentions de Darius.

τῶν γνωμέων, ἐνθαῦτα, ἦν γὰρ ἑνδέκατος ψηφιδοφόρος ὁ τῷ κυάμῳ λαχὼν Ἀθηναίων πολεμαρχέειν (τὸ παλαιὸν γὰρ Ἀθηναῖοι ὁμόψηφον τὸν πολέμαρχον ἐποιεῦντο τοῖσι στρατηγοῖσι), ἦν δὲ τότε πολέμαρχος Καλλίμαχος Ἀφιδναῖος, πρὸς τοῦτον ἐλθὼν Μιλτιάδης ἔλεγε τάδε· « Ἐν σοὶ νῦν, Καλλίμαχε, ἐστι ἢ καταδουλῶσαι Ἀθήνας ἢ ἐλευθέρας ποιήσαντα μνημόσυνον λιπέσθαι ἐς τὸν ἅπαντα ἀνθρώπων βίον οἷον οὐδὲ Ἁρμόδιός τε καὶ Ἀριστογείτων [λείπουσι]. Νῦν γὰρ δή, ἐξ οὗ ἐγένοντο Ἀθηναῖοι, ἐς κίνδυνον ἥκουσι μέγιστον, καὶ ἢν μέν γε ὑποκύψωσι τοῖσι Μήδοισι, δέδοκται τὰ πείσονται παραδεδομένοι Ἱππίῃ· ἢν δὲ περιγένηται αὕτη ἡ πόλις, οἵη τέ ἐστι πρώτη τῶν Ἑλληνίδων πολίων γενέσθαι. Κῶς ὦν δὴ ταῦτα οἷά τέ ἐστι γενέσθαι, καὶ κῶς ἐς σέ τοι τούτων ἀνήκει τῶν πρηγμάτων τὸ κῦρος ἔχειν, νῦν ἔρχομαι φράσων. Ἡμέων τῶν στρατηγῶν ἐόντων δέκα δίχα γίνονται αἱ γνῶμαι, τῶν μὲν κελευόντων συμβαλεῖν, τῶν δὲ οὔ [συμβαλεῖν]. Ἢν μέν νυν μὴ συμβάλωμεν, ἔλπομαί τινα στάσιν μεγάλην διασείσειν ἐμπεσοῦσαν τὰ Ἀθηναίων φρονήματα ὥστε μηδίσαι· ἢν δὲ συμβάλωμεν πρίν τι καὶ σαθρὸν Ἀθηναίων μετεξετέροισι ἐγγενέσθαι, θεῶν τὰ ἴσα νεμόντων οἷοί τέ εἰμεν περιγενέσθαι τῇ συμβολῇ. Ταῦτα ὦν πάντα ἐς σὲ νῦν τείνει καὶ ἐκ σέο ἤρτηται· ἢν γὰρ σὺ

**109** 5 ἑνδέκατος codd. pl. : ἕκαστος C || 7 Ἀθηναῖοι PD²RSV : οἱ Ἀθ. ABC || Ἀθηναῖοι... πολέμαρχον om. D¹ || ἐποιεῦντο B²PDRSV : ἐποίευν AB¹C || 11 μνημόσυνον PDRSV : -να ABC || 12 τε ABCPD : ἐστι RV om. S || [λείπουσι(ν)] codd. pl. : λίπ- B². Del. Stein || 14 δέδοκται codd. pl. : δέδεκται B²D || 16-17 οἵη... ταῦτα om. D || 16 πρώτη codd. pl. : αὕτη πρώτη C || πολίων PDRSV : -εων ABC || 17 γενέσθαι (post ἐστι) codd. pl. : γίν- AB || 18 ἐς σέ τοι Eltz : ἐς σέ τι ABPD ἐσιέτι S ἐσέτι R ἐς ἔτι CV || ἀνήκει codd. pl. : -είκει B¹ || ἔχειν codd. pl. : σχεῖν R || 20 δίχα ABCP : διχαὶ DRSV || συμβαλεῖν : -βαλέειν S -βάλλειν RV om. ABCPD || 21 [συμβαλεῖν] RV : -έειν S -βάλλειν ABD ξυμβάλλειν CP. Seclusit nescio quis primus || συμβάλωμεν codd. pl. : -βάλλωμεν D || 22 τινα om. DRSV || 23 ὥστε codd. pl. : ὥς τι V || συμβάλωμεν codd. pl. : -βάλλωμεν B || 25 συμβολῇ codd. pl. : ξυμβ- CP || 26 τείνει codd. pl. : τίνει A¹B || ἤρτηται ABCP : ἄρτ- DRSV.

tout se ramène, de toi que tout dépend ; si tu te ranges, toi, à mon opinion[1], ta patrie est libre, ta cité la première de la Grèce ; si tu préfères l'opinion de ceux qui déconseillent la bataille, tu auras le contraire des biens que j'ai énumérés. »

110 Par ces paroles, Miltiade gagna Callimachos ; et, grâce à l'adhésion du polémarque[2], il fut décidé de combattre. Après cela, les stratèges qui avaient opiné dans le sens du combat, à mesure que chacun d'eux avait la présidence[3] pour la journée, la cédaient à Miltiade ; il accepta, mais n'engagea pas le combat avant que ce fût son tour de présider.

111 Quand son tour fut venu, les Athéniens se rangèrent dans cet ordre pour la bataille : à l'extrémité de l'aile droite se tenait le polémarque ; car c'était alors la règle chez les Athéniens que le polémarque occupât cette place[4] ; à sa suite venaient les tribus, se succédant dans l'ordre de leur numérotage[5] et se tenant entre elles ; enfin, à l'aile gauche, étaient rangés les Platéens. Depuis cette affaire, quand les Athéniens offrent des sacrifices lors des grandes fêtes pentétériques, le héraut fait des vœux de bonheur, — ce sont ses paroles, — en même temps pour les Athéniens et pour les Platéens. Dans la disposition des troupes athéniennes à Marathon il y avait ceci de particulier : l'armée ayant un

1. Γνώμῃ τῇ ἐμῇ. Miltiade ne fait pas valoir qu'elle ait été en même temps celle d'une moitié des stratèges.

2. Προσγενομένης τοῦ πολεμάρχου τῆς γνώμης. Il ne s'agit pas de l'addition d'un suffrage à un groupe de suffrages, mais d'un choix entre deux partis : combattre ou ne pas combattre, comme, au chapitre 136, προσγενομένου τοῦ δήμου exprime le choix fait par le peuple entre condamner et absoudre. Callimachos se décide après audition de l'exposé de Miltiade ; en 490, le polémarque était encore « le commandant de toute l'armée » (Ἀθ. Πολ., XXII 2) ; à lui seul appartenait la décision.

3. Πρυτανηίη. Du président quotidien des stratèges dépendait l'exécution du plan qui avait été décidé.

4. C'était autrefois la place du roi (Eur., *Suppl.*, 657).

5. L'ordre suivant lequel les tribus exerçaient cette année la prytanie ? ou un ordre fixé pour la circonstance par le sort ? Sur la difficulté d'interpréter ce passage, cf. How-Wells, *A Commentary*..., *ad l.*

γνώμη τῇ ἐμῇ προσθῇ, ἔστι τοι πατρίς τε ἐλευθέρη καὶ
πόλις πρώτη τῶν ἐν τῇ Ἑλλάδι· ἢν δὲ ⟨τὴν⟩ τῶν ἀποσπευ-
δόντων τὴν συμβολὴν ἕλῃ, ὑπάρξει τοι τῶν ἐγὼ κατέ-
λεξα ἀγαθῶν τὰ ἐναντία. » Ταῦτα λέγων ὁ Μιλτιάδης 110
προσκτᾶται τὸν Καλλίμαχον· προσγενομένης δὲ τοῦ πολεμάρχου τῆς γνώμης ἐκεκύρωτο συμβάλλειν. Μετὰ δὲ οἱ
στρατηγοὶ τῶν ἡ γνώμη ἔφερε συμβάλλειν, ὡς ἑκάστου
αὐτῶν ἐγίνετο πρυτανηίη τῆς ἡμέρης, Μιλτιάδῃ παρεδί-
δοσαν· ὁ δὲ δεκόμενος οὔτι κω συμβολὴν ἐποιέετο πρίν γε
δὴ αὐτοῦ πρυτανηίη ἐγένετο.

Ὡς δὲ ἐς ἐκεῖνον περιῆλθε, ἐνθαῦτα δὴ ἐτάσσοντο ὧδε 111
οἱ Ἀθηναῖοι ὡς συμβαλέοντες· τοῦ μὲν δεξιοῦ κέρεος
ἡγέετο ὁ πολέμαρχος Καλλίμαχος· ὁ γὰρ νόμος τότε εἶχε
οὕτω τοῖσι Ἀθηναίοισι, τὸν πολέμαρχον ἔχειν κέρας τὸ
δεξιόν. Ἡγεομένου δὲ τούτου ἐξεδέκοντο ὡς ἀριθμέοντο αἱ
φυλαί, ἐχόμεναι ἀλληλέων· τελευταῖοι δὲ ἐτάσσοντο,
ἔχοντες τὸ εὐώνυμον κέρας, Πλαταιέες. Ἀπὸ ταύτης γάρ
σφι τῆς μάχης Ἀθηναίων θυσίας ἀναγόντων ἐς τὰς πανη-
γύρις τὰς ἐν τῇσι πεντετηρίσι γινομένας κατεύχεται ὁ κῆρυξ
ὁ Ἀθηναῖος ἅμα τε Ἀθηναίοισι λέγων γίνεσθαι τὰ ἀγαθὰ καὶ
Πλαταιεῦσι. Τότε δὲ τασσομένων τῶν Ἀθηναίων ἐν τῷ
Μαραθῶνι ἐγένετο τοιόνδε τι· τὸ στρατόπεδον ἐξισούμενον
τῷ Μηδικῷ στρατοπέδῳ, τὸ μὲν αὐτοῦ μέσον ἐγίνετο ἐπὶ
τάξις ὀλίγας, καὶ ταύτῃ ἦν ἀσθενέστατον τὸ στρατόπεδον,
τὸ δὲ κέρας ἑκάτερον ἔρρωτο πλήθεϊ.

**109** 27 τε om. ABC || 28 ⟨τὴν⟩ add. Reiske.

**110** 3 ἐκεκύρωτο codd. pl. : ἐπεκύρωτο D[1] ἐπεκεκύρωτο D[2] || 3, 4 συμβάλλειν codd. pl. : ξυμβ- C || 4 ἑκάστου codd. pl. : -τῃ S Vinc. || 7 ἐγένετο codd. pl. : ἐγί- SV.

**111** 2 οἱ om. S || κέρεος codd. pl. : -εως C || 3 πολέμαρχος Καλλίμαχος codd. pl. : Καλλ. πολ. C || τότε om. PDRSV || 4 οὕτω om. C || 6 ἀλληλέων codd. pl. : -λῶν S || 7 τὸ codd. pl. : τὸ δ' C || γάρ praeeunte Stein libenter ego deleverim || 8 Ἀθηναίων θυσίας ABC : θυσ. Ἀθ. PDRSV || ἐς τὰς ABC : ἐς PDRV καὶ S || 8-9 πανηγύρις : -ριας codd. pl. : -ρεας B || 10 τὰ om. PDRSV || 12 ἐγένετο ABC : ἐγί- PDRSV || 14 τάξις : -ιας codd.

front égal à celui des Mèdes, son centre était formé de peu de rangs, c'est là qu'elle était le plus faible, tandis que les deux ailes étaient fortes et denses[1].

112 Lorsque les troupes eurent pris leurs positions et que les sacrifices donnèrent de bons présages, les Athéniens, aussitôt donné le signal de l'attaque, se lancèrent au pas de course contre les Barbares ; l'intervalle qui les en séparait n'était pas de moins de huit stades. Les Perses, quand ils les virent arriver sur eux en courant, se préparèrent à les recevoir ; constatant qu'ils étaient peu nombreux et que, malgré cela, ils se lançaient au pas de course, sans cavalerie, sans archers, ils les crurent atteints de folie, d'une folie qui causerait leur perte totale. C'était l'idée que se faisaient les Barbares ; mais les Athéniens, après qu'ils eurent, en rangs serrés, pris contact avec eux, combattirent de façon mémorable. Ils furent en effet, autant que nous sachions, les premiers de tous les Grecs qui allèrent à l'ennemi en courant[2], les premiers[3] à supporter la vue de l'équipement des Mèdes et d'hommes portant cet équipement, alors que, jusque-là, rien qu'à entendre le nom des Mèdes, les Grecs étaient pris de peur.

113 La bataille dura longtemps à Marathon. Au centre de l'armée, où étaient placés les Perses eux-mêmes et les Saces, l'avantage fut aux Barbares ; victorieux sur ce point, ils rompirent leurs adversaires et les poursuivirent dans l'intérieur[4], mais, aux deux ailes, la victoire fut aux Athéniens et aux Platéens. Vainqueurs, ils laissèrent fuir les Barbares mis en déroute, réunirent les deux ailes en un seul corps, engagèrent

1. Les ailes ne devaient donc pas s'appuyer à des obstacles qui les eussent protégées contre l'enveloppement. Il ne semble pas qu'aucun accident de terrain, non plus que les marais limitant la plaine ou le torrent qui la traversait, ait été utilisé pour le dispositif de combat.

2. Δρόμῳ. Il ne doit s'agir que d'un « pas accéléré ».

3. Des Grecs d'Europe ; les Grecs d'Asie y étaient habitués.

4. Ἐς τὴν μεσόγαιαν. Au sens strict, cela signifie que fuyards et poursuivants progressaient en s'éloignant de la mer, ce qui invite à croire que les fronts des deux armées en présence étaient parallèles au littoral.

Ὡς δέ σφι διετέτακτο καὶ τὰ σφάγια ἐγίνετο καλά, 112
ἐνθαῦτα ὡς ἀπείθησαν οἱ Ἀθηναῖοι, δρόμῳ ἵεντο ἐς τοὺς βαρβάρους· ἦσαν δὲ στάδιοι οὐκ ἐλάσσονες τὸ μεταίχμιον αὐτῶν ἢ ὀκτώ. Οἱ δὲ Πέρσαι ὁρῶντες δρόμῳ ἐπιόντας παρεσκευάζοντο ὡς δεξόμενοι, μανίην τε τοῖσι Ἀθηναίοισι ἐπέφερον καὶ πάγχυ ὀλεθρίην, ὁρῶντες αὐτοὺς ἐόντας ὀλίγους, καὶ τούτους δρόμῳ ἐπειγομένους οὔτε ἵππου ὑπαρχούσης σφι οὔτε τοξευμάτων. Ταῦτα μέν νυν οἱ βάρβαροι κατείκαζον· Ἀθηναῖοι δὲ ἐπείτε ἀθρόοι προσέμειξαν τοῖσι βαρβάροισι, ἐμάχοντο ἀξίως λόγου. Πρῶτοι μὲν γὰρ Ἑλλήνων πάντων τῶν ἡμεῖς ἴδμεν δρόμῳ ἐς πολεμίους ἐχρήσαντο, πρῶτοι δὲ ἀνέσχοντο ἐσθῆτά τε Μηδικὴν ὁρῶντες καὶ [τοὺς] ἄνδρας ταύτην ἐσθημένους· τέως δὲ ἦν τοῖσι Ἕλλησι καὶ τὸ οὔνομα τὸ Μήδων φόβος ἀκοῦσαι.

Μαχομένων δὲ ἐν τῷ Μαραθῶνι χρόνος ἐγίνετο πολλός. 113
Καὶ τὸ μὲν μέσον τοῦ στρατοπέδου ἐνίκων οἱ βάρβαροι, τῇ Πέρσαι τε αὐτοὶ καὶ Σάκαι ἐτετάχατο· κατὰ τοῦτο μὲν δὴ ἐνίκων οἱ βάρβαροι καὶ ῥήξαντες ἐδίωκον ἐς τὴν μεσόγαιαν, τὸ δὲ κέρας ἑκάτερον ἐνίκων Ἀθηναῖοί τε καὶ Πλαταιέες. Νικῶντες δὲ τὸ μὲν τετραμμένον τῶν βαρβάρων φεύγειν ἔων, τοῖσι δὲ τὸ μέσον ῥήξασι αὐτῶν συναγαγόντες τὰ κέρεα ἀμφότερα ἐμάχοντο, καὶ ἐνίκων Ἀθηναῖοι. Φεύγουσι δὲ τοῖσι Πέρσῃσι εἵποντο κόπτοντες, ἐς ὃ ἐπὶ τὴν θάλασσαν ἀπικόμενοι πῦρ τε αἴτεον καὶ
ἐπελαμβάνοντο τῶν νεῶν. Καὶ τοῦτο μὲν ἐν τούτῳ τῷ 114
πόνῳ ὁ πολέμαρχος Καλλίμαχος διαφθείρεται, ἀνὴρ γενό-

**112** 4 ὁρῶντες DRSV : -έοντες ABCP || 6 ὁρῶντες DRSV : -έοντες ABC (-τας) P || ἐόντας om. ABCP || 9 κατείκαζον codd. pl. : -ήκαζον S -ίκαζον V || προσέμειξαν : -έμιξαν codd. pl. : -έταξαν V -ετάξαντο S || 11 ἴδμεν PDRSV : ἴσμεν ABC || 13 ὁρῶντες DRSV : -έοντες ABCP || [τοὺς] del. Cobet || ἐσθημένους DRSV : ἠσθ- ABCP.

**113** 3-4 τῇ... βάρβαροι om. R || 3 τῇ DSV : ᾗ ABCP || τοῦτο codd. pl. : τὸ SV || 8 ἀμφότερα om. PDRSV || 9 Ἀθηναῖοι CPDRSV : οἱ Ἀθ. AB || εἵποντο codd. pl. : ἕπ- C || 10 ἐπὶ PDRSV : ἐς ABC || 11 ἐπελαμβάνοντο ABCP : -λάμβανον DRSV.

**114** 2 Καλλίμαχος om. ABCP.

le combat contre ceux qui avaient rompu le centre de leur ligne ; et la victoire resta aux Athéniens. Les Perses prirent la fuite ; ils les suivirent, abattant les fuyards, jusqu'au bord de la mer ; arrivés là, ils réclamaient du feu et s'en prenaient
114 aux vaisseaux. Au cours de cette action le polémarque Callimachos fut tué, après s'être conduit en homme de cœur, et il périt l'un des stratèges, Stésiléos fils de Thrasyléos ; là tombèrent aussi Kynégeiros fils d'Euphorion [1], qui eut la main tranchée d'un coup de hache alors qu'il saisissait un vaisseau par les ornements de la poupe, et beaucoup d'autres Athéniens de renom.

115 Sept vaisseaux furent de la sorte capturés par les Athéniens [2] ; avec le reste de la flotte, les Barbares regagnèrent le large [3] ; ils reprirent dans l'île où ils les avaient laissés les esclaves faits à Érétrie, et contournèrent Sounion ; leur intention était d'arriver à Athènes en devançant les Athéniens. On prétendit à Athènes qu'ils avaient songé à cela à l'instigation des Alcméonides, qui, s'étant entendus avec les Perses, leur auraient fait signe en élevant en l'air un bouclier quand ils étaient déjà sur leurs vaisseaux. Les Barbares firent donc le tour de Sounion ; mais les Athéniens se portèrent de toute la vitesse de leurs jambes à la défense de la ville ; ils arrivèrent les premiers, en avance sur les Barbares, et, partis d'un téménos d'Héraclès, celui de Marathon, campèrent dans un

1. Frère d'Eschyle, qui célébra son glorieux trépas.

2. Jointe à la carence de la cavalerie, la modicité de ces prises donne à croire que les Athéniens n'eurent affaire qu'à une fraction des forces de Datis. Le gros de la flotte avait dû partir auparavant pour tenter de surprendre Athènes. C'est à ce gros qu'avait été donné, d'un point du Pentélique, le signal qu'Hérodote, pour en diminuer la gravité, place à un moment où il n'avait plus de raison d'être. C'est pour devancer son arrivée à Phalère que les vainqueurs de Marathon durent faire une marche forcée ; l'arrière-garde des Perses, qui prit le temps de charger les captifs déposés à Aigilia, ne se pressait pas.

3. 'Εξανακρουσάμενοι. Pour quitter le mouillage (ἐξ), les vaisseaux, dont la proue était tournée vers la terre, faisaient d'abord « marche arrière » (-ανα-), puis viraient de bord ; c'est au cours de cette dernière manœuvre que Kynégeiros s'était cramponné à une poupe.

μενος ἀγαθός, ἀπὸ δ' ἔθανε τῶν στρατηγῶν Στησίλεως ὁ Θρασύλεω· τοῦτο δὲ Κυνέγειρος ὁ Εὐφορίωνος ἐνθαῦτα ἐπιλαμβανόμενος τῶν ἀφλάστων νεός, τὴν χεῖρα ἀποκοπεὶς πελέκεϊ πίπτει, τοῦτο δὲ ἄλλοι Ἀθηναίων πολλοί τε καὶ ὀνομαστοί.

Ἑπτὰ μὲν δὴ τῶν νεῶν ἐπεκράτησαν τρόπῳ τοιούτῳ 115
Ἀθηναῖοι, τῇσι δὲ λοιπῇσι οἱ βάρβαροι, ἐξανακρουσάμενοι
καὶ ἀναλαβόντες ἐκ τῆς νήσου ἐν τῇ ἔλιπον τὰ ἐξ
Ἐρετρίης ἀνδράποδα, περιέπλεον Σούνιον, βουλόμενοι
φθῆναι τοὺς Ἀθηναίους ἀπικόμενοι ἐς τὸ ἄστυ. Αἰτίη δὲ
ἔσχε ἐν Ἀθηναίοισι ἐξ Ἀλκμεωνιδέων μηχανῆς αὐτοὺς
ταῦτα ἐπινοηθῆναι· τούτους γὰρ συνθεμένους τοῖσι Πέρσῃσι ἀναδέξαι ἀσπίδα ἐοῦσι ἤδη ἐν τῇσι νηυσί. Οὗτοι 116
μὲν δὴ περιέπλεον Σούνιον· Ἀθηναῖοι δὲ ὡς ποδῶν εἶχον
τάχιστα ἐβοήθεον ἐς τὸ ἄστυ, καὶ ἔφθησάν τε ἀπικόμενοι
πρὶν ἢ τοὺς βαρβάρους ἥκειν, καὶ ἐστρατοπεδεύσαντο
ἀπιγμένοι ἐξ Ἡρακλείου τοῦ ἐν Μαραθῶνι ἐν ἄλλῳ Ἡρα-
κλείῳ τῷ ἐν Κυνοσάργεϊ. Οἱ δὲ βάρβαροι τῇσι νηυσὶ ὑπερ-
αιωρηθέντες Φαλήρου (τοῦτο γὰρ ἦν ἐπίνειον τότε τῶν
Ἀθηναίων), ὑπὲρ τούτου ἀνακωχεύσαντες τὰς νέας ἀπέ-
πλεον ὀπίσω ἐς τὴν Ἀσίην.

Ἐν ταύτῃ τῇ ἐν Μαραθῶνι μάχῃ ἀπέθανον τῶν βαρ- 117

**114** 3 Στησίλεως ABCP : -λεος DRSV || 4 Κυνέγειρος ABCPD : Κυναί- RSV || Εὐφορίωνος ABCPD : -φρονίωνος RSV || 5 ἐπιλαμβανόμενος ABC : -λαβόμενος PDRSV || ἀφλάστων PDRSV : ἀφλαύστων ABC || νεός ABCP : νεώς DRSV.

**115** 1 τοιούτῳ ABC : τοιῷδε PDRSV || 2 ἐξανακρουσάμενοι ABCP : ἀνακρ- DRSV || 3 τῇ codd. pl. : ᾗ C Plut. *o. l.* 27 || 4 Ἐρετρίης codd. pl. : -είης D[1] || περιέπλεον AB Plut. : -έπλωον PDRSV -έβλεπον C || 5 ἀπικόμενοι codd. pl. : -ομένους S || αἰτίη B[2]DRSV : -ίην AB[1]CP Plut. || 6 ἔσχε(ν) codd. : ἔσχον Plut. || ἐν AB : om. cett. Plut. || Ἀλκμεω- ABCPD[1] : Ἀλκμαιο- D[2]RSV Ἀλκμαιω- Plut. || μηχανῆς αὐτ. codd. pl. : αὐτ. μηχ. D || αὐτοὺς B[2]PDRSV : -τοῖσι AB[1]C || 8 ἀναδέξαι codd. : -δεῖξαι Plut. || ἐν om. C.

**116** 2 περιέπλεον ABC : -έπλωον PDRSV Plut. || εἶχον A[2]B[2]CP : ἦκον A[1]B[1] εἴχοντο DRSV || 7 ἐπίνειον ABCP : -νεον DRSV || 8-9 ἀπέπλεον ABCPS : -έπλωον DRV.

autre Héracleion, celui du Kynosarge. Les Barbares se pré-
116 sentèrent à la hauteur de Phalère (qui, à cette époque, servait de port à Athènes)[1], et y mirent leurs vaisseaux à l'ancre ; puis, prenant le chemin du retour, ils cinglèrent vers l'Asie.

117 Dans cette bataille de Marathon périrent, du côté des Perses, environ six mille quatre cents hommes[2] ; du côté des Athéniens, cent quatre-vingt douze[3] ; telles furent les pertes de l'un et de l'autre parti. Et il s'y produisit cet événement surprenant : un Athénien, Épizélos fils de Couphagoras, pendant qu'il combattait dans la mêlée et se comportait vaillamment, perdit la vue, sans avoir été blessé de près ni frappé de loin dans aucune partie de sa personne ; et dès lors, pendant tout le reste de sa vie, il demeura aveugle. On m'a dit qu'en parlant de son accident il racontait ceci : il lui avait semblé voir en face de lui un homme de grande taille et pesamment armé, dont la barbe ombrageait tout le bouclier ; ce spectre l'avait dépassé et avait tué son voisin dans le rang. Voilà, d'après ce que j'ai entendu dire, ce que racontait Épizélos.

118 Pendant que Datis avec l'armée était en route pour l'Asie, il eut, étant à Myconos, une vision en songe. On ne dit pas quelle fut cette vision ; mais, aussitôt que le jour brilla, Datis fit faire une visite des vaisseaux ; ayant trouvé dans un vaisseau phénicien une statue d'Apollon dorée, il demanda d'où on l'avait pillée ; et, quand il sut de quel temple elle venait, il se rendit sur son vaisseau personnel à Délos ; les Déliens étaient alors revenus dans leur île ; il déposa la statue dans le sanctuaire, et chargea les Déliens de la reporter à Délion, localité du pays des Thébains, située sur le bord de

1. L'aménagement du Pirée, œuvre de Thémistocle, s'il était commencé en 490, n'était pas encore mené à bonne fin.

2. Cette évaluation n'est peut-être pas aussi exagérée qu'on pourrait croire ; les Barbares, massacrés au cours d'une déroute, étaient mal armés pour le corps à corps.

3. Ce chiffre exact a dû être fourni par un document officiel. Nous possédons, gravées sur marbre, des listes d'Athéniens tués à l'ennemi ; celle des soldats tués à Marathon a pu figurer sur les stèles qui ornaient leur tombe commune, au lieu où s'était livrée la bataille (Paus., I 32 3).

βάρων κατὰ ἑξακισχιλίους καὶ τετρακοσίους ἄνδρας, Ἀθηναίων δὲ ἑκατὸν καὶ ἐνενήκοντα καὶ δύο· ἔπεσον μὲν ἀμφοτέρων τοσοῦτοι. Συνήνεικε δὲ αὐτόθι θῶμα γενέσθαι τοιόνδε· Ἀθηναῖον ἄνδρα Ἐπίζηλον τὸν Κουφαγόρεω ἐν τῇ συστάσι μαχόμενόν τε καὶ ἄνδρα γινόμενον ἀγαθὸν τῶν ὀμμάτων στερηθῆναι, οὔτε πληγέντα οὐδὲν τοῦ σώματος οὔτε βληθέντα, καὶ τὸ λοιπὸν τῆς ζόης διατελέειν ἀπὸ τούτου τοῦ χρόνου ἐόντα τυφλόν. Λέγειν δὲ αὐτὸν περὶ τοῦ πάθεος ἤκουσα τοιόνδε τινὰ λόγον· ἄνδρα οἱ δοκέειν ὁπλίτην ἀντιστῆναι μέγαν, τοῦ τὸ γένειον τὴν ἀσπίδα πᾶσαν σκιάζειν, τὸ δὲ φάσμα τοῦτο ἑωυτὸν μὲν παρεξελθεῖν, τὸν δὲ ἑωυτοῦ παραστάτην ἀποκτεῖναι. Ταῦτα μὲν δὴ Ἐπίζηλον ἐπυθόμην λέγειν.

Δᾶτις δὲ πορευόμενος ἅμα τῷ στρατῷ ἐς τὴν Ἀσίην, 118
ἐπείτε ἐγένετο ἐν Μυκόνῳ, εἶδε ὄψιν ἐν τῷ ὕπνῳ. Καὶ ἥτις μὲν ἦν ἡ ὄψις, οὐ λέγεται· ὁ δέ, ὡς ἡμέρη τάχιστα ἐπέλαμψε, ζήτησιν ἐποιέετο τῶν νεῶν, εὑρὼν δὲ ἐν νηὶ Φοινίσσῃ ἄγαλμα Ἀπόλλωνος κεχρυσωμένον ἐπυνθάνετο ὁκόθεν σεσυλημένον εἴη· πυθόμενος δὲ ἐξ οὗ ἦν ἱροῦ, ἔπλεε τῇ ἑωυτοῦ νηὶ ἐς Δῆλον· καὶ (ἀπίκατο γὰρ τηνικαῦτα οἱ Δήλιοι ὀπίσω ἐς τὴν νῆσον) κατατίθεταί τε ἐς τὸ ἱρὸν τὸ ἄγαλμα καὶ ἐντέλλεται τοῖσι Δηλίοισι ἀπαγαγεῖν τὸ ἄγαλμα ἐς Δήλιον τὸ Θηβαίων· τὸ δ' ἔστι ἐπὶ θαλάσσῃ Χαλκίδος

**117** 3 καὶ (post ἑκατόν) om. PDRSV || ἐνενήκοντα ABCD : ἐννεν- PRSV || 4 θῶμα codd. pl. : θῶυμα P || 4-5 γενέσθαι τοιόνδε ABC : τοιόνδε γέν- PDRSV || 6 συστάσι : -σει codd. || 8 ζόης APDR : ζώης BCSV || 9-10 περὶ τοῦ πάθεος ἤκουσα ABC : ἤκ. π. τ. πάθ. PDRSV.

**118** 2 ἐγένετο codd. pl. : ἐγί- RV || Μυκόνῳ codd. pl. : Μυκώ- D[1] || ἐν τῷ ὕπνῳ codd. : ὀνείρου Suidas s. v. Δᾶτις || 3 μὲν om. Suidas || 4 ἐπέλαμψε codd. pl. : διέ- C || ἐποιέετο codd. : ἐποίεε Suidas || 4-5 νηὶ Φοιν. ABCD Const. : Φοιν. νηὶ PRSV νηὶ om. Suidas || 6 σεσυλημένον codd. pl. : ἐσσυλ- D || σεσυλ. εἴη codd. : εἴη σεσυλ. Suidas || πυθόμενος codd. pl. : παθ- RV || οὗ codd. (littera una ante ο erasa D) . οἵου Suidas || ἱροῦ codd. pl. : ἱεροῦ Suidas || ἔπλεε codd. : ἔπεμπε Suidas || 7 ἀπίκατο codd. pl. : -κοντο P || 7-8 ἀπίκατο νῆσον om. Suidas || 8 τε om. Suidas || 9 καὶ... ἄγαλμα om. B[1]SV || 10 Θηβαίων codd. pl. : -βαῖον BV[1] || Χαλκίδος codd. pl. : -ίδεος AB.

la mer sur la côte en face de Chalcis[1]. Ces instructions données, Datis reprit la mer. Quant à la statue en question, les Déliens ne la reportèrent pas ; mais, au bout de vingt ans, ce sont les Thébains eux-mêmes qui, sur l'ordre d'un oracle, la ramenèrent à Délion.

119 Pour ce qui est des Érétriens réduits en esclavage, Datis et Artaphernès, lorsqu'ils eurent abordé en Asie, les conduisirent à Suse. Le Roi Darius, avant qu'ils fussent faits prisonniers, nourrissait contre eux un vif ressentiment, parce qu'ils avaient pris l'initiative de l'offenser les premiers ; mais, quand il les vit amenés auprès de lui et soumis à son pouvoir, il ne leur fit d'autre mal que de les établir en Kissie, dans un domaine à lui appelé Ardéricca[2], à une distance de deux cent dix stades de Suse[3] et à quarante stades du puits[4] qui fournit trois sortes de substances. On tire en effet de ce puits de l'asphalte, du sel et de l'huile[5] ; voici comment. On se sert pour puiser d'un appareil à bascule, à quoi est attachée en guise de seau une moitié d'outre ; avec ce récipient enfoncé dans la nappe, on puise la matière et on la verse ensuite dans un réservoir ; distribuée au sortir de ce réservoir[6], elle prend trois voies différentes ; l'asphalte et le sel se coagulent aussitôt ; quant à l'huile, ..... ; les Perses l'appellent *rhadinaké* ; elle est noire et a une odeur forte. Le Roi Darius établit

1. Sur la côte béotienne de l'Euripe, non pas exactement en face de Chalcis, mais d'un point du territoire de Chalcis intermédiaire entre Chalcis et Érétrie. La statue en avait été enlevée pendant que l'armée perse stationnait à Érétrie, peut-être au cours d'une corvée de ravitaillement.

2. Cette localité n'a de commun que le nom avec l'Ardéricca du l. I ch. 185, située sur l'Euphrate.

3. Ἄγχι Σούσων, lit-on dans une épigramme attribuée à Platon (AP VII 259). Strabon, plaçant ce lieu d'exil dans la haute vallée du Tigre (XVI 1 25), doit commettre une confusion.

4. *Du* puits, et non *d'un* puits. Était-il donc célèbre ?

5. Du pétrole.

6. Ἐκ ταύτης ἐς ἄλλο διαχεόμενον. Le mot ἄλλο doit désigner un ou plusieurs bassins de décantation où s'opérait le tri des trois substances (δια-). Comment ? Hérodote ne le dit pas, et peut-être n'en savait-il rien.

καταντίον. Δᾶτις μὲν δὴ ταῦτα ἐντειλάμενος ἀπέπλεε. Τὸν δὲ ἀνδριάντα τοῦτον Δήλιοι οὐκ ἀπήγαγον, ἀλλά μιν δι' ἐτέων εἴκοσι Θηβαῖοι αὐτοὶ ἐκ θεοπροπίου ἐκομίσαντο ἐπὶ Δήλιον.

119 Τοὺς δὲ τῶν Ἐρετριέων ἀνδραποδισμένους Δᾶτίς τε καὶ Ἀρταφρένης, ὡς προσέσχον ἐς τὴν Ἀσίην πλέοντες, ἀνήγαγον ἐς Σοῦσα. Βασιλεὺς δὲ Δαρεῖος, πρὶν μὲν αἰχμαλώτους γενέσθαι τοὺς Ἐρετριέας, ἐνεῖχέ σφι δεινὸν χόλον, οἷα ἀρξάντων ἀδικίης προτέρων τῶν Ἐρετριέων· ἐπείτε δὲ εἶδέ σφεας ἀναχθέντας παρ' ἑωυτὸν καὶ ὑποχειρίους ἑωυτῷ ἐόντας, ἐποίησε κακὸν ἄλλο οὐδέν, ἀλλά σφεας τῆς Κισσίης χώρης κατοίκισε ἐν σταθμῷ ἑωυτοῦ τῷ οὔνομά ἐστι Ἀρδέρικκα, ἀπὸ μὲν Σούσων δέκα καὶ διηκοσίους σταδίους ἀπέχοντι, τεσσεράκοντα δὲ ἀπὸ τοῦ φρέατος τὸ παρέχεται τριφασίας ἰδέας. Καὶ γὰρ ἄσφαλτον καὶ ἅλας καὶ ἔλαιον ἀρύσσονται ἐξ αὐτοῦ τρόπῳ τοιῷδε· ἀντλέεται μὲν κηλωνηίῳ, ἀντὶ δὲ γαυλοῦ ἥμισυ ἀσκοῦ οἱ προσδέδεται· ὑποτύψας δὲ τούτῳ ἀντλέει καὶ ἔπειτα ἐγχέει ἐς δεξαμενήν· ἐκ δὲ ταύτης ἐς ἄλλο διαχεόμενον τρέπεται τριφασίας ὁδούς· καὶ ἡ μὲν ἄσφαλτος καὶ οἱ ἅλες πήγνυνται παραυτίκα, τὸ δὲ ἔλαιον... οἱ Πέρσαι καλέουσι τοῦτο ῥαδινάκην· ἔστι δὲ μέλαν καὶ ὀδμὴν παρεχόμενον βαρέαν. Ἐνθαῦτα τοὺς Ἐρετριέας κατοίκισε βασιλεὺς Δαρεῖος,

**119** 1 Δᾶτίς PDRSV : ὁ Δᾶτίς ABC || τε codd. pl. : δὲ V || 2 ἐς codd. pl. : πρὸς A || 3 ἀνήγαγον PDRSV : ἤγ- ABC || 5 προτέρων codd. pl. : πρότερον B || 6 ἀναχθέντας Bekker : ἀπαχθ- codd. || 6-7 ἑωυτῷ ὑποχειρίους ABC : ὑποχ- ἑωυτῷ PDRSV || 8 κατοίκισε PD²RSV : κατῴκ- ABC κατοίκησε D¹ || 9 Ἀρδέρικκα AB : -ερικκά D -έρικα CP -ερικά R -ερηκά SV || 10 τεσσεράκοντα ABP : τεσσα- CDRSV || 13 κηλωνηίῳ codd. pl. : κηλον- P²D²V || οἱ om. PDRSV || 14 ἐγχέει ABCP : ἐκχ- DRSV || 15 ἐς ἄλλο PDRSV : εἰσάλλο B² ἐς ἄλω C εἰσάλω AB¹ || τρέπεται codd. pl. : τρά- C || 16 πήγνυνται codd. pl. : πίγνυται B || 17 post ἔλαιον aliquid periisse videtur, ubi dictum fuerit quomodo Persae oleum colligerent et asservarent, in S et apud Aldum hic legitur : συνάγουσι ἐν ἀγγείοις τὸ οἱ Πέρσαι καλ. ῥαδ. || 18 βαρέαν PDRSV : -ρεῖαν ABC || 19 βασ. Δαρεῖος ABCP : Δαρ. βασ. DRSV.

en ce lieu les Érétriens ; de mon temps encore, ils habitaient
120 là, tout en conservant leur ancienne langue[1]. Tel fut le sort
des Érétriens.
Deux mille Lacédémoniens arrivèrent à Athènes après la
pleine lune ; ils avaient hâte d'arriver à temps[2], à tel point
qu'ils furent en Attique le surlendemain de leur départ de
Sparte[3]. Arrivés trop tard pour la bataille[4], ils désiraient
néanmoins voir les Mèdes ; et ils allèrent à Marathon les
contempler[5]. Puis, ils félicitèrent les Athéniens de leur
exploit, et ils s'en retournèrent.
121 J'admire et ne puis admettre cette allégation, que les
Alcméonides, après entente avec les Perses, leur aient jamais
fait signe en élevant un bouclier, parce qu'ils auraient voulu
que les Athéniens fussent soumis aux Barbares et à Hippias,
eux chez qui, autant sinon plus que chez Callias fils de
Phainippos et père d'Hipponicos, on aperçoit clairement la
haine de la tyrannie. Callias, seul entre tous les Athéniens,
quand Pisistrate était chassé d'Athènes, osait se porter
acquéreur de ses biens vendus à l'encan par le crieur public ;
et, en toute autre circonstance, ses menées contre lui témoi-
122 gnaient de la plus violente haine. [Ce Callias[6] mérite pour

1. A un demi-siècle d'intervalle, l'attachement des exilés, — qui devaient vivre entre eux, — à la langue grecque, ou même à un parler local, n'avait rien de très surprenant.

2. Καταλαβεῖν. Il n'y a pas d'exemple, chez Hérodote, de ce verbe signifiant « arriver en un lieu, l'atteindre ». Ce qu'il faut sous-entendre n'est pas τὰς 'Αθήνας, mais τὴν μάχην γινομένην (cf. VII 230).

3. En trois jours et trois nuits, dit de son côté Isocrate (*Pan.*, 87). Peut-être les Spartiates arrivèrent-ils dans la nuit qui suivit le troisième jour de marche, à une heure appartenant encore au surlendemain de leur départ.

4. S'ils arrivèrent, comme le dit Platon (*Lois*, 698 E ; *Mén.*, 240 C), dès le lendemain de la bataille, ils purent contribuer à faire échouer la tentative de Datis contre Phalère.

5. Ils n'étaient donc pas encore enterrés.

6. Le retranchement de ce chapitre, qui est une interpolation (cf. l'apparat), laisse subsister dans le texte beaucoup de redondance et de gaucherie, de quoi rendre douteux qu'il ait été rédigé d'un seul jet. On peut supposer qu'Hérodote avait écrit d'abord : Θῶμα

οἳ καὶ μέχρι ἐμέο εἶχον τὴν χώρην ταύτην, φυλάσσοντες
τὴν ἀρχαίην γλῶσσαν. Τὰ μὲν δὴ περὶ Ἐρετριέας ἔσχε 120
οὕτω.
Λακεδαιμονίων δὲ ἧκον ἐς τὰς Ἀθήνας δισχίλιοι μετὰ
τὴν πανσέληνον, ἔχοντες σπουδὴν πολλὴν καταλαβεῖν
οὕτω ὥστε τριταῖοι ἐκ Σπάρτης ἐγένοντο ἐν τῇ Ἀττικῇ.
Ὕστεροι δὲ ἀπικόμενοι τῆς συμβολῆς, ἱμείροντο ὅμως
θεήσασθαι τοὺς Μήδους· ἐλθόντες δὲ ἐς τὸν Μαραθῶνα
ἐθεήσαντο. Μετὰ δὲ αἰνέοντες Ἀθηναίους καὶ τὸ ἔργον
αὐτῶν ἀπαλλάσσοντο ὀπίσω.
Θῶμα δέ μοι καὶ οὐκ ἐνδέκομαι τὸν λόγον, Ἀλκμεω- 121
νίδας ἄν κοτε ἀναδέξαι Πέρσῃσι ἐκ συνθήματος ἀσπίδα,
βουλομένους ὑπὸ βαρβάροισί τε εἶναι Ἀθηναίους καὶ ὑπὸ
Ἱππίῃ· οἵτινες μᾶλλον ἢ ὁμοίως Καλλίῃ τῷ Φαινίππου,
Ἱππονίκου δὲ πατρί, φαίνονται μισοτύραννοι ἐόντες.
Καλλίης τε γὰρ μοῦνος Ἀθηναίων ἁπάντων ἐτόλμα, ὅκως
Πεισίστρατος ἐκπέσοι ἐκ τῶν Ἀθηνέων, τὰ χρήματα
αὐτοῦ κηρυσσόμενα ὑπὸ τοῦ δημοσίου ὠνέεσθαι, καὶ τἆλλα
τὰ ἔχθιστα ἐς αὐτὸν πάντα ἐμηχανᾶτο. [Καλλίεω δὲ 122

**119** 20-21 οἳ... γλῶσσαν om. C.

**120** 2 οὕτω codd. pl. : -ως AB || 4 σπουδὴν πολλὴν codd. pl. : π. σπ. S || 5 οὕτω codd. pl. : -ως ABC || τριταῖοι PDRSV : τρ. μετὰ τὴν πανσέληνον ABC || ἐγένοντο B²PDRSV : ἐγί- AB¹C || 7 θεήσασθαι ABCPD : -σεσθαι RSV || δὲ om. C || 8 ἐθεήσαντο codd. pl. : ἐθηή- RV.

**121** 1 θῶμα codd. pl. : θῶυμα P || ἐνδέκομαι codd. : -δέχομαι Plut. *o. l.*, 27 || 1-2 Ἀλκμεωνίδας ABCPD¹ : Ἀλκμαιο- D²RSV -μαιω- Plut. || 2 κοτε codd. pl. : ποτε AB Plut. || ἀναδέξαι codd. : -δεῖξαι Plut. || 3 ὑπὸ βαρβάροισι om. Plut. || τε codd. pl. : γε Plut. om. AB || καὶ om. Plut. || 7 Ἀθηνέων APD¹ : -αίων BCD²RSV || 8 κηρυσσόμενα ABCP Const. : -μένου DRSV || ὠνέεσθαι ABCP : ὀν- DRSV || τἆλλα ABCP : τὰ ἄλλα DRSV.

**122** Caput integrum, quod ad rem nihil pertinet nonnullaque praebet abs herodoteo sermone aliena (τὰ προλελεγμένα, ἐφανερώθη, δωρεήν (pro φερνήν) σφι — ἐκείνῃσί τε), in AB¹C Const. deest ; in B² in margine adscriptum est, additis his verbis : καὶ οἱ Ἀλκμαιωνίδαι δὲ ἐμφανέως ἠλευθέρωσαν, εἰ δὴ οὗτοί γε ἀληθέως, quae linearum 1-10 capitis 123 locum tenent. Interpolatori debetur. Quo sublato, verbis Καλλίης τε (121 l. 6) verba καὶ οἱ Ἀλκμεωνίδαι (123 l. 1) respondent.

bien des raisons que chacun conserve sa mémoire. D'abord pour ce qui vient d'être dit, parce qu'il fut des plus zélés pour la libération de sa patrie. Ensuite, pour ses succès à Olympie ; il y fut vainqueur à la course des chevaux[1], classé second à celle des quadriges ; il avait remporté auparavant la victoire aux jeux pythiques ; et, à ces occasions, il s'était illustré aux yeux de tous les Grecs par ses énormes dépenses. Enfin, pour la conduite qu'il tint à l'égard de ses filles, qui étaient trois : quand elles furent en âge de se marier, il les dota très richement, et, pour leur complaire, donna chacune à l'homme que, parmi tous les Athéniens, elle voulut se
123 choisir comme époux.] Eux aussi, les Alcméonides, comme Callias et non moins que lui, haïssaient les tyrans. J'admire donc et repousse cette calomnie, que ces hommes-là auraient fait signe en levant un bouclier, eux qui, tout le temps que régnèrent les tyrans, vécurent en exil[2], et qui, par leurs machinations, avaient forcé les Pisistratides à quitter le pouvoir. Ainsi ce sont eux, à mon avis, qui furent les libérateurs d'Athènes, bien plus qu'Harmodios et Aristogiton : ceux-ci, en effet, par le meurtre d'Hipparque, exaspérèrent les Pisistratides survivants, sans rien faire de plus pour mettre fin à leur tyrannie ; les Alcméonides, au contraire, firent de toute évidence œuvre de libérateurs, si ce sont vraiment eux qui persuadèrent à la Pythie de prescrire aux Lacédémoniens la libération d'Athènes, comme je l'ai exposé précédemment[3].
124 Mais, dira-t-on, peut-être trahissaient-ils leur patrie parce qu'ils avaient quelque chose à reprocher au peuple des Athéniens. Or, il n'y avait pas, à Athènes du moins, d'hommes

δέ μοι... καὶ ὑπὸ Ἱππίῃ, οἵτινες ἔφευγόν τε κτλ. De l'addition à ce texte primitif d'un rappel des preuves de « misotyrannie » données par Callias naquirent les redites, les maladresses, qui défigurent le texte actuel. Sur l'intention qui dicta ce rappel, cf. Notice, p. 44, n. 1.

1. En 564, ol. 54 (Sch. Arist., *Oiseaux*, 284).

2. L'accord entre Pisistrate et l'Alcméonide Mégaclès (I 60-61) avait été éphémère.

3. V 63.

τούτου ἄξιον πολλαχοῦ μνήμην ἐστὶ πάντα τινὰ ἔχειν.
Τοῦτο μὲν γὰρ τὰ προλελεγμένα, ὡς ἀνὴρ ἄκρος ἐλευθερῶν
τὴν πατρίδα. Τοῦτο δὲ τὰ ἐν Ὀλυμπίῃ ἐποίησε· ἵππῳ
νικήσας, τεθρίππῳ δὲ δεύτερος γενόμενος, Πύθια δὲ πρότερον ἀνελόμενος, ἐφανερώθη ἐς τοὺς Ἕλληνας πάντας
δαπάνῃσι μεγίστῃσι. Τοῦτο δὲ κατὰ τὰς ἑωυτοῦ θυγατέρας
ἐούσας τρεῖς οἷός τις ἀνὴρ ἐγένετο· ἐπειδὴ γὰρ ἐγίνοντο
γάμου ὡραῖαι, ἔδωκέ σφι δωρεὴν μεγαλοπρεπεστάτην
ἐκείνῃσί τε ἐχαρίσατο· ἐκ γὰρ πάντων τῶν Ἀθηναίων τὸν
ἑκάστη ἐθέλοι ἄνδρα ἑωυτῇ ἐκλέξασθαι, ἔδωκε τούτῳ τῷ
ἀνδρί.] Καὶ οἱ Ἀλκμεωνίδαι ὁμοίως ἢ οὐδὲν ἧσσον τούτου 123
ἦσαν μισοτύραννοι. Θῶμα ὦν μοι καὶ οὐ προσίεμαι τὴν
διαβολήν, τούτους γε ἀναδέξαι ἀσπίδα, οἵτινες ἔφευγόν τε
τὸν πάντα χρόνον τοὺς τυράννους, ἐκ μηχανῆς τε τῆς
τούτων ἐξέλιπον Πεισιστρατίδαι τὴν τυραννίδα. Καὶ οὕτω
τὰς Ἀθήνας οὗτοι ἦσαν οἱ ἐλευθερώσαντες πολλῷ μᾶλλον
ἤ περ Ἁρμόδιός τε καὶ Ἀριστογείτων, ὡς ἐγὼ κρίνω· οἱ
μὲν γὰρ ἐξηγρίωσαν τοὺς ὑπολοίπους Πεισιστρατιδέων
Ἵππαρχον ἀποκτείναντες, οὐδέ τι μᾶλλον ἔπαυσαν [τοὺς
λοιποὺς] τυραννεύοντας, Ἀλκμεωνίδαι δὲ ἐμφανέως ἠλευθέρωσαν, εἰ δὴ οὗτοί γε ἀληθέως ἦσαν οἱ τὴν Πυθίην ἀνα-
πείσαντες προσημαίνειν Λακεδαιμονίοισι ἐλευθεροῦν τὰς
Ἀθήνας, ὥς μοι πρότερον δεδήλωται. Ἀλλὰ γὰρ ἴσως 124
τι ἐπιμεμφόμενοι Ἀθηναίων τῷ δήμῳ προεδίδοσαν τὴν
πατρίδα. Οὐ μὲν ὦν ἦσάν σφεων ἄλλοι δοκιμώτεροι

**122** 2 ἐστὶ codd. pl. : ἐπὶ B[2] || 3 ἄκρος codd. pl. : -ως D || 8 ἐγίνοντο codd. pl. : ἐγέ- B[2].

**123** 1 καὶ οἱ Ἀλκμ. in B[1] erasa || Ἀλκμεωνίδαι ACPD[1] : -μαιο- D[2]RSV || τούτου PDRV : -τῳ A -τω B[1] -των C om. S || 2 θῶμα codd. pl. : θῶυμα P || ὦν codd. pl. : οὖν AB[1] || 3 γε AB[1]CP Const. : τε DRSV || τε om. S || 8 ὑπολοίπους PDVS : -λίπους R λοιποὺς AB[1]C Const. || 9 οὐδέ τι C : οὐδέτι AB[1]D οὐδ' ἔτι PRSV || 9-10 [τοὺς λοιπούς] del. Wesseling || 10 Ἀλκμεωνίδαι AB[1]CPD[1] : -αιω- B[2] -αιο- D[2]RSV || ἐμφανέως codd. pl. : -ανῶς AB[1] || 11 γε om. P.

**124** 2 ἐπιμεμφόμενοι ABCP : -ομένω DRSV.

plus considérés qu'eux ni qui eussent reçu plus d'honneurs[1] ; ainsi, il n'y a pas non plus de raison pour croire que ce soient eux qui, dans une intention comme celle qu'on leur prête, aient donné un signal en élevant en l'air un bouclier. Un bouclier fut élevé comme signal ; sur ce point, on ne peut pas dire autrement ; car cela fut[2] ; quant à savoir qui fut celui qui l'éleva, je n'en puis dire là-dessus plus long que je n'en ai dit.

125 Les Alcméonides furent dès les temps reculés illustres à Athènes ; mais c'est à partir d'Alcméon et, ensuite, de Mégaclès qu'ils l'ont été tout à fait. Alcméon fils de Mégaclès, quand les Lydiens envoyés par Crésus vinrent de Sardes pour consulter l'oracle de Delphes, les avait assistés et leur avait prêté la main avec zèle[3] ; Crésus, instruit par les Lydiens qui visitaient les oracles des services qu'il lui rendait, le fit venir à Sardes et, lorsqu'il fut arrivé, lui fit cadeau d'autant d'or qu'il pourrait en emporter d'un coup sur sa personne. Pour tirer parti du cadeau fait dans ces conditions, Alcméon employa l'ingénieux procédé que voici : il revêtit un ample chiton dont il laissa une partie former à la ceinture une vaste poche retombante ; il chaussa les hautes bottes les plus larges qu'il put trouver, et pénétra ainsi dans le trésor où on le conduisit. Là, il se jeta sur un tas d'or en poudre, commença

1. Hérodote méconnaît qu'en 490 l'influence des Alcméonides déclinait devant celle des Philaïdes ; en 487, Mégaclès fut banni ('Αθ. Πολ., XXII 5), en butte à une défaveur à laquelle il est fait allusion dans la VIIe *Pythique*.

2. Il n'y a pas de sérieuse raison d'en douter. En 496 avait été élu archonte un chef des « amis des tyrans » ('Αθ. Πολ., XXII 4) ; et, dans la mémoire de plus d'un Athénien le règne de Pisistrate avait laissé le souvenir d'un âge d'or (*o. l.*, XVI 7). D'autre part, des hommes politiques dont peut-être avait été Clisthène (V 73) et dont fut Périclès, deux Alcméonides, pouvaient juger les prétentions de Sparte à l'hégémonie en Grèce plus dangereuses pour Athènes que celles du Grand Roi à l'empire du monde.

3. Alcméon, qui commanda les Athéniens pendant la Guerre Sacrée (Plut., *Solon*, 11) ne dut pas vivre jusqu'aux jours où Crésus, monté sur le trône au plus tôt en 560, faisait consulter les oracles ; s'il fut l'hôte d'un roi lydien, ce fut d'Alyatte.

ἕν γε Ἀθηναίοισι ἄνδρες οὐδ᾽ οἳ μᾶλλον ἐτετιμέατο· οὕτω οὐδὲ λόγος αἱρέει ἀναδεχθῆναι ἔκ γε ἀν⟨δρῶν⟩ τούτων ἀσπίδα ἐπὶ τοιούτῳ λόγῳ. Ἀνεδέχθη μὲν γὰρ ἀσπίς, καὶ τοῦτο οὐκ ἔστι ἄλλως εἰπεῖν· ἐγένετο γάρ· ὃς μέντοι ἦν ὁ ἀναδέξας, οὐκ ἔχω προσωτέρω εἰπεῖν τούτων.

Οἱ δὲ Ἀλκμεωνίδαι ἦσαν μὲν καὶ τὰ ἀνέκαθεν λαμπροὶ 125 ἐν τῇσι Ἀθήνῃσι, ἀπὸ δὲ Ἀλκμέωνος καὶ αὖτις Μεγακλέος ἐγένοντο καὶ κάρτα λαμπροί. Τοῦτο μὲν γὰρ Ἀλκμέων ὁ Μεγακλέος τοῖσι ἐκ Σαρδίων Λυδοῖσι παρὰ Κροίσου ἀπικνεομένοισι ἐπὶ τὸ χρηστήριον τὸ ἐν Δελφοῖσι συμπρήκτωρ τε ἐγίνετο καὶ συνελάμβανε προθύμως· καί μιν Κροῖσος πυθόμενος τῶν Λυδῶν τῶν ἐς τὰ χρηστήρια φοιτώντων ἑωυτὸν εὖ ποιέειν μεταπέμπεται ἐς Σάρδις, ἀπικόμενον δὲ δωρέεται χρυσῷ τὸν ἂν δύνηται τῷ ἑωυτοῦ σώματι ἐξενείκασθαι ἐσάπαξ. Ὁ δὲ Ἀλκμέων πρὸς τὴν δωρεήν, ἐοῦσαν τοιαύτην, τοιάδε ἐπιτηδεύσας προσέφερε· ἐνδὺς κιθῶνα μέγαν καὶ κόλπον βαθὺν καταλιπόμενος τοῦ κιθῶνος, κοθόρνους τοὺς εὕρισκε εὐρυτάτους ἐόντας ὑποδησάμενος, ἤιε ἐς τὸν θησαυρὸν ἐς τόν οἱ κατηγέοντο. Ἐσπεσὼν δὲ ἐς σωρὸν ψήγματος, πρῶτα μὲν παρέσαξε παρὰ τὰς κνήμας τοῦ χρυσοῦ ὅσον ἐχώρεον οἱ κόθορνοι, μετὰ δὲ τὸν κόλπον πάντα πλησάμενος χρυσοῦ καὶ ἐς τὰς

**124** 4 ἕν γε Ἀθηναίοισι codd. pl. : ἐν Ἀθήνῃσιν Const. || 5 ἀν⟨δρῶν⟩ coniecit Reiske : ἂν PDRSV om. ABC || 6 ἀνεδέχθη ABCPD : -εδείχθη RSV Plut. *De Her. mal.* 27.

**125** 1 Ἀλκμεωνίδαι ACPD[2] : -μεο- B -μαιω- D[2]RSV || 2 Ἀλκμέωνος ABCPD : -αίονος RSV || 3 Ἀλκμέων ABCPD[1] : -αίων D[2]RSV || 5 ἀπικνεομένοισι ABCP : -ικομένοισι(ν) DRSV || 6 ἐγίνετο codd. pl. : ἐγέ- CS || 7 Λυδῶν codd. pl. : Λοι- B || 7-8 φοιτώντων : -εόντων codd. || 8 εὖ ποιέειν codd. pl. : εὐποιέειν D || 9 τὸν codd. pl. : τῶν B[1] || 10 Ἀλκμέων ABCPD[1] : -αίων D[2]RSV || 11 προσέφερε codd. pl. : προέφ- C || 12 κιθῶνα ABCP : χιτ- DRSV Eust. *ad Il.* 656 || βαθὺν ABP : -θὺ C πολὺν DRSV Eust. || 12-13 τοῦ κιθῶνος ABCP : τοῦ χιτῶνος DRV Eust. om. S || 13 κοθόρνους ABCP : κοτ- DRSV || τοὺς PDRSV : οὓς ABC || 14 τόν PDRSV : ὅν ABC || 15 ἐσπεσὼν codd. pl. : ἐμπ- S ἐκπ- C || πρῶτα AB : -τον CPDRV Const. || 16 κόθορνοι ABCPDV : κότ- S κόθρον- R || 17 χρυσοῦ PDRSV : τοῦ χρ. ABC.

par entasser le long de ses jambes autant d'or que pouvaient en contenir ses bottes, remplit entièrement d'or la poche de son chiton, poudra de poudre d'or ses cheveux, en prit d'autre dans sa bouche, et sortit du trésor traînant à peine ses chaussures, ressemblant à n'importe quoi plutôt qu'à un être humain, la bouche bourrée et tout le corps gonflé. A cette vue, Crésus fut pris d'un accès de rire ; il donna à Alcméon tout ce qu'il avait pris, et lui fit en outre d'autres cadeaux de non moins grande importance. C'est ainsi que cette maison devint puissamment riche, en sorte que ce même Alcméon nourrit un attelage de quadrige et remporta le prix à Olympie[1].

126 Après lui, à la génération suivante[2], Clisthène, tyran de Sicyone, éleva la maison au point qu'elle eut dès lors un bien plus grand renom qu'auparavant. Clisthène, fils d'Aristonymos, petit-fils de Myron, arrière petit-fils d'Andréas[3], eut une fille, nommée Agaristé, et il voulut trouver le plus accompli de tous les Grecs pour la lui donner en mariage. Pendant les jeux olympiques[4], vainqueur à ces jeux dans la course des quadriges, il fit proclamer par un héraut que quiconque parmi les Grecs se jugeait digne de devenir le

1. En 592 ? Cf. Sch. Pindare, *VII<sup>e</sup> Pythique*.

2. Les noces de Mégaclès, qui avait une fille nubile quand Pisistrate revint de son premier exil (I 61), ne peuvent guère être placées plus tard qu'aux environs de 570.

3. Deux choses sont à noter à propos de cette liste. 1° l'absence du nom d'Orthagoras, présenté par d'autres auteurs (Aristote, Plutarque, Nicolas de Damas) comme le fondateur et l'éponyme de la dynastie ; serait-ce un nom que prit Andréas quand il devint, de cuisinier, tyran ? Sur un papyrus d'Oxyrhinchos (t. XI, n° 1365), Orthagoras est présenté comme le fils d'Andréas ; 2° la présence du nom d'Aristonymos, inconnu par ailleurs ; ce pouvait être un fils de Myron qui, mort avant son père, n'avait pas régné. L'omission d'un second Myron, qui régna avant Clisthène et fut assassiné par lui n'a ici rien que de normal : ce que donne Hérodote n'est pas une liste des prédécesseurs de Clisthène sur le trône de Sicyone, mais une liste de ses ascendants ; or, le second Myron était son frère aîné (Nicolas de Damas, fr. 61 M, FHG III 394).

4. Probablement en 572, ol. 52 ; cf. n. 2.

τρίχας τῆς κεφαλῆς διαπάσας τοῦ ψήγματος καὶ ἄλλο λαβὼν ἐς τὸ στόμα ἐξήιε ἐκ τοῦ θησαυροῦ, ἕλκων μὲν μόγις τοὺς κοθόρνους, παντὶ δέ τεῳ οἰκὼς μᾶλλον ἢ ἀνθρώπῳ· τοῦ τό τε στόμα ἐβέβυστο καὶ πάντα ἐξώγκωτο. Ἰδόντα δὲ τὸν Κροῖσον γέλως ἐσῆλθε, καί οἱ πάντα τε ἐκεῖνα διδοῖ καὶ πρὸς ἕτερα δωρέεται οὐκ ἐλάσσω ἐκείνων. Οὕτω μὲν ἐπλούτησε ἡ οἰκίη αὕτη μεγάλως, καὶ ὁ Ἀλκμέων οὗτος οὕτω τεθριπποτροφήσας Ὀλυμπιάδα ἀναιρέεται.

126 Μετὰ δέ, γενεῇ δευτέρῃ ὕστερον, Κλεισθένης αὐτὴν ὁ Σικυώνιος τύραννος ἐξῆρε, ὥστε πολλῷ ὀνομαστοτέρην γενέσθαι ἐν τοῖσι Ἕλλησι ἢ πρότερον ἦν. Κλεισθένεϊ γὰρ τῷ Ἀριστωνύμου τοῦ Μύρωνος τοῦ Ἀνδρέω γίνεται θυγάτηρ τῇ οὔνομα ἦν Ἀγαρίστη· ταύτην ἠθέλησε, Ἑλλήνων ἁπάντων ἐξευρὼν τὸν ἄριστον, τούτῳ γυναῖκα προσθεῖναι. Ὀλυμπίων ὦν ἐόντων καὶ νικῶν ἐν αὐτοῖσι τεθρίππῳ ὁ Κλεισθένης κήρυγμα ἐποιήσατο, ὅστις Ἑλλήνων ἑωυτὸν ἀξιοῖ Κλεισθένεος γαμβρὸν γενέσθαι, ἥκειν ἐς ἑξηκοστὴν ἡμέρην ἢ καὶ πρότερον ἐς Σικυῶνα ὡς κυρώσοντος Κλεισθένεος τὸν γάμον ἐν ἐνιαυτῷ, ἀπὸ τῆς ἑξηκοστῆς ἡμέρης ἀρξαμένου. Ἐνθαῦτα Ἑλλήνων ὅσοι σφίσι τε αὐτοῖσι ἦσαν καὶ πάτρῃ ἐξωγκωμένοι, ἐφοίτων μνηστῆρες· τοῖσι Κλεισ-

**125** 19 ἐξήιε PDRSV : -ηίει ABC || μόγις τοὺς B²PDRV : μόγις μὲν τοὺς S μεγίστους AB¹C || 20 κοθόρνους codd. pl. : κότ- S κόθρον- R || τεῳ codd. pl. : τω(ι) BC || οἰκὼς codd. pl. : ἐοικὼς AB || 21 καὶ om. C || ἐξώγκωτο ABCP : ἐξόγκ- DRSV || 22 τε om. PDRSV || 23 ἕτερα δωρέεται οὐκ ἐλάσσω AB¹C : ἑτέροις μιν δωρέεται οὐκ ἐλάσσοσι B²PDRSV || ἐκείνων codd. pl. : κείνων AB || 23-25 μὲν... οὕτω om. SV || 24 οἰκίη ABCPD : -ία R || οὗτος ABCPD : οὕτως R || 25 Ὀλυμπιάδα ABCP : Ὀλύμπια DRSV.

**126** 1 αὐτὴν ABC : μιν PDR μὲν SV || 2 ἐξῆρε codd. pl. : -ειρε B¹ -ήγειρε C || 3 ἐν τοῖσι ABCPD : αὐτοῖσιν RSV || ἦν om. ABC || Κλεισθένεϊ ABCPD : -θένῃ RSV || 4 Ἀνδρέω codd. pl. : -έα AB¹ || 5 ἠθέλησε codd. pl. : ἐθ- AB || 6 ἁπάντων ABC : πάντων PDRSV || 9 γαμβρὸν codd. pl. (-πρὸν C) : γαυρὸν V¹ || ἑξηκοστὴν codd. pl. : -κοντα R || 11-12 ἡμέρης ἀρξαμένου ABC : ἀρξ. ἡμ. PDRSV || 12 ἦσαν codd. pl. : εἶναι C || 13 ἐξωγκωμένοι codd. pl. : ἐξογκ- D¹ || ἐφοίτων : -τεον codd.

gendre de Clisthène eût à se rendre à Sicyone pour le soixantième jour ou même auparavant, Clisthène voulant décider le mariage dans le délai d'un an à dater de ce soixantième jour. Tous les Grecs qui étaient fiers d'eux-mêmes et de leur patrie se présentèrent alors comme prétendants ; à leur intention, Clisthène avait fait construire pour la circonstance un
127 stade et une palestre. D'Italie vinrent Smindyridès fils d'Hippocratès, de Sybaris, l'homme du monde qui avait porté au plus haut point les raffinements de la délicatesse (Sybaris était, en ce temps-là, à l'apogée de la prospérité), et Damasos de Siris, fils d'Amyris qu'on appelait le Sage ; ceux-là vinrent d'Italie. Du golfe Ionien[1] vint Amphimnestos fils d'Épistrophos, d'Épidamne ; celui-là donc du golfe Ionien. D'Étolie, où Titormos s'était élevé par sa force au-dessus des Grecs et s'était retiré loin de la société des hommes au plus reculé du pays étolien, vint le frère de ce Titormos, Malès[2]. Du Péloponnèse, Léokédès fils de Pheidon tyran d'Argos[3], de Pheidon qui avait établi les mesures des Péloponnésiens et qui s'était conduit, de tous les Grecs, avec le plus d'insolence, en chassant les agonothètes des Éléens et en réglant lui-même le concours d'Olympie ; avec le fils de ce Pheidon, Amiantos fils de Lycourgos, Arcadien de Trapézonte, et Laphanès, de la ville de Paios en Azanie[4], fils de cet Euphorion qui, à ce qu'on raconte en Arcadie, avait reçu dans sa demeure les Dioscures et, depuis lors, offrait l'hospitalité à tout venant ; enfin, un Éléen, Onomastos fils d'Agaios ; ceux-là venaient

1. L'Adriatique.

2. Titormos passait pour avoir triomphé de Milon de Crotone (Élien, *Hist. Var.*, XII 22), contemporain de Darius (III 137) ; à ce compte, son frère ne pouvait se mettre sur les rangs en 572.

3. Si l'époque où vécut Pheidon est incertaine, aucun document n'autorise à la croire assez tardive pour qu'un fils de ce tyran d'Argos ait été, en 572, candidat à la main d'Agaristé. Il est d'ailleurs invraisemblable, étant donnés les sentiments de Clisthène à l'égard d'Argos (V 67), qu'un Argien ait brigué la main de sa fille. L'introduction, dans la liste des prétendants, d'un Argien, fils de Pheidon, s'explique peut-être par une confusion née d'une homonymie.

4. Canton du Nord-Ouest de l'Arcadie.

θένης καὶ δρόμον καὶ παλαίστρην ποιησάμενος ἐπ' αὐτῷ
τούτῳ εἶχε. Ἀπὸ μὲν δὴ Ἰταλίης ἦλθε Σμινδυρίδης ὁ 127
Ἱπποκράτεος Συβαρίτης, ὃς ἐπὶ πλεῖστον δὴ χλιδῆς εἷς ἀνὴρ ἀπίκετο (ἡ δὲ Σύβαρις ἤκμαζε τοῦτον τὸν χρόνον μάλιστα), καὶ Σιρίτης Δάμασος Ἀμύριος τοῦ σοφοῦ λεγομένου παῖς· οὗτοι μὲν ἀπὸ Ἰταλίης ἦλθον. Ἐκ δὲ τοῦ κόλπου τοῦ Ἰονίου Ἀμφίμνηστος Ἐπιστρόφου Ἐπιδάμνιος· οὗτος δὴ ἐκ τοῦ Ἰονίου κόλπου. Αἰτωλὸς δὲ ἦλθε Τιτόρμου τοῦ ὑπερφύντος τε Ἕλληνας ἰσχύϊ καὶ φυγόντος ἀνθρώπους ἐς τὰς ἐσχατιὰς τῆς Αἰτωλίδος χώρης, τούτου τοῦ Τιτόρμου ἀδελφεὸς Μάλης. Ἀπὸ δὲ Πελοποννήσου Φείδωνος τοῦ Ἀργείων τυράννου παῖς Λεωκήδης, Φείδωνος [δὲ] τοῦ τὰ μέτρα ποιήσαντος Πελοποννησίοισι καὶ ὑβρίσαντος μέγιστα δὴ Ἑλλήνων ἁπάντων, ὃς ἐξαναστήσας τοὺς Ἠλείων ἀγωνοθέτας αὐτὸς τὸν ἐν Ὀλυμπίῃ ἀγῶνα ἔθηκε, τούτου τε δὴ παῖς, καὶ Ἀμίαντος Λυκούργου Ἀρκὰς ἐκ Τραπεζοῦντος, καὶ Ἀζὴν ἐκ Παίου πόλιος Λαφάνης Εὐφορίωνος τοῦ δεξαμένου τε, ὡς λόγος ἐν Ἀρκαδίῃ λέγεται, τοὺς Διοσκούρους οἰκίοισι καὶ ἀπὸ τούτου ξεινοδοκέοντος πάντας ἀνθρώπους, καὶ Ἠλεῖος Ὀνόμαστος Ἀγαίου· οὗτοι μὲν δὴ ἐξ αὐτῆς Πελοποννήσου ἦλθον. Ἐκ δὲ Ἀθηνέων ἀπίκοντο Μεγακλέης τε ὁ Ἀλκμέωνος τούτου

**126** 14-15 αὐτῷ τούτῳ ABCP : αὐτὸ τοῦτο DRSV.

**127** 2 εἷς om. $B^{2}$ || 3 ἀπίκετο codd. : ἀφ- Athen. 541 || 4 Σιρίτης codd. pl. : Σιν- $B^{2}$ Σιρή- R || Δάμασος Ἀμύριος DRSV : Δάμας ὁ Σαμύριος ABCP || 6 Ἰονίου codd. pl. : Ἰων- $C^{1}D^{1}$ || Ἀμφίμνηστος $AB^{1}CP$ : -μνηστρος $B^{2}DRSV$ || 7 δὴ Gomperz : δὲ codd. || Ἰονίου codd. pl. : Ἰων- $D^{1}$ || δὲ om. C || Τιτόρμου $B^{2}PDRSV$ : Τιτέρ- $AB^{1}C$ || 11 παῖς om. DRSV || [δὲ] seclusi ; alius generis sunt quae Stein ad I 64 l. 9 adfert || 13 ἁπάντων PDRSV : πάντων ABC || τοὺς om. RSV || 15 τε codd. pl. : δὲ D || 16 Παίου $B^{2}PDRSV$ : Πάγου $AB^{1}C$ || 17 Εὐφορίωνος codd. pl. : ὁ Εὐφ- B || 18 λέγεται codd. pl. : φέρεται C || Διοσκούρους ACPV (cf. Hoffmann *Ion. Dial.* 409) : -κόρους BDRS || 19 Ἠλεῖος AC : Ἡλ- BP Ἥλιος DRV || Ὀνόμαστος AB : Ὀνομαστὸς cett. || 20 Ἀγαίου ABCPS : Αἰγ- DRV || Πελοποννήσου ABCPD : -πονήσου R || 21 Ἀθηνέων ABP : -ναίων CDRSV || Μεγακλέης codd. pl. : Μεγαλοκλέης R || Ἀλκμέωνος ABCPD : -μαίονος RSV.

du Péloponnèse même[1]. D'Athènes arrivèrent Mégaclès, fils de cet Alcméon qui s'était rendu chez Crésus, et Hippocleidès fils de Teisandros, le premier des Athéniens par la richesse et la beauté. D'Érétrie, florissante à cette époque, Lysanias, qui fut seul à venir de l'Eubée. De Thessalie vint Diactoridès de Crannon, de la famille des Scopades. Du pays
128 des Molosses[2], Alcon. Voilà tous ceux qui furent les prétendants[3].

Quand ils se furent présentés au jour dit, Clisthène commença par s'informer de leurs patries et de la famille de chacun ; puis, les retenant une année, il éprouva leur mérite, leur humeur, leur éducation, leurs manières, tantôt s'entretenant avec chacun en particulier, tantôt avec tous ensemble, engageant dans des exercices ceux d'entre eux qui étaient plus jeunes ; surtout, il les éprouva au cours des repas pris en commun ; car, aussi longtemps qu'il les retint, en même temps qu'il mettait tout en œuvre, il traitait ses hôtes magnifiquement. Parmi les prétendants, ceux qui étaient venus d'Athènes avaient, semblait-il, ses préférences ; et, entre eux, son choix se portait surtout sur Hippocleidès, tant à cause des mérites de celui-ci que parce que son origine l'apparentait aux Kypsélides de Corinthe[4].

129 Lorsque fut arrivé le jour fixé où devait avoir lieu le ban-

1. Où était située également Sicyone.
2. Voisin de l'Épire et de Dodone.
3. Sur l'ensemble de ce catalogue, cf. Notice, p. 44, n. 2.
4. Hippocleidès était un Philaïde (cf. Notice, p. 45, n. 5) ; et il y avait entre les Philaïdes et les Kypsélides communauté d'origine, Lysidikè mère de Philaios étant, comme Éétion (V 92 β), une descendante du Lapithe Kaineus (Ét. Byz., s. v. Φιλαΐδαι). A l'époque des noces d'Agaristé, Périandre, le puissant tyran de Corinthe, était mort depuis une quinzaine d'années. et la dynastie des Kypsélides ne lui avait survécu que trois ans. Ce qui pouvait orienter vers un parent de cette noble famille les préférences du seigneur de Sicyone, ce n'était donc pas un calcul d'intérêt politique, mais plutôt, je suppose, des considérations de vanité ; si Clisthène n'était pas personnellement un homme nouveau, les Orthagorides, issus d'un cuisinier (Diod., VIII 26), n'avaient à se glorifier d'aucune illustre ascendance.

τοῦ παρὰ Κροῖσον ἀπικομένου, καὶ ἄλλος Ἱπποκλείδης Τεισάνδρου, πλούτῳ καὶ εἴδεϊ προφέρων Ἀθηναίων. Ἀπὸ δὲ Ἐρετρίης ἀνθεούσης τοῦτον τὸν χρόνον Λυσανίης· οὗτος δὴ ἀπ' Εὐβοίης μοῦνος. Ἐκ δὲ Θεσσαλίης ἦλθε τῶν Σκοπαδέων Διακτορίδης Κραννώνιος. Ἐκ δὲ Μολοσσῶν Ἄλκων.

128 Τοσοῦτοι μὲν ἐγένοντο οἱ μνηστῆρες. Ἀπικομένων δὲ τούτων ἐς τὴν προειρημένην ἡμέρην, ὁ Κλεισθένης πρῶτα μὲν τὰς πάτρας τε αὐτῶν ἀνεπύθετο καὶ γένος ἑκάστου, μετὰ δὲ κατέχων ἐνιαυτὸν διεπειρᾶτο αὐτῶν τῆς τε ἀνδραγαθίης καὶ τῆς ὀργῆς καὶ παιδεύσιός τε καὶ τρόπου, καὶ ἑνὶ ἑκάστῳ ἰὼν ἐς συνουσίην καὶ συνάπασι· καὶ ἐς γυμνάσιά τε ἐξαγινέων ὅσοι ἦσαν αὐτῶν νεώτεροι, καί, τὸ μέγιστον, ἐν τῇ συνεστοῖ διεπειρᾶτο· ὅσον γὰρ κατεῖχε χρόνον αὐτούς, τοῦτον πάντα ἐποίεε καὶ ἅμα ἐξείνιζε μεγαλοπρεπέως. Καὶ δή κου μάλιστα τῶν μνηστήρων ἠρέσκοντό ⟨οἱ⟩ οἱ ἀπ' Ἀθηνέων ἀπιγμένοι, καὶ τούτων μᾶλλον Ἱπποκλείδης ὁ Τεισάνδρου καὶ κατ' ἀνδραγαθίην ἐκρίνετο καὶ ὅτι τὸ ἀνέκαθεν τοῖσι ἐν Κορίνθῳ Κυψελίδῃσι ἦν προσήκων.

129 Ὡς δὲ ἡ κυρίη ἐγένετο τῶν ἡμερέων τῆς τε κατακλίσιος

**127** 23 Τεισάνδρου : Τισ- codd. || πλούτῳ codd. pl. : τούτῳ C || 24 ἀνθεούσης ABC : -εύσης cett. || 25 δὴ SV(?) : δὲ cett. || μοῦνος codd. pl. : μό- C || ἦλθε B²PDRSV : ἦρχε AB¹C || 26 Διακτορίδης codd. pl. : -ίδος R Vinc. || Κραννώνιος codd. pl. : Κρανώ- CP.

**128** 1 δὲ om. D || 3 ἀνεπύθετο B²PDRSV : ἐπύθ- AB¹C || 4 διεπειρᾶτο ABCP : ἐπ- DRSV || 6 συνουσίην codd. pl. : ξυν- C || συνάπασι codd. pl. : ξυν- C || 7 ἐξαγινέων ABCP : ἐξάγειν ἕων D ἐξάγειν νέων RV ἐξάγων νέων S || τὸ A¹DSV : τό γε A²BCPR || 8 συνεστοῖ DRV : συνετοῖ B² συνεστίῃ AB¹P ξυν- C συνέσει S || διεπειρᾶτο om. C || 9 ἐξείνιζε PDRSV : ἐξέν- ABC || 10 Καὶ δὴ incipit E || κου PDRSV : που ABCE || 11 ⟨οἱ⟩ add. Matthiae || Ἀθηνέων ABP : -ναίων ECDRSV || Post ἀπιγμένοι haec in E leguntur : Κλεισθένει τῷ Σικυωνύων τυράννῳ || 11-12 Ἱπποκλείδης codd. pl. : Ὑπο- E || 12 Τεισάνδρου : Τισ- codd. || καὶ (ante κατ') om. DRSV || 13 ἀνέκαθεν D : -θε cett. || Κυψελίδῃσι codd. pl. : -ίδισιν RV Κυψελλ- E.

**129** 1 κατακλίσιος codd. pl. : -κλήσιος D.

quet des noces et où Clisthène déclarerait qui il choisissait entre tous, Clisthène offrit un sacrifice de cent bœufs et donna un festin à la fois aux prétendants eux-mêmes et à tous les Sicyoniens. A l'issue du repas, les prétendants se livraient à des contestations musicales [1] et faisaient assaut de propos de société [2]. On continuait à boire ; Hippocleidès, qui occupait fort l'attention du public, dit au joueur de flûte de lui jouer un air de danse [3] ; le flûtiste obéit, et Hippocleidès se mit à danser. Il était, je suppose, personnellement satisfait de sa danse ; mais Clisthène, à ce spectacle, prenait ombrage de tout ce qui se passait. Après s'être ensuite arrêté quelque temps, Hippocleidès ordonna qu'on apportât une table [4] dans la salle ; et, quand la table fut arrivée, il commença par exécuter dessus des danses mimiques [5] laconiennes, puis d'autres, athéniennes ; et, en troisième lieu, appuyant la tête sur la table, il gesticula avec ses jambes. Pendant l'exécution des premiers et des seconds exercices, Clisthène, bien qu'il écartât avec dégoût l'idée qu'Hippocleidès, danseur et pitre indécent, pût encore devenir son gendre, se contenait et ne voulait pas faire d'éclat à son adresse ; mais, quand il le vit gesticuler avec ses jambes, ne pouvant plus se contenir : « Fils de Teisandros », dit-il, « ta danse t'a fait manquer ton mariage ». A quoi Hippocleidès répliqua : « Bien égal à
130 Hippocleidès ! » C'est de là que vient cette expression. Puis

1. Ἀμφὶ μουσικῇ. Outre ce que nous appelons de la musique, ces contestations comportaient des chants et des récitations de morceaux poétiques.

2. Ἐς τὸ μέσον. Des propos qui n'étaient pas destinés seulement à l'oreille d'un « voisin de lit » (ὁμόκλινος, IX 16), mais à celles de toute l'assistance : anecdotes piquantes, énigmes, bons mots, discussions qui pouvaient aborder les sujets les plus élevés.

3. Ἐμμελείην. Ce mot, nom technique de la τραγικὴ ὄρχησις, désigne ici un air d'un rythme grave et mesuré.

4. Qui lui servirait de « tréteau », comme à un baladin.

5. Σχημάτια. Des sortes de pantomimes, d'un caractère souvent comique, parfois indécent. Des danses de la Laconie (le pays de la πυρρίχη guerrière) à celles de l'Attique (où fleurissait la κόρδαξ), il y avait déjà progression dans le laisser-aller.

τοῦ γάμου καὶ ἐκφάσιος αὐτοῦ Κλεισθένεος τὸν κρίνοι ἐκ πάντων, θύσας βοῦς ἑκατὸν ὁ Κλεισθένης εὐώχεε αὐτούς τε τοὺς μνηστῆρας καὶ Σικυωνίους πάντας. Ὡς δὲ ἀπὸ δείπνου ἐγένοντο, οἱ μνηστῆρες ἔριν εἶχον ἀμφί τε μουσικῇ καὶ τῷ λεγομένῳ ἐς τὸ μέσον. Προϊούσης δὲ τῆς πόσιος κατέχων πολλὸν τοὺς ἄλλους ὁ Ἱπποκλείδης ἐκέλευσέ οἱ τὸν αὐλητὴν αὐλῆσαι ἐμμελείην· πειθομένου δὲ τοῦ αὐλητέω ὀρχήσατο. Καί κως ἑωυτῷ μὲν ἀρεστῶς ὀρχέετο, ὁ Κλεισθένης δὲ ὁρέων ὅλον τὸ πρῆγμα ὑπώπτευε. Μετὰ δὲ ἐπισχὼν ὁ Ἱπποκλείδης χρόνον ἐκέλευσέ τινα τράπεζαν ἐσενεῖκαι· ἐσελθούσης δὲ τῆς τραπέζης πρῶτα μὲν ἐπ' αὐτῆς ὀρχήσατο Λακωνικὰ σχημάτια, μετὰ δὲ ἄλλα Ἀττικά, τὸ τρίτον δὲ τὴν κεφαλὴν ἐρείσας ἐπὶ τὴν τράπεζαν τοῖσι σκέλεσι ἐχειρονόμησε. Κλεισθένης δὲ τὰ μὲν πρῶτα καὶ τὰ δεύτερα ὀρχεομένου ἀποστυγέων γαμβρὸν ἄν οἱ ἔτι γενέσθαι Ἱπποκλείδην διά τήν τε ὄρχησιν καὶ τὴν ἀναιδείην κατεῖχε ἑωυτόν, οὐ βουλόμενος ἐκραγῆναι ἐς αὐτόν· ὡς δὲ εἶδε τοῖσι σκέλεσι χειρονομήσαντα, οὐκέτι κατέχειν δυνάμενος εἶπε· « Ὦ παῖ Τεισάνδρου, ἀπορχήσαό γε μὲν τὸν γάμον. » Ὁ δέ Ἱπποκλείδης ὑπολαβὼν εἶπε· « Οὐ φροντὶς Ἱπποκλείδῃ. » Ἀπὸ τούτου μὲν τοῦτο 130

**129** 2 κρίνοι codd. pl. : -οιεν E || 5 ἐγένοντο PDRSV : ἐγίν- ABCE || ἔριν εἶχον codd. pl. : εἶχον ἔριν P || 7-8 ἐκέλευσέ codd. pl. : -λευέ C || 8 οἱ τὸν codd. pl. : αὐτὸν SV || ἐμμελείην : -έλειαν codd. || 9 ὀρχήσατο ABED$^1$ : ὠρχ- CPD$^2$RSV || κως codd. pl. : πως E || μὲν om. D || ἀρεστῶς om. C || 10 ὀρχέετο ED$^1$RSV : ὠρχ- ABCPD$^2$ || ὁ Κλ. δὲ codd. pl. : ὁ δὲ Κλ. P || ὑπώπτευε AB$^2$CEPD : -όπτευε B$^1$RSV || 11 ἐκέλευσέ codd. pl. : -λευέ C || τινα ABECP : οἱ τινὰ DRSV || 12 ἐσενεῖκαι B$^2$CPPDRSV : -ενεγκεῖν AB$^1$E || ἐσελθούσης codd. pl. : ἐλθ- E || πρῶτα codd. pl. : -τον D || 13 ὀρχήσατο ABD$^1$SV : ὠρχ- ECPD$^2$R || σχημάτια ABCP : -ματα E ὀρχήματα σχημάτια DRSV || 15 σκέλεσι codd. : ποσὶν Pollux II 153 || 16 γαμβρὸν codd. pl. : -πρὸν C || ἂν om. ABCE || 17 ἔτι γενέσθαι codd. pl. : γεν. ἔτι D$^2$ marg. || Ἱπποκλείδην PDRS : -δεα ABCE Vinc. || 20 Τεισάνδρου : Τισ- codd. || 20-21 ἀπορχήσαό codd. pl. : -ωρχήσαό E || 21 μὲν (cf. Bechtel *Ion. Dial.* 224) : μὴν codd. || 22 εἶπε ABCEP : ἔφη DRSV.

**130** 1 μὲν τοῦτο om. A$^1$.

Clisthène fit faire silence ; et il déclara à l'assemblée : « Prétendants de ma fille, j'ai pour vous tous de l'estime ; et, si c'était possible, je voudrais être agréable à tous, sans faire d'un seul l'objet d'un choix particulier et sans exclure tous les autres. Mais, puisqu'en décidant du sort d'une seule jeune fille je ne puis répondre aux vœux de tous, à tous ceux d'entre vous à qui ce mariage est refusé je donne en présent, par tête, un talent d'argent, pour les récompenser d'avoir pensé à prendre ma fille pour femme et de s'être absentés de chez eux. Et j'engage mon enfant, Agaristé, au fils d'Alcméon, Mégaclès, conformément aux lois des Athéniens. » Mégaclès déclara accepter l'engagement ; et ainsi se trouva ratifiée l'union voulue par Clisthène[1].

131 Voilà comment se passa le choix entre les prétendants ; et c'est ainsi que les Alcméonides devinrent célèbres en Grèce. De ce mariage naquit Clisthène, celui qui établit chez les Athéniens les tribus et le régime démocratique ; il tirait son nom de son aïeul maternel le Sicyonien ; outre lui, Mégaclès eut aussi pour fils Hippocratès. D'Hippocratès naquirent un autre Mégaclès et une autre Agaristé, dénommée d'après Agaristé fille de Clisthène ; elle épousa Xanthippos fils d'Ariphron ; étant enceinte, elle eut une vision en songe ; il lui sembla qu'elle accouchait d'un lion ; et, peu de jours après, elle donna Périclès à Xanthippos[2].

132 Après la défaite infligée à Marathon, Miltiade, qui déjà

1. Hérodote place dans la bouche de Clisthène et de Mégaclès les paroles (ἐγγυῶ, ἐγγυῶμαι) dont l'échange entre le « kyrios » de la future épouse et le futur époux constituait à Athènes au v$^{e}$ siècle le contrat de mariage. Au temps d'Hérodote, en vertu d'une loi datant de 451, le mariage d'un citoyen n'était une union légitime que si la femme à qui il s'unissait était une citoyenne. En 571, la législation du mariage devait être moins rigoureuse ; Clisthène n'aurait pas voué sa fille à être la mère d'une sorte de bâtards (νόθοι).

2. Περικλέα Ξανθίππῳ. On attendrait qu'Hérodote conserve le nom de Périclès pour le « mot de la fin ». Il ne l'a pas fait, peut-être pour des raisons d'euphonie, ou pour se tenir près de la désignation usuelle du grand homme : Περικλῆς Ξανθίππου.

ὀνομάζεται· Κλεισθένης δὲ σιγὴν ποιησάμενος ἔλεξε ἐς μέσον τάδε· « Ἄνδρες παιδὸς τῆς ἐμῆς μνηστῆρες, ἐγὼ καὶ πάντας ὑμέας ἐπαινέω καὶ πᾶσι ὑμῖν, εἰ οἷόν τε εἴη, χαριζοίμην ἄν, μήτ᾽ ἕνα ὑμέων ἐξαίρετον ἀποκρίνων μήτε τοὺς λοιποὺς ἀποδοκιμάζων. Ἀλλ᾽, οὐ γὰρ οἷά τέ ἐστι μιῆς περὶ παρθένου βουλεύοντα πᾶσι κατὰ νόον ποιέειν, τοῖσι μὲν ὑμέων ἀπελαυνομένοισι τοῦδε τοῦ γάμου τάλαντον ἀργυρίου ἑκάστῳ δωρεὴν δίδωμι τῆς ἀξιώσιος εἵνεκα τῆς ἐξ ἐμέο γῆμαι καὶ τῆς ἐξ οἴκου ἀποδημίης. Τῷ δὲ Ἀλκμέωνος Μεγακλέϊ ἐγγυῶ παῖδα τὴν ἐμὴν Ἀγαρίστην νόμοισι τοῖσι Ἀθηναίων. » Φαμένου δὲ ἐγγυᾶσθαι Μεγακλέος ἐκεκύρωτο ὁ γάμος Κλεισθένεϊ.

131 Ἀμφὶ μὲν κρίσι τῶν μνηστήρων τοσαῦτα ἐγένετο, καὶ οὕτω Ἀλκμεωνίδαι ἐβώσθησαν ἀνὰ τὴν Ἑλλάδα. Τούτων δὲ συνοικησάντων γίνεται Κλεισθένης τε ὁ τὰς φυλὰς καὶ τὴν δημοκρατίην Ἀθηναίοισι καταστήσας, ἔχων τὸ οὔνομα ἀπὸ τοῦ μητροπάτορος τοῦ Σικυωνίου· οὗτός τε δὴ γίνεται Μεγακλέϊ καὶ Ἱπποκράτης. Ἐκ δὲ Ἱπποκράτεος Μεγακλέης τε ἄλλος καὶ Ἀγαρίστη ἄλλη, ἀπὸ τῆς Κλεισθένεος Ἀγαρίστης ἔχουσα τὸ οὔνομα, ἣ συνοικήσασά τε Ξανθίππῳ τῷ Ἀρίφρονος καὶ ἔγκυος ἐοῦσα εἶδε ὄψιν ἐν τῷ ὕπνῳ, ἐδόκεε δὲ λέοντα τεκεῖν· καὶ μετ᾽ ὀλίγας ἡμέρας τίκτει Περικλέα Ξανθίππῳ.

132 Μετὰ δὲ τὸ ἐν Μαραθῶνι τρῶμα γενόμενον Μιλτιάδης,

**130** 4 ὑμέας codd. pl. : ὑμᾶς B || 4-11 εἰ οἷόν τε εἴη... τῷ δὲ Ἀλκμέωνος om. E || 4 οἷόν codd. pl. : οἷός D[1] || τε ABCS : τ᾽ DPV τί τ᾽ R || εἴη PDRSV : ἐστὶ ABC || 5 μήτ᾽ ἕνα PS : μήτε ἕνα DRV μήτ/θένα A μηθένα BC || 7 πέρι codd. pl. : περὶ B || βουλεύοντα codd. pl. : βασιλ- D || 8 τοῦδε ABCP : τούτου DRSV || 10 ἐμέο : -εῦ codd. || 10-11 τῷ δὲ Ἀλκμ. Μεγακλ. PDRSV : Μεγακλ. δὲ ABCE || Ἀλκμέωνος P : -αίονος DRSV || 11 Μεγακλέϊ ECPDRSV : -κλέει AB || 12-**131** 1 φαμένου... μνηστήρων om. E.

**131** 1 κρίσι P : -σει B[2]DRS Vinc. -σιος AB[1]C || 2 Ἀλκμεωνίδαι ABCPD[1] : -αιων- E -αιον- D[2]RSV || Ἑλλάδα desinit E || 6 Μεγακλέϊ codd. pl. : -κλέει AB || 9 ἔγκυος ABPD : ἔγγυος CRV S inc. || 10 δὲ om. DRSV.

auparavant jouissait à Athènes d'une grande considération, devint encore un plus grand personnage. Il demanda aux Athéniens soixante-dix vaisseaux, des troupes et de l'argent, sans leur dire dans quel pays il porterait la guerre [1], affirmant seulement que, s'ils le suivaient, il les rendrait opulents ; car il les mènerait en un tel pays, qu'ils en rapporteraient sans peine de l'or en abondance ; c'était ce qu'il disait en demandant les vaisseaux. Exaltés par ces paroles, les Athéniens
133 accordèrent [2]. Avec les troupes qu'on lui donna, Miltiade fit voile pour Paros [3], donnant comme raison que les Pariens avaient les premiers entamé les hostilités, ayant avec une trière [4] accompagné le Perse à Marathon. Ce qu'il disait n'était d'ailleurs qu'un prétexte ; mais il en voulait aux Pariens à cause de Lysagoras fils e Teisias, Parien d'origine, qui avait dit du mal de lui au Perse Hydarnès [5]. Arrivé au but de sa navigation, Miltiade assiégea avec son armée les Pariens ramassés dans leurs murailles, et leur fit demander par un héraut cent talents, déclarant que, s'ils ne les donnaient pas, il ne retirerait pas ses troupes avant d'avoir pris et saccagé leur ville. Mais les Pariens ne songèrent même pas à lui donner aucune somme d'argent, et ils prirent des mesures pour assurer la garde de leur ville ; entre autres choses dont ils s'avisèrent, en tous les points de l'enceinte qui, dans chaque cas, offraient le plus de chances à l'assaillant, ils élevaient de nuit la muraille au double de son ancienne hauteur.

1. Il n'avait pas à le dire, si ce qu'il projetait ne devait être qu'une entreprise de « corsaire » (Glotz, *Hist. grecque*, II p. 41) à laquelle l'État était simplement invité à s'associer. Et Miltiade avait intérêt à agir par surprise.

2. Les Athéniens péchèrent par crédulité ; mais Miltiade abusa de leur crédulité.

3. Paros, celle des Cyclades qui, au temps de la ligue attico-délienne, payait le plus fort tribut, devait jouir alors d'une grande prospérité. Miltiade, exclu de la Chersonèse, songeait peut-être à s'y constituer une autre principauté.

4. Τριήρεϊ (cf. l'apparat). Le singulier fait ressortir l'insignifiance du concours prêté — de force — à Datis.

5. Il avait pu, lors de la révolte de l'Ionie, signaler à ce seigneur, pour qu'il en avertît le Roi, combien il y avait à se défier de Miltiade.

καὶ πρότερον εὐδοκιμέων παρὰ Ἀθηναίοισι, τότε μᾶλλον αὔξετο. Αἰτήσας δὲ νέας ἑβδομήκοντα καὶ στρατιήν τε καὶ χρήματα Ἀθηναίους, οὐ φράσας σφι ἐπ' ἣν ἐπιστρατεύσεται χώρην, ἀλλὰ φὰς αὐτοὺς καταπλουτιεῖν ἤν οἱ ἕπωνται· ἐπὶ γὰρ χώρην τοιαύτην δή τινα ἄξειν ὅθεν χρυσὸν εὐπετέως ἄφθονον οἴσονται· λέγων τοιαῦτα αἴτεε τὰς νέας. Ἀθηναῖοι δὲ τούτοισι ἐπαρθέντες παρέδοσαν.

133 Παραλαβὼν δὲ ὁ Μιλτιάδης τὴν στρατιὴν ἔπλεε ἐπὶ Πάρον, πρόφασιν ἔχων ὡς οἱ Πάριοι ὑπῆρξαν πρότεροι στρατευόμενοι τριήρεϊ ἐς Μαραθῶνα ἅμα τῷ Πέρσῃ. Τοῦτο μὲν δὴ πρόσχημα λόγου ἦν, ἀτάρ τινα καὶ ἔγκοτον εἶχε τοῖσι Παρίοισι διὰ Λυσαγόρην τὸν Τεισίεω, ἐόντα γένος Πάριον, διαβαλόντα μιν πρὸς Ὑδάρνεα τὸν Πέρσην. Ἀπικόμενος δὲ ἐς τὴν ἔπλεε ὁ Μιλτιάδης τῇ στρατιῇ ἐπολιόρκεε Παρίους κατειλημένους ἐντὸς τείχεος, καὶ ἐσπέμπων κήρυκα αἴτεε ἑκατὸν τάλαντα, φάς, ἢν μή οἱ δῶσι, οὐκ ἀπαναστήσειν τὴν στρατιὴν πρὶν ἢ ἐξέλῃ σφέας. Οἱ δὲ Πάριοι ὅκως μέν τι δώσουσι Μιλτιάδῃ ἀργύριον οὐδὲ διενοεῦντο, οἱ δὲ ὅκως διαφυλάξουσι τὴν πόλιν τοῦτο ἐμηχανῶντο, ἄλλα τε ἐπιφραζόμενοι καὶ τῇ μάλιστα ἔσκε ἑκάστοτε ἐπίμαχον τοῦ τείχεος, τοῦτο ἅμα νυκτὶ ἐξήρετο διπλήσιον τοῦ ἀρχαίου.

134 Ἐς μὲν δὴ τοσοῦτο τοῦ λόγου οἱ πάντες Ἕλληνες

**132** 4-5 ἐπιστρατεύσεται DRV : -τεύεται ABCP στρατεύσεται S || 5 αὐτοὺς ABCPS : -τὸς DRV || οἱ codd. pl. : εἰ V || 6 ἕπωνται ABCP : -ονται DRSV || δὴ codd. pl. : μὴ C || ἄξειν codd. pl. : αὔξειν C.

**133** 3 τριήρεϊ DRSV : -εσι ABCP || 4 λόγου S : -γων codd. pl. C inc. Vinc. || καὶ om. PDRSV || 5 Λυσαγόρην PDRSV : -ρεα ABC || Τεισίεω : Τισίεω ABCP Τίσεω DRSV || 7 δὲ om. D[1] || ἐς τὴν PDRSV : ἐπ' ἣν ABC || 8 κατειλημένους P : -λημμένους cett. || 9 μή οἱ B[2]PDRSV : μιν οὐ AB[1]C || δῶσι(ν) codd. pl. : δώσειν S Vinc. || 9-10 οὐκ ἀπαναστήσειν DSV : οὐ παν- R οὐκ ἀπονοστ- ABCP || 11 μέν τι codd. pl. : μέντοι SV μὲν C || ἀργύριον ABC : -ρίου PDRSV || οὐδὲ ABCS : οὐδὲν PDRV || 12 διαφυλάξουσι PS : -ξωσι ABCDRV || τοῦτο om. DRSV || 13 ἔσκε codd. pl. : ἔσχε C || 14 ἐξήρετο B[2]PDRSV : ἐξῆρτο ABC || 15 διπλήσιον codd. pl. : πλησίον C.

134 Jusqu'à ce point, le récit est celui que font tous les Grecs ; les Pariens seuls racontent comme je vais le dire la suite des événements. Comme Miltiade était dans l'embarras, une femme captive, Parienne de naissance, nommée Timo, serait venue lui parler ; c'était une prêtresse subalterne[1] des Déesses Infernales[2]. Cette femme se serait présentée à Miltiade et lui aurait conseillé, s'il tenait beaucoup à prendre Paros, de suivre les avis qu'elle donnerait. Après quoi, suivant le conseil donné par elle, il aurait, à travers..... [3] ; arrivé sur la colline qui est en face de la ville, il aurait sauté par-dessus le mur qui enferme l'enclos de Déméter Thesmophoros, dont il ne pouvait ouvrir la porte, et se serait dirigé vers le temple pour faire à l'intérieur on ne sait quoi, mettre la main sur quelqu'un des objets auxquels il est interdit de toucher[4], ou une autre action quelconque. Comme il était près des portes, tout à coup l'épouvante l'aurait saisi ; il serait retourné par le même chemin, et, en sautant le mur de pierres sèches, se serait démis la cuisse ; d'autres disent : se serait froissé le
135 genou[5]. En triste état[6], Miltiade reprit la mer et s'en retourna, sans apporter d'argent aux Athéniens, sans avoir conquis Paros, n'ayant fait qu'assiéger la ville pendant vingt-six jours et ravager l'île. Les Pariens, ayant su que la sous-prêtresse des Déesses, Timo, avait guidé Miltiade, et voulant l'en punir, envoyèrent des députés à Delphes dès qu'au sortir du siège ils furent en paix ; ils les envoyèrent avec mission de demander

1. Ὑποζάκορον. Bien que formé du radical de κορέω (balayer), le mot ζάκορος peut désigner tout autre chose qu'une personne chargée de fonctions serviles.

2. Déméter et Perséphone. Leur sanctuaire étant *extra muros*, Timo avait pu être capturée par l'ennemi.

3. Cf. l'apparat. Διερχόμενος doit être le débris d'un membre de phrase où il était dit que Miltiade avait atteint la colline en traversant une partie du προάστειον.

4. Un objet qui passait pour le palladium de la cité ?

5. La gangrène dont mourut Miltiade se comprend mieux comme suite d'une plaie, d'une blessure entamant les chairs que comme celle d'un déboîtement de la cuisse.

6. Ici recommence le récit commun à « tous les Grecs », c'est-à-dire aux Athéniens et aux Pariens.

λέγουσι, τὸ ἐνθεῦτεν δὲ αὐτοὶ Πάριοι γενέσθαι ὧδε λέγουσι· Μιλτιάδῃ ἀπορέοντι ἐλθεῖν ἐς λόγους αἰχμάλωτον γυναῖκα, ἐοῦσαν μὲν Παρίην γένος, οὔνομα δέ οἱ εἶναι Τιμοῦν, εἶναι δὲ ὑποζάκορον τῶν Χθονίων Θεῶν. Ταύτην ἐλθοῦσαν ἐς ὄψιν Μιλτιάδεω συμβουλεῦσαι, εἰ περὶ πολλοῦ ποιέεται Πάρον ἑλεῖν, τὰ ἂν αὐτὴ ὑποθῆται ταῦτα ποιέειν. Μετὰ δὲ τὴν μὲν ὑποθέσθαι, τὸν δὲ διερχόμενον... ἐπὶ τὸν κολωνὸν τὸν πρὸ τῆς πόλιος ἐόντα ⟨τὸ⟩ ἕρκος Θεσμοφόρου Δήμητρος ὑπερθορεῖν, οὐ δυνάμενον τὰς θύρας ἀνοῖξαι, ὑπερθορόντα δὲ ἰέναι ἐπὶ τὸ μέγαρον ὅ τι δὴ ποιήσοντα ἐντός, εἴτε κινήσοντά τι τῶν ἀκινήτων εἴτε ὅ τι δή κοτε πρήξοντα· πρὸς τῇσι θύρῃσί τε γενέσθαι καὶ πρόκατε φρίκης αὐτὸν ὑπελθούσης ὀπίσω τὴν αὐτὴν ὁδὸν ἵεσθαι, καταθρῴσκοντα δὲ τὴν αἱμασιὴν τὸν μηρὸν σπασθῆναι· οἱ δὲ αὐτὸν τὸ γόνυ
προσπταῖσαι λέγουσι. Μιλτιάδης μέν νυν φλαύρως ἔχων 135
ἀπέπλεε ὀπίσω, οὔτε χρήματα Ἀθηναίοισι ἄγων οὔτε Πάρον προσκτησάμενος, ἀλλὰ πολιορκήσας τε ἓξ καὶ εἴκοσι ἡμέρας καὶ δηιώσας τὴν νῆσον. Πάριοι δὲ πυθόμενοι ὡς ἡ ὑποζάκορος τῶν θεῶν Τιμὼ Μιλτιάδῃ κατηγήσατο, βουλόμενοί μιν ἀντὶ τούτων τιμωρήσασθαι θεοπρόπους ἐς Δελφοὺς πέμπουσι, ὥς σφεας ἡσυχίη τῆς πολιορκίης ἔσχε·

**134** 2 τὸ ἐνθεῦτεν... λέγουσι om. C || 5 ταύτην ABCP : ταύτην δὲ DRSV || 8 διερχόμενον ABC : ἀπικόμενον PDRSV. Hic aliquid intercidisse crediderim, ubi diceretur quomodo Miltiades egerit priusquam in tumulum pervenerit ; cf. quae ad versionem gallicam adnotavi || 9 ⟨τὸ⟩ add. Schaefer || 10 ὑπερθορεῖν ABC : -ρέειν PDRSV || ὑπ. οὐ δυνάμενον codd. : οὐ δυνάμενον ὑπ. Suidas s. v. ὑπερθορών || ἀνοῖξαι om. Suidas || ὑπερθορόντα codd. pl. : -ρῶντα C -ρέοντα SV[1] (θορόντα Suidas) || 11 ἐπὶ ABCP : ὑπὲρ DRSV || ποιήσοντα codd. pl. : -σαντα V || 12 τι (ante τῶν) codd. pl. : τε C || κοτε : ποτε codd. || πρήξοντα codd. pl. : -ξαντα D || 13-14 τε... ἵεσθαι om. P in textu || 16 προσπταῖσαι codd. pl. : -πταῖσε B -παῖσαι C -πτεῦσαι V.

**135** 1 μέν codd. pl. : δὲ μέν C || 4 ἡ om. DSV || 5 κατηγήσατο ABCP : -σαιτο DRSV || 6-7 ἐς Δ. πέμπουσι ABC : πέμπ. ἐς Δ. PDRSV.

s'ils feraient périr la sous-prêtresse des Déesses pour avoir
enseigné aux ennemis le moyen de s'emparer de sa patrie et
avoir dévoilé à Miltiade les choses interdites au sexe masculin.
Mais la Pythie le défendit ; ce n'était pas Timo, déclara-t-elle,
qui avait été la cause de ce qui était arrivé ; mais, comme il
fallait que Miltiade fît une mauvaise fin[1], son image[2] s'était
136 montrée à lui, pour le conduire à la ruine. Tel fut l'oracle
rendu par la Pythie aux Pariens.

A Athènes, lorsque Miltiade fut de retour de Paros, on glosa fort sur lui, entre autres et surtout Xanthippos fils d'Ariphron, qui le traduisit devant le peuple[3] et lui intenta une accusation capitale pour avoir trompé les Athéniens[4]. Miltiade, bien que présent, ne se défendit pas lui-même (il était incapable de le faire, atteint de gangrène à la cuisse) ; pendant qu'il gisait sur une civière, devant le peuple, ses amis prononcèrent sa défense, rappelant maint détail de la bataille de Marathon et la prise de Lemnos, comme quoi, après s'être emparé de cette île et avoir châtié les Pélasges, il en avait fait don aux Athéniens. Le peuple se prononça pour lui en l'absolvant de l'accusation capitale, mais, en raison de sa faute, lui infligea une amende de cinquante talents ; après quoi Miltiade mourut, la cuisse cariée et perdue de gangrène ; et les cinquante talents furent payés par son fils Kimon.

137 Voici dans quelles conditions Miltiade s'était emparé de Lemnos. Les Pélasges avaient été chassés de l'Attique par les Athéniens, justement ou injustement, car je ne puis affirmer sur ce point, mais seulement rapporter ce que l'on

1. Pour avoir conseillé de jeter dans le « barathron » les hérauts de Darius (Paus., III 12 7) ? Comme en maint autre cas, Hérodote renonce à justifier ici la décision du sort.

2. Un spectre qui avait emprunté son aspect.

3. Par la voie de l'εἰσαγγελία.

4. En vertu de la loi citée par Démosthène, *Sur la loi de Leptine*, 135 (θανάτου ζημιοῦν).

5. La déception causée, les dépenses faites en vain. Hérodote ignore qu'il soit mort en prison, comme on le dit plus tard.

ἔπεμπον δὲ ἐπειρησομένους εἰ καταχρήσωνται τὴν ὑποζάκορον τῶν Θεῶν ὡς ἐξηγησαμένην τοῖσι ἐχθροῖσι τῆς πατρίδος ἅλωσιν καὶ τὰ ἐς ἔρσενα γόνον ἄρρητα ἱρὰ ἐκφήνασαν Μιλτιάδῃ. Ἡ δὲ Πυθίη οὐκ ἔα, φᾶσα οὐ Τιμοῦν εἶναι τὴν αἰτίην τούτων, ἀλλὰ (δεῖν γὰρ Μιλτιάδην τελευτᾶν
μὴ εὖ), φανῆναί οἱ τῶν κακῶν κατηγεμόνα. Παρίοισι μὲν δὴ 136
ταῦτα ἡ Πυθίη ἔχρησε.

Ἀθηναῖοι δὲ Μιλτιάδην ἐκ Πάρου ἀπονοστήσαντα εἶχον ἐν στόμασι, οἵ τε ἄλλοι καὶ μάλιστα Ξάνθιππος ὁ Ἀρίφρονος, ὃς θανάτου ὑπαγαγὼν ὑπὸ τὸν δῆμον Μιλτιάδην ἐδίωκε τῆς Ἀθηναίων ἀπάτης εἵνεκεν. Μιλτιάδης δὲ αὐτὸς μὲν παρεὼν οὐκ ἀπελογέετο (ἦν γὰρ ἀδύνατος ὥστε σηπομένου τοῦ μηροῦ), προκειμένου δὲ αὐτοῦ ἐν κλίνῃ ὑπεραπελογέοντο οἱ φίλοι, τῆς μάχης τε τῆς ἐν Μαραθῶνι γενομένης πολλὰ ἐπιμεμνημένοι καὶ τὴν Λήμνου αἵρεσιν, ὡς ἑλὼν Λῆμνόν τε καὶ τεισάμενος τοὺς Πελασγοὺς παρέδωκε Ἀθηναίοισι. Προσγενομένου δὲ τοῦ δήμου αὐτῷ κατὰ τὴν ἀπόλυσιν τοῦ θανάτου, ζημιώσαντος δὲ κατὰ τὴν ἀδικίην πεντήκοντα ταλάντοισι, Μιλτιάδης μὲν μετὰ ταῦτα σφακελίσαντός τε τοῦ μηροῦ καὶ σαπέντος τελευτᾷ, τὰ δὲ πεντήκοντα τάλαντα ἐξέτεισε ὁ παῖς αὐτοῦ Κίμων.

Λῆμνον δὲ Μιλτιάδης ὁ Κίμωνος ὧδε ἔσχε. Πελασγοὶ 137
ἐπείτε ἐκ τῆς Ἀττικῆς ὑπὸ Ἀθηναίων ἐξεβλήθησαν, εἴτε ὦν δὴ δικαίως εἴτε ἀδίκως· τοῦτο γὰρ οὐκ ἔχω φράσαι, πλὴν τὰ λεγόμενα, ὅτι Ἑκαταῖος μὲν ὁ Ἡγησάνδρου ἔφησε ἐν τοῖσι λόγοισι λέγων ἀδίκως. Ἐπείτε γὰρ ἰδεῖν τοὺς

**135** 8 ἐπειρησομένους codd. pl. : ἐπηρ- C || καταχρήσωνται BC²DRSV : -σονται AC¹P || 9 ὡς PDRSV : τὴν ABC || 11 ἐκφήνασαν BCP : -νασα A -σασαν DRSV || 12 Μιλτιάδῃ DR : -δεα ABCPS Vinc.

**136** 2 ἡ Π. ἔχρησε ABCP : ἔχρησε(ν) ἡ Π. DRSV || 3 Μιλτ. ἐκ Πάρου DRSV : ἐκ Πάρου Μιλτ. ABCP || εἶχον DRSV : ἔσχον ABCP || 4 στόμασι ABCP : -ατι DRSV || 5 ὑπαγαγὼν PDRSV : ἀγ- ABC || Μιλτιάδην DRS : -δεα ABCP Vinc. || 9 τῆς (ante ἐν Μαρ.) codd. pl. : τῶν SV || 11 τεισάμενος : τισ- codd. || 12 προσγενομένου ABCPD : προσγιν- RSV || 14 ταλάντοισι ABCP : -τοις DR τάλαντα S Vinc. || 15 τε om. PDRSV || 16 ἐξέτεισε : -τισε codd.

raconte : Hécatée fils d'Hégésandros, dans ses histoires, dit en propres termes que ce fut injustement. Lorsque les Athéniens, dit-il, virent le territoire situé au pied de l'Hymette, qu'ils avaient donné aux Pélasges pour y habiter[1] en paiement de la construction des murs qui s'étendaient jadis autour de l'Acropole[2], lorsqu'ils virent en bon état de culture ce territoire auparavant mauvais et sans valeur, ils en conçurent de l'envie et le désir de recouvrer le sol ; et ces sentiments leur firent chasser les Pélasges sans mettre en avant aucune autre raison. Mais, à ce que disent les Athéniens eux-mêmes, c'est justement qu'ils les auraient chassés ; car les Pélasges, établis au pied de l'Hymette, partaient de là pour les insulter comme il va être dit. Les filles des Athéniens se rendaient constamment pour chercher de l'eau à l'Ennéacrounos[3] (à cette époque-là, en effet, ils n'avaient pas encore d'esclaves, non plus que les autres Grecs) ; or, toutes les fois qu'elles venaient, les Pélasges les outrageaient avec insolence et mépris. Et ces méfaits ne leur suffirent pas ; à la fin, ils complotèrent un coup de force, et furent pris en flagrant délit. Eux-mêmes alors, les Athéniens, se seraient conduits en hommes bien plus généreux que les Pélasges : étant en droit de les mettre à mort, puisqu'ils les avaient pris en train de comploter, ils ne le voulurent pas, mais ils leur signifièrent de sortir du pays. Et les Pélasges, ayant ainsi évacué l'Attique, occupèrent divers lieux[4], entre autres Lemnos. Voilà ce qu'a dit Hécatée, et voilà ce que disent les Athéniens.

138 Ces Pélasges, habitant alors à Lemnos, voulurent se venger

1. Quand les Pélasges avaient été chassés de Béotie (Strabon, IX 2 3), soixante ans après la prise de Troie (Thuc., I 12).

2. Sur l'attribution aux Pélasges de la plus ancienne enceinte de l'Acropole, cf. Myrsilos de Méthymne (écrivain du IV<sup>e</sup> siècle) fr. 3 M, Paus., I 28 3.

3. Cette fontaine, située près de l'Ilissos, ne s'appela Ennéacrounos qu'à partir des travaux exécutés par les Pisistratides (Thuc., II 15) ; elle n'avait d'autre nom auparavant que celui de Callirrhoé, qui ne tomba pas dans l'oubli.

4. Plakia et Skylaké, à l'Est de Cyzique (I 57), Samothrace (II 51), Imbros (V 26), Antandros (VII 42).

Ἀθηναίους τὴν χώρην, τήν σφι αὐτοὶ ὑπὸ τὸν Ὑμησσὸν ἐοῦσαν ἔδοσαν οἰκῆσαι μισθὸν τοῦ τείχεος τοῦ περὶ τὴν Ἀκρόπολίν κοτε ἐληλαμένου, ταύτην ὡς ἰδεῖν τοὺς Ἀθηναίους ἐξεργασμένην εὖ, τὴν πρότερον εἶναι κακήν τε καὶ τοῦ μηδενὸς ἀξίην, λαβεῖν φθόνον τε καὶ ἵμερον τῆς γῆς, καὶ οὕτω ἐξελαύνειν αὐτοὺς οὐδεμίαν ἄλλην πρόφασιν προϊσχομένους τοὺς Ἀθηναίους. Ὡς δὲ αὐτοὶ Ἀθηναῖοι λέγουσι, δικαίως ἐξελάσαι· κατοικημένους γὰρ τοὺς Πελασγοὺς ὑπὸ τῷ Ὑμησσῷ ἐνθεῦτεν ὁρμωμένους ἀδικέειν τάδε. Φοιτᾶν γὰρ αἰεὶ τὰς σφετέρας θυγατέρας [τε καὶ τοὺς παῖδας] ἐπ᾽ ὕδωρ ἐπὶ τὴν Ἐννεάκρουνον· οὐ γὰρ εἶναι τοῦτον τὸν χρόνον σφίσι κω οὐδὲ τοῖσι ἄλλοισι Ἕλλησι οἰκέτας· ὅκως δὲ ἔλθοιεν αὗται, τοὺς Πελασγοὺς ὑπὸ ὕβριός τε καὶ ὀλιγωρίης βιᾶσθαι σφέας. Καὶ ταῦτα μέντοι σφι οὐκ ἀποχρᾶν ποιέειν, ἀλλὰ τέλος καὶ ἐπιβουλεύοντας ἐπιχειρήσειν φανῆναι ἐπ᾽ αὐτοφώρῳ. Ἑωυτοὺς δὲ γενέσθαι τοσούτῳ ἐκείνων ἄνδρας ἀμείνονας, ὅσῳ παρεὸν αὐτοῖσι ἀποκτεῖναι τοὺς Πελασγούς, ἐπεί σφεας ἔλαβον ἐπιβουλεύοντας, οὐκ ἐθελῆσαι, ἀλλά σφι προειπεῖν ἐκ τῆς γῆς ἐξιέναι. Τοὺς δὲ οὕτω δὴ ἐκχωρήσαντας ἄλλα τε σχεῖν χωρία καὶ δὴ καὶ Λῆμνον. Ἐκεῖνα μὲν δὴ Ἑκαταῖος ἔλεξε, ταῦτα δὲ Ἀθηναῖοι λέγουσι.

Οἱ δὲ Πελασγοὶ οὗτοι Λῆμνον τότε νεμόμενοι, [καὶ] 138

**137** 6 σφι van Herwerden : σφίσι(ν) codd. || αὐτοὶ van Herwerden : -τοῖσι(ν) codd. pl. -τοῖς D || τὸν codd. pl. : τῶν BV || Ὑμησσὸν codd. pl. : -σσῶν B[1] || 8 κοτε PDRSV : ποτε ABC || 9 ἐξεργασμένην codd. pl. : -γασαμένην A[1] || 11 οὕτω codd. pl. : -ως AB || οὐδεμίαν codd. pl. : οὐδὲ μίην AB || 12 αὐτοὶ om. DRSV || 14 ὁρμωμένους codd. pl. : ὁρμεω- C ὁρμεο- P || 15 αἰεὶ ABCP : δὴ DRSV || σφετέρας codd. pl. : φρένας C || 15-16 [τε καὶ τοὺς παῖδας] codd. pl. : καὶ τοὺς παῖδας om. S. Del. Schaefer || 17 τὸν om. DRV || Ἕλλησι om. R || 19 σφι : σφίσι(ν) codd. || 21 ἐπιχειρήσειν codd. pl. : -χείρησιν B[2]D[2] (?) || αὐτοφώρῳ ABCPD[2]V : -φόρῳ D[1]RS || 24 σφι PDRSV : σφισι ABC || 25-27 σχεῖν... ταῦτα δὲ om. C || 26 ἔλεξε ABCP : ἔδεξε D ἔδοξε RSV.

**138** 1 οὗτοι codd. pl. : οὕτω C || [καὶ] om. DRSV ; delevi.

des Athéniens ; ils étaient bien au courant de leurs fêtes ; s'étant procuré des pentécontères, ils guettèrent les femmes athéniennes tandis qu'elles célébraient une fête à Brauron[1] en l'honneur d'Artémis, en enlevèrent de là un grand nombre, et, reprenant la mer, les emmenèrent à Lemnos, où ils en firent leurs concubines. Ces femmes, à mesure que s'accrut le nombre de leurs enfants, enseignaient à leurs fils la langue d'Athènes et les coutumes des Athéniens[2]. Eux, ne voulaient pas se mêler aux enfants des femmes pélasges ; si l'un d'eux était frappé par quelqu'un de ceux-là, tous venaient à la rescousse, et ils se défendaient les uns les autres ; même, ils se croyaient en droit d'exercer le commandement parmi les enfants, sur qui ils l'emportaient de beaucoup. Les Pélasges s'en aperçurent et tinrent conseil entre eux ; et, pendant qu'ils délibéraient, une crainte leur vint à l'esprit : si déjà ces enfants décidaient de se porter secours contre les enfants des femmes légitimes et si, sans plus attendre, ils tentaient de leur commander, que pourraient-ils bien faire quand ils seraient devenus des hommes ? Les Pélasges résolurent alors de tuer les enfants nés des femmes athéniennes. Ce qu'ils firent en effet ; et ils massacrèrent aussi les mères de ces enfants. C'est à cause de ce forfait et du forfait plus ancien que les femmes avaient commis en assassinant les Lemniens du temps de Thoas, leurs maris[3], qu'il est d'usage en Grèce d'appeler « lemniens » tous les actes de cruauté.

1. Sur la côte Nord de l'Attique. D'après une légende athénienne, Oreste y aurait déposé la statue dérobée en Tauride (Eur., *Iph. T.*, 1435 suiv.). Les femmes s'y rendaient pour célébrer un culte féminin au cours duquel, en expiation du meurtre d'une ourse appartenant à la déesse, des jeunes filles, qu'on appelait ἄρκτοι (Arist., *Lys.*, 645), mimaient les gestes d'une ourse (Sch. *ad l.*). On peut se demander si, avant l'unification de l'Attique, elles osaient faire, seules, ce pèlerinage.

2. Ainsi faisait, chez les Scythes, la mère de Skyllès, grecque d'origine (IV 78).

3. Τοὺς ἅμα Θόαντι, « ceux qui vivaient avec Thoas », au même lieu et à la même époque, donc les Lemniens du temps de Thoas. Thoas était leur roi ; il avait échappé au massacre du sexe fort, sauvé par sa fille Hypsipyté. Σφετέρους ἄνδρας est une apposition à ce qui

βουλόμενοι τοὺς Ἀθηναίους τιμωρήσασθαι εὖ τε ἐξεπιστάμενοι τὰς Ἀθηναίων ὁρτάς, πεντηκοντέρους κτησάμενοι ἐλόχησαν Ἀρτέμιδι ἐν Βραυρῶνι ἀγούσας ὁρτὴν τὰς τῶν Ἀθηναίων γυναῖκας, ἐνθεῦτεν δὲ ἁρπάσαντες τουτέων πολλὰς οἴχοντο ἀποπλέοντες καί σφεας ἐς Λῆμνον ἀγαγόντες παλλακὰς εἶχον. Ὡς δὲ τέκνων αὗται αἱ γυναῖκες ὑπεπλήσθησαν, γλῶσσάν τε τὴν Ἀττικὴν καὶ τρόπους τοὺς Ἀθηναίων ἐδίδασκον τοὺς παῖδας. Οἱ δὲ οὔτε συμμίσγεσθαι τοῖσι ἐκ τῶν Πελασγίδων γυναικῶν παισὶ ἤθελον, εἴ τε τύπτοιτό τις αὐτῶν ὑπ᾽ ἐκείνων τινός, ἐβοήθεόν τε πάντες καὶ ἐτιμώρεον ἀλλήλοισι· καὶ δὴ καὶ ἄρχειν τε τῶν παίδων οἱ παῖδες ἐδικαίουν καὶ πολλῷ ἐπεκράτεον. Μαθόντες δὲ ταῦτα οἱ Πελασγοὶ ἑωυτοῖσι λόγους ἐδίδοσαν· καί σφι βουλευομένοισι δεινόν τι ἐσέδυνε, εἰ δὴ διαγινώσκοιεν σφίσι τε βοηθέειν οἱ παῖδες πρὸς τῶν κουριδιέων γυναικῶν τοὺς παῖδας καὶ τούτων αὐτίκα ἄρχειν πειρῴατο, τί δὴ ἀνδρωθέντες δῆθεν ποιήσουσι. Ἐνθαῦτα ἔδοξέ σφι κτείνειν τοὺς παῖδας τοὺς ἐκ τῶν Ἀττικέων γυναικῶν. Ποιεῦσι δὴ ταῦτα, προσαπολλύουσι δέ σφεων καὶ τὰς μητέρας. Ἀπὸ τούτου δὲ τοῦ ἔργου καὶ τοῦ προτέρου τούτων, τὸ ἐργάσαντο αἱ γυναῖκες τοὺς ἅμα Θόαντι ἄνδρας σφετέρους ἀποκτείνασαι, νενόμισται ἀνὰ τὴν Ἑλλάδα τὰ σχέτλια ἔργα πάντα Λήμνια καλέεσθαι.

**138** 2 βουλόμενοι om. RSV || 3 πεντηκοντέρους ABD²RV : -κοτέρους D¹ -κοντόρους CPS || κτησάμενοι ABCP : στησά- DRSV || 4 Βραυρῶνι CPDS : Βραύρωνι ABRV || 7 παλλακὰς ABPDR : παλακὰς CSV || αὗται αἱ γυναῖκες ABCP : αἱ γυν. αὗται DRSV || 8 τοὺς A²BCDRV : τῶν PS om. A¹ || 9 συμμίσγεσθαι ABC : -μίγνυσθαι PDRSV || 11 αὐτῶν ABCPS : -έων DRV || 12 τε om. SV || 13 ἐδικαίουν : -καίευν codd. || πολλῷ ABCP : -ον DRSV || 14 ἐδίδοσαν ABC : ἔδοσαν PDRSV || σφι Stein : σφίσι codd. || 14-15 βουλευομένοισι codd. pl. : βουλο- D || 15 διαγινώσκοιεν ABCPSV : διαγνώσκ- DR || 16 βοηθέειν codd. pl. : -θεῖν D || κουριδιέων ABC : -δίων PDRSV || 19 Ἀττικέων codd. pl. : -κῶν SV || ποιεῦσι PDRSV : -έουσι ABC || δὴ ταῦτα P : δὲ ταῦτα DRV ταῦτα δὲ S τε ταῦτα ABC || 20 σφεων ABC : σφι DRSV om. P || μητέρας codd. pl. : μητ. αὐτῶν P || 21 τὸ PDRSV : ὃ ABC || ἐργάσαντο PDRSV ἠργ- AB εἰργ- C || 23 ἀνὰ ABCPDS : γὰρ (post -ται) ἀνὰ RV.

139 Après que les Pélasges eurent fait périr leurs propres enfants et les femmes, la terre ne porta plus chez eux de récolte, les femmes n'eurent plus d'enfants ni les troupeaux de petits comme avant. Accablés par la famine et par le manque d'enfants, ils envoyèrent à Delphes demander une façon de se délivrer des maux où ils étaient ; et la Pythie leur ordonna d'accorder aux Athéniens telle satisfaction que les Athéniens eux-mêmes jugeraient équitable. Les Pélasges se rendirent donc à Athènes, et se déclarèrent disposés à donner satisfaction pour tout le mal qu'ils avaient fait. Les Athéniens dressèrent dans le prytanée un lit, le plus somptueux qu'ils purent ; ils placèrent à côté une table chargée de toutes sortes de bonnes choses, et ils ordonnèrent aux Pélasges de leur livrer Lemnos en un pareil état. A quoi les Pélasges firent cette réponse : « Quand, par vent du Nord, un vaisseau accomplira en un jour le trajet de votre pays au nôtre, alors nous vous livrerons Lemnos » ; ils étaient convaincus que c'était chose impossible ; car l'Attique est située fortement au Sud de Lemnos.

140 A cette époque, les choses en restèrent là. Mais, beaucoup d'années plus tard, quand la Chersonèse de l'Hellespont fut passée sous la domination athénienne [1], Miltiade fils de Kimon, à la saison où est établi le régime des vents étésiens, accomplit le voyage sur un vaisseau d'Éléonte en Chersonèse à Lemnos [2] ;

précède. Les Lemniennes avaient massacré leurs maris parce qu'ils les négligeaient ; et ils les négligeaient parce qu'Aphrodite, qu'elles avaient offensée, les avait affligées d'une mauvaise odeur.

1. Non pas qu'elle fût possession athénienne, terre d'empire, siège de « clérouques » ; Miltiade n'était pas un gouverneur délégué par le peuple d'Athènes ; il était tyran de la Chersonèse ; mais ce tyran était un citoyen d'Athènes.

2. Pas plus que le récit d'Hérodote, aucun des documents qui relatent la main mise par Miltiade sur Lemnos (Diod, X 9 6 ; Corn. Nepos, *Milt.*, 1-2 ; Zénobius, *Prov.*, III 85 ; Suidas, s. v. Ἑρμώνιος χάρις ; Et. Byz., s. v. Ἡφαίστια) ne présente Miltiade se heurtant à des garnisons perses, à un gouverneur royal ; probablement, après la mort de Lycarétos (V 27), les Lemniens s'étaient affranchis du joug de Darius ; Miltiade dut, à son tour, profiter des embarras causés par les Ioniens au Grand Roi.

**139** Ἀποκτείνασι δὲ τοῖσι Πελασγοῖσι τοὺς σφετέρους παῖδάς τε καὶ γυναῖκας οὔτε γῆ καρπὸν ἔφερε οὔτε γυναῖκές τε καὶ ποῖμναι ὁμοίως ἔτικτον καὶ πρὸ τοῦ. Πιεζόμενοι δὲ λιμῷ καὶ ἀπαιδίῃ ἐς Δελφοὺς ἔπεμπον λύσιν τινὰ αἰτησόμενοι τῶν παρεόντων κακῶν· ἡ δὲ Πυθίη σφέας ἐκέλευε Ἀθηναίοισι δίκας διδόναι ταύτας τὰς ἂν αὐτοὶ Ἀθηναῖοι δικάσωσι. Ἦλθόν τε δὴ ἐς τὰς Ἀθήνας οἱ Πελασγοὶ καὶ δίκας ἐπαγγέλλοντο βουλόμενοι διδόναι παντὸς τοῦ ἀδικήματος. Ἀθηναῖοι δὲ ἐν τῷ πρυτανηίῳ κλίνην στρώσαντες ὡς εἶχον κάλλιστα καὶ τράπεζαν ἐπιπλέην ἀγαθῶν πάντων παραθέντες ἐκέλευον τοὺς Πελασγοὺς τὴν χώρην σφίσι παραδιδόναι οὕτω ἔχουσαν. Οἱ δὲ Πελασγοὶ ὑπολαβόντες εἶπαν· « Ἐπεὰν βορέῃ ἀνέμῳ αὐτημερὸν ἐξανύσῃ νηῦς ἐκ τῆς ὑμετέρης ἐς τὴν ἡμετέρην, τότε παραδώσομεν », ἐπιστάμενοι τοῦτο εἶναι ἀδύνατον γενέσθαι· ἡ γὰρ Ἀττικὴ πρὸς νότον κεῖται πολλὸν τῆς Λήμνου.

**140** Τότε μὲν τοσαῦτα. Ἔτεσι δὲ κάρτα πολλοῖσι ὕστερον τούτων, ὡς ἡ Χερσόνησος ἡ ἐπ' Ἑλλησπόντῳ ἐγένετο ὑπὸ Ἀθηναίοισι, Μιλτιάδης ὁ Κίμωνος ἐτησιέων ἀνέμων κατεστηκότων νηὶ κατανύσας ἐξ Ἐλαιοῦντος τοῦ ἐν Χερσονήσῳ ἐς Λῆμνον προηγόρευε ἐξιέναι ἐκ τῆς νήσου

**139** 1 ἀποκτείνασι codd. pl. : -κτείνουσι SV. Incipit E || 4 λιμῷ καὶ ἀπαιδίῃ codd. pl. : ἀπ. καὶ λ. E || ἀπαιδίῃ codd. pl. : -δίᾳ P || 5 σφέας ἐκέλευε codd. pl. : ἐκ. σφεας E || 6 τὰς PDRSV : ἃς ABCE || 7 δὴ om. C || 8 ἐπαγγέλλοντο PDRSV : ἐπηγγ- ABCE || βουλόμενοι om. C || τοῦ om. E || 9 πρυτανηίῳ codd. pl. : -νείῳ E || στρώσαντες ABECP : στορέσαντες RSV στορέσσ- D || 10 ἐπιπλέην codd. pl. : -έειν B || πάντων codd. : παντοίων Suidas s. v. ἐπιπλέα || 12 οὕτω ABCP : -ως EDRSV || 13 εἶπαν ABCP : -ον EDRSV || ἐξανύσῃ νηῦς ABCE : ν. ἐξ. PDRSV || 14-15 ante ἐπιστάμενοι in PDRSV τοῦτο εἶπαν legitur || 15 γενέσθαι om. E || 16 κεῖται : κέεται codd. || Λήμνου codd. pl. : νήσου C.

**140** 1 τοσαῦτα EPDRSV : τοιαῦτα ABC || 2 Χερσόνησος codd. pl. : Χερον- C || ἐπ' ABCP : ἐν EDRSV || 3 ἐτησιέων codd. pl. : -σίων E || 4 κατεστηκότων codd. pl. : καθ- C || κατανύσας ABECP : -λύσας DRV[1] -στήσας SV[2] || Ἐλαιοῦντος AE(?)CD[1] : Ἐλε- BPD[2]RSV || 5 Χερσονήσῳ codd. pl. : Χερρο- E.

et il signifia aux Pélasges d'avoir à sortir de l'île, leur rappelant l'oracle dont ils ne pensaient pas voir jamais la réalisation. Les habitants d'Héphaistia obtempérèrent ; ceux de Myrina, qui n'admettaient pas que la Chersonèse fût l'Attique [1], furent assiégés, jusqu'à ce qu'eux aussi se soumirent. C'est ainsi que les Athéniens et Miltiade s'emparèrent de Lemnos.

1. Ils n'avaient pas tort ; mais Miltiade disposait des moyens qui donnent raison.

τοῖσι Πελασγοῖσι, ἀναμιμνήσκων σφέας τὸ χρηστήριον, τὸ οὐδαμὰ ἤλπισαν σφίσι οἱ Πελασγοὶ ἐπιτελέεσθαι. Ἡφαιστιέες μέν νυν ἐπείθοντο· Μυριναῖοι δὲ οὐ συγγινωσκόμενοι εἶναι τὴν Χερσόνησον Ἀττικὴν ἐπολιορκέοντο, ἐς ὃ καὶ οὗτοι παρέστησαν. Οὕτω δὴ τὴν Λῆμνον ἔσχον Ἀθηναῖοί τε καὶ Μιλτιάδης.

**140** 7 οἱ om. DRSV || 8 ἐπείθοντο ABECPD : ἐπίθ- R ἐπύθ- SV || Μυριναῖοι codd. pl. : Μυρριν- E Μυρινν- R || 9 τὴν om. PDRSV || Χερόνησον Ἀττικήν codd. pl. : Ἀττ. Χερρό- E || 10 οὗτοι ABCE : αὐτοὶ PDRSV || παρέστησαν desinit E || 11 τε om. $P^1$DRSV.

# TABLE DES MATIÈRES

*Ce volume,*
*le cent huitième*
*de la série grecque*
*de la Collection des Universités de France,*
*publié aux Éditions Les Belles Lettres,*
*a été achevé d'imprimer*
*en mai 2023*
*sur les presses*
*de La Manufacture Imprimeur*
*52205 Langres Cedex, France*

*N° d'édition : 10567*
*N° d'impression : 230434*
*Dépôt légal : mai 2023*